产教融合与职业教育发展路径

袁　凤　张　伟　柳嘉靖　著

吉林科学技术出版社

图书在版编目（CIP）数据

产教融合与职业教育发展路径 / 袁凤，张伟，柳嘉靖著. -- 长春 : 吉林科学技术出版社，2024.3

ISBN 978-7-5744-1231-6

Ⅰ. ①产… Ⅱ. ①袁… ②张… ③柳… Ⅲ. ①职业教育－产学合作－研究－中国 Ⅳ. ①G719.2

中国国家版本馆 CIP 数据核字（2024）第 068268 号

产教融合与职业教育发展路径

著 袁 凤 张 伟 柳嘉靖
出版人 宛 霞
责任编辑 程 程
封面设计 树人教育
制 版 树人教育
幅面尺寸 170mm×240mm
开 本 16
字 数 300 千字
印 张 13.875
印 数 1~1500 册
版 次 2024 年 3 月第 1 版
印 次 2024 年12月第 1 次印刷

出 版 吉林科学技术出版社
发 行 吉林科学技术出版社
地 址 长春市福祉大路5788 号出版大厦A 座
邮 编 130118
发行部电话/传真 0431-81629529 81629530 81629531
81629532 81629533 81629534
储运部电话 0431-86059116
编辑部电话 0431-81629510
印 刷 廊坊市印艺阁数字科技有限公司

书 号 ISBN 978-7-5744-1231-6
定 价 85.00元

前　言

产教融合是职业教育走向可持续发展的重要路径之一。产教融合强调教育与实际产业需求的贴合度，使学生获得更实用的技能和知识。通过与行业紧密对接，职业教育可以实现更及时地调整课程设置，确保学生毕业后能够迅速适应职场的变化。

产教融合有助于提高职业教育的就业率。通过与企业建立合作关系，学生在学习过程中就能接触到实际工作场景，积累实际经验。这不仅使他们更容易找到工作，而且能够更快地融入工作环境，提高自身工作绩效。产教融合还可以促进创新能力的培养。与企业合作，学校可以更好地借鉴实际创新案例，培养学生解决实际问题的能力。这种实践性的创新培养方式有助于学生去更好地理解理论知识，并能够更灵活地运用于实际工作中。

产教融合能够推动职业教育的国际化发展。通过与国际企业、学术机构的合作，学校能够吸收国际先进的教育理念和技术，使职业教育更具竞争力。这不仅有助于学生在国际市场上更具优势，而且也能够推动国内职业教育体系的不断升级。

综上所述，产教融合是职业教育发展的必由之路，有助于提高教育质量、促进学生就业、培养创新能力，并推动职业教育国际化。这一路径的持续深化将为培养更具竞争力、适应性强的人才打下坚实基础。

目 录

第一章　产教融合理论基础

第一节　产业与教育的关系

一、产业与教育的互动关系

在现代社会，产业和教育相互交织，共同构建国家的经济与社会发展。产业的需求推动了教育的发展，而教育则为产业提供了持续有力的人才支持。这一互动关系不仅体现在职业教育的需求上，并且更涉及到技能培训、研发创新以及产业结构调整等方面。

（一）产业需求推动教育发展

1. 产业引领课程设计

产业对人才的具体需求深刻影响了教育的课程设计。不同行业的新兴技术和发展趋势直接反映在教育内容中，确保学生学到的知识和技能更符合产业实际需求。这种需求驱动的课程设计使得教育能更加贴合产业发展的前沿。

（1）行业新兴技术的融入。在课程设计中，教育机构积极响应不同行业的新兴技术和发展趋势。教育机构最初先进行深入的行业趋势分析，了解不同行业目前和未来的新兴技术。这可能包括人工智能、物联网、区块链等领域的最新发展，以及它们在各行业中的应用前景。基于行业趋势的分析，教育机构建立了定期更新课程的机制。这就确保了课程内容的及时性和前瞻性，使学生在学习过程中能够紧跟行业的最新动态。课程设计中引入实际的项目和案例研究，以展示新兴技术在实际工作中的应用。学生通过参与这些项目，能够更深入地理解和掌握最前沿的技术知识，并培养学生自身解决实际问题的能力。学校邀请产业专家定期举办讲座，分享行业内最新的技术趋势和应用案例。同时，建立导师制度，使学生能够在学术导师的指导下深入研究和实践新兴技术。为了支持新兴技术的教学，教育机构投资去升级实验室和设施，提供学生进行实践和实验的先进工具和平台。这确保学生在学校拥有接触最新技术的实际机会。建立与产业合作的项目，将学生直接带入实际工作场景。通过与产业的合作，学生能够更深入地了解新兴技术在实际生产中的应用，培养实际解决问题的实践能力。设立学生和产业合作伙伴的反馈机制，收集关于课程设计和实践项目的意见。通过这些反馈，教育机构能够及时调整和改进相应课程，确保其符合产业的实际需求。教育机构能够全面而系统地将行业新兴技术融入课程设计，确保学生在学习过程中具备应对未来产业挑战的能力。

（2）行业专业需求的响应。在课程设计中，教育机构通过深入了解各行业用人需求，紧密贴合不同专业的实际需求，以确保学生在毕业时能够具备符合行业标准的专业技能。教育机构通过与行业企业、专业协会等渠道建立紧密联系，进行深入的行业用人需求分析。了解每个专业在不同行业中的就业前景和技能需求。基于行业用人需求的分析，教育机构建立了灵活的课程设置机制。这包括根据就业市场的变化及时调整和优化专业课程，确保学生学到的知识和技能更符合实际行业需求。引入产业导向的实践课程，使学生能够在真实产业场景中应用好专业知识。这有助于培养学生实际解决问题的能力，并确保他们在毕业时具备实际工作所需的专业技能。制订行业专业人才培养计划，明确每个专业学生在学习过程中需要达到的技能和素养标准。这为学生提供了明确的发展路径，使其可以更好地适应特定行业的工作要求。学校积极寻求与行业企业的合作，提供更多实习和实践机会。这不仅让学生在学习中获得实际工作经验，还能更好地了解行业的内部运作，提前适应专业工作环境。建立行业专业导师制度，邀请行业内资深专业人士担任学生的导师。通过导师的指导，学生能够更深入地了解行业实际情况，获得实际工作经验的指导。建立课程评估和反馈机制，定期收集学生和行业企业的反馈意见。通过这些反馈，教育机构能够不断优化课程设置，确保其紧密贴合行业专业需求。通过上述措施，教育机构能够更灵活地响应不同行业专业需求，使学生在毕业时具备符合行业标准的专业技能，提高其就业竞争力。

（3）实际案例与项目驱动。在课程设计中，采用实际案例和项目驱动的方式，旨在更好地贴合产业实际需求，通过学生参与真实产业项目，使他们在实践中学到更多实用的知识和技能，并能更好地理解产业的运作方式。引入实际产业案例，将课程内容与真实业务场景相结合。这有助于学生理解理论知识如何应用于实际问题，并更好地掌握产业的运作模式。采用项目驱动学习的方法，使学生从实际项目中获取有用的经验。学生参与项目，通过解决实际问题，培养解决问题的实际能力，提高实践操作的技能。与产业建立合作项目，使学生直接融入实际产业环境。这种合作项目不仅有助于学生应用知识，还让他们了解产业的业务流程和行业标准。创建模拟产业环境，让学生在仿真的业务场景中进行实际操作。这种模拟有助于学生在相对低风险的环境中体验真实业务问题，培养解决问题的决策能力。邀请产业专家担任项目指导老师，向学生提供专业指导和实战经验分享。通过专家的指导，学生能够更深入地了解产业的最佳实践和行业标准。实际项目驱动课程设计注重团队合作和沟通技能的培养。学生通过参与实际项目，学会有效地与团队成员进行协作，提高沟通和协调能力。建立严格的项目评估和反馈机制，确保学生在项目中的表现得到及时的反馈。通过评估，教育机构可以调整和改进项目设计，使之更符合产业实际需求。通过采用实际案例和项目驱动的方式，课程设计能够使学生在学习过程中更贴近产业实际，培养实际解决问题的能力，提高实用技能，为他们未来顺利融入产业提供了有力的支持。

2. 产业定向技能培训

随着产业技术的不断更新，对于新技能的需求也在不断增长。教育机构通过与产业合作，定向进行技能培训，确保学生毕业时具备最新、最实用的技术能力。这种技能培训有助于满足产业对高技能劳动力的迫切需求。

（1）在进行产业技能培训之前，教育机构最初先进行广泛而深入的产业技能需求调研。这一调研过程至关重要，因为它为制订有针对性的培训计划提供了坚实的基础。教育机构选择多种方法与产业企业进行沟通，以全面了解技能需求。这可能包括面对面的访谈、座谈会、在线问卷调查等方式，确保调研方法多样而全面。调研过程中，确保产业企业的广泛参与，包括大型企业和中小型企业。这有助于获取不同规模和类型企业的不同需求，为培训计划提供更全面的数据支持。通过调研，详细了解当前技术领域的发展趋势和行业的具体需求。而这涉及到技术的创新方向、热门领域以及对人才的具体期望，为培训计划提供技术方向和目标。深入分析产业中的人才缺口，明确当前市场上存在的技能短缺问题。通过了解哪些技能最受欢迎，哪些领域最缺乏人才，教育机构可以有针对性地进行培训，更好地满足市场需求。对于调研过程中获得的大量数据进行收集和整合。这可能会涉及到数据的统计分析、主题词提取等方法，以确保得到的信息有序、系统，并为培训计划提供清晰的方向。通过调研，建立与产业企业的合作关系。这不仅有助于更深入地了解产业需求，还为后续的培训计划和实际项目的合作奠定了坚实基础。通过充分了解产业技能需求，教育机构能够在培训计划中更准确地把握市场脉搏，提供符合产业实际需求的培训，使学生毕业后能更容易适应并贡献于现实工作环境。

（2）在充分了解产业技能需求的基础上，教育机构采取了有效的机制来定期更新培训内容。这一机制旨在确保培训课程与技术的迅速发展保持同步，使学生能够接触到最新的工具、方法和技术。教育机构根据产业技能需求调研的结果，制订明确的更新计划。这包括更新的频率、更新的内容范围以及涉及的课程和技能领域，确保更新计划有针对性和可操作性。建立敏锐感知技术发展趋势的机制，通过关注行业新闻、研究报告、技术会议等渠道，及时了解最新的技术动态。这有助于及时发现新兴技术和趋势，为培训内容的更新提供前瞻性的信息。与产业企业和研究机构建立紧密的产学研合作关系。通过与产业企业和研究机构的合作，获取实际项目和研究成果，将最新的实践经验和技术成果融入培训课程。培训课程中引入灵活的教材和资源，包括在线学习平台、开放式教材和实践案例。这样的灵活性使得教育机构能够更迅速地更新课程内容，确保学生学到的是最新的知识。设立学生和行业企业的反馈机制，收集他们对培训内容的意见和建议。通过及时的反馈，教育机构可以更准确地了解学生的学习需求和产业的实际需求，进而进行相应的调整和更新。为学生提供自主学习的资源，包括在线学习平台、技术博客、开发者社区等。这些资源使学生能够在培训之外自主获取最新的技术资讯，保持对技术的敏感性。不仅培训内容需要更新，教师团队也需要不断提升自己的专业水平。因此，建立定期的教师培训计划，使教师了解最新的技术趋势，故而能够更好地传授给学生。通过以上措施，教育机构能够确保培训课程的时效性和实用性，使学生在毕业时具备最新、最实用的技术能力，更好地适应产业的快速变化。

（3）为了提高技能培训的实用性和专业性，培训课程邀请产业专家进行专业授课。通过专业人士的经验分享和实际操作示范，学生能够更深入地学习和理解技术在产业中的应用。教育机构进行严格的专家选择，确保邀请的专家在特定领域有丰富的从业经验和专业知识。通过建立合作关系，邀请专家定期进行授课。专家授课强调实际操作示范，使学生能够亲身体验和学习真实的产业场景。通过示范操作，学生能够更深入地理解技术在实际工作中的应用方法和技巧。专家在授课中分享真实的行业案例，将理论知识与实际应用相结合。这有助于学生理解技术在解决实际问题中的作用，培养他们解决实际问题的能力。专家授课的过程中注重学生问题解答和讨论。学生可以向专家请教疑惑，与专家进行深入交流，从中获取更深层次的知识，并提高问题解决的能力。专家授课不仅会关注基础知识的传授，还关注最新的行业趋势。专家通过介绍最新的技术发展、行业动态，使学生了解产业的最前沿，保持对未来趋势的敏感性。专家授课的同时，学生有机会拓展产业人脉。通过与专家交流，学生能够建立起与业界专业人士的联系，为未来就业和合作提供更广阔的机会。设立定期的专题讲座，邀请多领域的产业专家分享经验。这有助于扩大学生的视野，使他们能够接触到不同领域的最新动态和技术应用。通过产业专家的授课，培训课程能够更贴近实际产业需求，为学生提供更实用、更深入的技术知识，提高他们在产业中的竞争力。

（4）为了提高学生的实际操作技能和解决问题的能力，培训课程注重实际操作和项目实践。通过让学生亲身参与去解决实际产业问题，培养他们的实际技能和应用能力。为学生搭建真实的实际操作环境，模拟产业场景。这包括使用专业工具、软件和设备，使学生能够在实际操作中应用所学知识，提高技能水平。培训课程设计以解决实际产业问题为目标。学生将直接面对真实的挑战和问题，通过分析、设计和实施解决方案，培养解决问题的实际能力。设计与产业合作的项目实践，让学生直接置身于产业实践中。这样的项目实践既包含理论知识的应用，也注重学生在实际工作环境中的实际操作和团队协作。项目实践强调团队合作和沟通技能的培养。学生需要与团队成员进行协作，共同解决项目中的问题。这有助于提高学生的团队合作和沟通技能。建立实践中的反馈机制，包括项目导师的评估、同行评审等方式。通过及时的反馈，学生能够了解自己在实际操作中存在的不足之处，并及时调整和改进。设立技能认证项目，鼓励学生参与实际操作和项目实践。通过完成认证项目，学生能够获得行业认可的证书，提高他们在就业市场上的竞争力。邀请行业内资深专业人士担任项目导师，为学生提供指导和建议。行业导师的经验分享和指导将使学生更好地理解产业实践和行业标准。通过实际操作和项目实践，培训课程能够更好地锻炼学生具备的实际技能，使他们在毕业后能够迅速适应产业环境，具备解决实际问题的实际经验。

（5）为了加强学生的产业实践经验，培训课程建立了产业合作项目，将学生直接融入产业实践中。通过参与真实产业项目，学生不仅能够应用所学技能，还能更深入地理解产业的运作方式，培养适应产业环境的能力。培训课程与产业企业建立密切的合作关系，包括大型企业和中小型企业。通过建立这种合作，学生便有机会直接参与产业的实际项目。与产业企业共同定制和设计项目结构，确保项目既符合学习目标，又能够解决实际产业问题。项目结构应包括理论知识应用、实际操作、团队协作等环节。学生以团队的形式参与产业合作项目，模拟真实的工作环境。这有助于培养学生在团队协作中的沟通、协调和领导能力。项目设置具有挑战性的实际问题，激发学生解决问题的积极性。通过面对实际问题，学生能够将所学知识应用到实践中，培养实际解决问题的能力。项目中邀请行业内资深专业人士作为导师，为学生提供实际的指导和建议。导师的经验分享和指导将使学生更好地理解产业实践和行业标准。项目中注重实际操作和技能培训，使学生在解决问题的过程中可以逐步提升实际操作技能。这有助于将理论知识转化为实际操作能力。学生在项目结束后进行结果展示，向产业企业展示他们的成果。同时，产业企业提供反馈，帮助学生更好地了解产业的期望和标准。通过项目的参与，学生有机会更深入地融入产业文化。

他们能够了解产业的价值观、工作方式和行业特点，为将来的职业发展打下坚实基础。通过产业合作项目，培训课程能够使学生更好地适应产业环境，提高他们在实际工作中的综合能力和竞争力。

（6）为了增强学生的就业竞争力，培训课程建立了完善的技能认证体系，确保学生在培训结束后能够获得行业认可的技能证书。技能认证体系与行业标准对接，确保认证内容符合产业实际需求。与行业协会、企业和专业机构合作，制定认证标准，使之与产业标准相一致。建立多层次的认证体系，涵盖不同难度和技能水平的认证项目。学生可以根据个人能力和兴趣选择适合自己的认证路径，形成更加丰富的技能体系。认证体系注重对实际操作的评估，而非仅仅只是依赖理论知识考核。通过实际操作的评估，确保学生具备真实项目中所需的实际操作技能。认证项目由行业专家进行评审，确保评价的客观性和专业性。行业专家的参与能够有效地衡量学生在实际工作中所需的技能水平。认证项目设计实用性强的项目任务，确保学生在完成任务时能够真实地应用所学技能。这有助于提高学生的实际操作能力和问题解决能力。认证体系定期会进行更新和升级，与技术和产业的发展同步。这样可以确保认证体系始终保持与产业实际需求一致，为学生提供最新、最实用的技能认证。认证体系设置就业导向的认证项目，与企业合作，使学生获得的认证更具有就业竞争力。这有助于学生更好地满足企业的用人需求，提高就业机会。学生获得的技能认证证书公开可查，使用人单位能够随时核实学生的技能水平。这增加了证书的真实性和可信度，提高学生在招聘中的竞争力。通过建立技能认证体系，培训课程为学生提供了可靠的技能认证，使他们更容易在就业市场中脱颖而出，成功融入产业工作。

（7）为了确保培训效果与产业实际需求保持一致，培训课程实施后进行持续跟踪和反馈。通过了解学生在实际工作中的表现，及时调整培训计划，以确保培训的实际效果。建立学生就业情况的跟踪机制，了解学生毕业后的就业状况。通过与企业和学生的沟通，获取他们在实际工作中的表现和反馈。提供职业发展指导服务，帮助学生规划职业发展路径。通过与学生的交流，了解他们在实际工作中所面临的挑战与问题，提供相应的指导和支持。定期进行企业满意度调查，了解企业对培训课程毕业生的评价。

企业满意度调查结果为调整培训计划提供重要参考，确保培训与企业需求相匹配。建立学生反馈机制，收集学生对培训的意见和建议。学生的反馈能够帮助课程团队更好地理解学生的需求，及时调整课程内容和方法。进行毕业生追踪调查，了解毕业生在职业生涯的发展轨迹。通过追踪调查，获取毕业生在不同年龄阶段的职业发展情况，为未来的培训计划提供经验教训。跟踪产业变化，了解行业的新发展趋势和技术更新。通过调查行业变化，及时调整培训内容，确保培训课程与产业发展保持一致。根据持续跟踪和反馈的结果，灵活调整培训计划，其中包括更新课程内容、调整培训重点、改进教学方法等，以适应产业的快速变化。建立信息共享平台，促进学生、企业和培训机构之间的沟通。通过信息共享，实现多方互动，更好地了解培训效果和产业需求。通过持续跟踪和反馈，培训课程能够及时进行调整，保持与产业实际需求的一致性，为学生提供更具针对性和实用性的培训。通过产业定向技能培训，教育机构能够更好地迎合产业的技术更新需求，为学生提供与产业实际相符的高水平技能，助力其在就业市场中更具竞争力。

（二）教育为产业提供持续人才支持

1. 人才培养符合产业发展阶段

教育在系统培养学生的过程中，致力于使其能够适应不同阶段产业的发展需求。从初级产业需要的劳动力，到高级制造业和现代服务业需要的复合型人才，教育的不同层次和专业设置能够为产业提供符合发展阶段的合适人才。教育体系应当具备多层次的人才培养计划，以满足产业发展的不同阶段需求。从初级产业、次级产业到高级制造业和现代服务业，不同层次的产业对人才的需求有所不同。教育应在不同层次设置相应的课程和专业，培养适应性强的人才。在产业发展的初级阶段，对劳动力的需求较大。教育体系应提供相应的技能培训，使学生具备基本的操作技能和生产能力。这种培训注重实际操作，使学生能够快速投入生产工作中，满足初级产业的用工需求。随着产业的升级，对技术人才的需求增加。教育应设立专业化的技术类课程，培养学生在高级制造业中所需的专业技能和创新能力。这包括工程技术、科学研究等方面的培养，使学生能够在技术领域具备竞争力。随着产业结构的转型，现代服务业对复合型人才的需求逐渐增加。教育应设立涵盖多领域知识和技能的专业，培养具备跨学科能力的复合型人才。这些人才能够适应服务业的多样化需求，同时具备创新和沟通能力。为了更好地适应产业发展阶段，教育应设置行业导向的实践课程。通过与产业企业进行合作，将实际产业项目融入进课程，使学生在学习过程中能够更好地理解产业的实际运作方式，为将来的就业做好充分准备。教育体系应具备灵活性，能够随时调整课程体系以适应产业发展的动态变化。通过与产业紧密合作，教育机构能够了解产业需求的变化，并相应地更新课程设置，确保培养出符合产业发展阶段需求的人才。通过这样多层次、多领域的人才培养，教育体系能够更好地适应不同阶段产业的发展需求，为产业提供具备实际操作能力和创新能力的合适人才。

2. 研发创新为产业提供智力支持

教育机构通过研发创新活动为产业提供了智力支持。通过科研项目和创新课程的设计，教育者推动产业技术的不断升级，促进产业结构的创新调整。这种研发创新为产业提供了更为广泛的人才和技术支持。教育机构通过开展科研项目，致力于解决产业面临的技术难题和创新需求。教育者与产业企业合作，通过科研团队的努力去推动相关领域的技术不断进步。这些科研项目的成果不仅为产业提供了智力支持，也为产业的创新提供了新的可能性。教育机构通过设计创新课程，将最新的科研成果融入教学中。这些课程不仅为学生提供了前沿的知识，也为产业培养了具备创新能力的人才。学生通过参与创新课程，能够更好地理解产业的发展趋势，为未来的科技创新和产业发展做好准备。教育机构的研发创新活动直接推动了产业技术的升级和产业结构的创新。通过引入最新的科研成果和技术应用，产业能够更好地适应市场变化，提高生产效率，推动整个产业结构的创新调整。教育机构通过与产业密切对接，了解产业的实际需求。基于这些需求，教育者能够有针对性地开展研发工作，为产业提供解决方案。这种需求导向的研发创新更加符合产业的实际需求，提供更精准的支持。通过研发创新，教育机构为产业提供了人才储备的广度与深度。不仅培养了具备广泛知识面的专业人才，还培养了具备跨学科思维和创新精神的复合型人才。这种多层次的人才储备使产业能够更好地适应并满足不同层次和领域的需求。教育机构的研发创新为构建产业创新生态提供了基础。通过建立科研中心、创新实验室等平台，促使产业与教育机构之间的深度合作，形成更加开放、创新的产业生态系统。通过这些研发创新活动，教育机构为产业提供了智力支持，推动了产业的科技升级和创新发展，为产业保持竞争力提供了有力的支持。

（三）技能培训、研发创新与产业结构调整的互动关系

1. 技能培训促进产业升级

技能培训不仅满足了产业对劳动力技能的需求，同时也推动了产业的技术水平升级。通过培养高技能人才，产业能够更好地适应科技进步和市场变化，实现产业的可持续发展。技能培训直接满足了产业对高技能劳动力的需求。不同行业和领域对高水平技术人才的需求不断增长，技能培训通过提供专业化、实用性强的培训课程，使劳动力能够具备更高水平的技能，更好地适应产业发展的需要。技能培训通过传授最新的技术知识和实际操作技能，推动了产业技术水平的升级。培训课程将前沿的科研成果、新兴技术融入教学，使劳动力具备应对市场挑战的最新技能，有助于产业在技术层面实现不断的升级和创新。技能培训使劳动力更具科技进步和市场变化的适应性。在快速发展的科技环境和变化莫测的市场中，培训过程中的实际操作和案例分析使劳动力更具灵活性和适应性，能够迅速掌握新技术、新工具，应对市场的动态变化。通过培训高技能人才，产业能够实现产业结构的优化和调整。高技能人才的涌现使得产业能够更好地配置人才资源，更加灵活地适应市场需求，进而促进产业结构的升级和优化。高水平技能的劳动力能够提高生产效率和质量标准。技能培训强调实际操作和实用技能，使劳动力在生产过程中变得更加熟练，提高了生产效率和产品质量，从而增强了产业的竞争力。通过不断提高劳动力的技能水平，产业能够更好地实现可持续发展。高技能人才的培养使得产业更具创新力、竞争力，能够在激烈的市场竞争中长期保持发展势头，实现产业的可持续发展。产业对高技能劳动力的需求促进了产业与教育机构的深度合作。产业提出自身需求，教育机构通过技能培训满足这些需求，形成了产业与教育的良性互动关系，促进了双方的共同发展。通过技能培训，产业得以获

得更高水平的劳动力，推动技术水平的升级，提高产业的竞争力，实现更加可持续的发展。

2. 研发创新引领产业结构调整

教育机构的研发创新为产业提供了前沿的科技支持，引领产业结构调整。产业通过与研究机构的合作，更好地适应新兴技术的发展，推动产业结构向更具竞争力和可持续性的方向调整。教育机构通过开展研发创新活动，提供了产业所需的前沿科技支持。科研团队的创新成果直接影响了产业的技术水平，为产业提供了新的技术方向和解决方案。产业与研究机构的合作促进了科技创新的交流。通过共同开展研究项目、合作科技转移，产业能够获得研究机构的专业知识和技术支持，更好地适应市场的变化，推动产业结构的调整。研发创新使得产业能够更好地适应新兴技术的发展。教育机构通过不断开展研究，推动了新技术的应用和产业化，帮助产业把握科技发展的机遇，更好地去适应市场对新技术的需求，引领产业向高附加值方向发展。研发创新引领了产业结构的优化。通过引入新的技术和业务模式，产业能够更加灵活地调整产业结构，提高效益和降低成本，从而更好地适应市场的竞争压力。教育机构的研发创新促使产业向可持续性方向发展。在研究过程中注重环保、节能等方面的创新，帮助产业降低对资源的依赖性，推动产业向更加可持续的发展模式转变。通过与研究机构的合作，教育机构培养了大量创新型人才。这些人才不仅在科研领域具备丰富的经验，也能够在产业中推动创新，为产业结构的调整提供了强有力的人才支持。研发创新使得产业能够在国际市场上更具竞争力。通过引领产业结构调整，产业能够在全球范围内更好地参与国际竞争，推动产业向更高水平发展。通过教育机构的研发创新，产业得以引领产业结构的调整，更好地适应市场变化，提高自身竞争力，实现更加可持续的发展。

产业与教育的互动关系不仅是单一方向的需求和供给关系，更是一种深度互动、共同发展的伙伴关系。产业的需求推动了教育的发展，而教育通过人才培养和研发创新为产业提供了持续的支持。技能培训、研发创新和产业结构调整在互动中相互促进，共同推动着国家经济和社会的不断进步。

二、产业对教育的影响层面

在不同层面上，产业对教育都产生着深刻的影响。首先，在课程设计层面，产业需求直接影响着教育机构对课程的设置和调整。其次，教育资源的配置与更新也受到了产业的引导，以确保学生能够获得与产业需求相匹配的知识与技能。最后，产业界的专业人才参与教育过程，为学生提供实践经验与行业洞察。

（一）课程设计的产业导向

产业需求直接影响着教育机构对课程的设计和调整。教育机构通过深入了解不同产业的需求，调整和优化相关专业的课程设置，确保学生能够学到的知识和技能更符合产业实际需求。产业导向的课程设计使得教育更加贴合产业发展的前沿，为学生提供了更实用的职业准备。

1. 产业需求调研与分析

教育机构通过对产业的需求进行深入调研和分析，了解不同产业的发展趋势、技术要求和人才需求。这一过程包括与产业企业的沟通、行业报告的研究以及就业市场的分析，以全面了解产业的动态。教育机构积极与产业企业进行沟通，与企业代表、行业专家进行座谈，了解产业的实际运作情况和未来发展方向。通过与企业建立起紧密的联系，能够直接获取产业需求的第一手信息。教育机构深入研究行业报告，分析产业的发展趋势、市场规模、竞争状况等关键信息。这种研究有助于识别产业的关键发展领域和未来的人才需求，为课程设计提供科学的依据。通过对就业市场的分析，了解毕业生的就业状况以及产业对人才的实际需求。通过追踪毕业生的就业情况，教育机构能够及时调整培养方案，使之更符合产业的用人需求。这一过程的目标是全面了解产业的动态，包括市场变化、技术创新、用工趋势等。通过全面的产业动态了解，教育机构能够更准确地把握产业的未来走向，为学生提供更有针对性的培训。通过这些手段，教育机构能够深入了解到产业的需求，为后续的课程设计和教学计划的调整提供有力的支持，确保培养出符合产业要求的人才。

2. 课程设置的灵活调整

基于对产业需求的了解，教育机构灵活调整课程设置。通过增设新的专业方向、更新课程内容，确保课程能够及时反映产业的最新要求。这种灵活性使得教育机构能够更好地适应产业发展的变化。教育机构根据产业的发展趋势和需求，及时增设新的专业方向。这可能包括涉及新兴技术、新产业领域或特定产业的专业方向，确保学生能够获取最新的产业知识和技能。通过定期审查和更新课程内容，确保其与产业的最新要求保持一致。这可能会包括更新教材、引入最新的案例研究、融入新的教学方法等，使课程始终具有实时性和前瞻性。教育机构可以根据产业的需求调整课程的结构，更好地贴合产业发展的要求。这可能涉及到调整学科的比重、增加实践环节、引入跨学科的教学内容等，以提高学生的实际操作能力和跨领域综合能力。灵活调整课程还包括强化实践教学的元素。通过增加实习机会、产业项目合作等形式，使学生能够在真实产业环境中应用所学知识，更好地适应产业的实际运作。教育机构可以开设短期培训课程，以满足产业对特定技能的紧急需求。这种快速响应的培训方式使学生能够快速获取产业热点技能，提高自身就业竞争力。积极与产业进行合作项目，将产业实践融入到课程中。通过与产业合作，学生能够在实际项目中运用所学知识，加深对产业运作的理解，提高实际问题解决能力。通过这些灵活的调整措施，教育机构能够更好地适应产业发展的变化，确保培养出的学生具备符合产业需求的知识和技能，增强他们在职业市场上的竞争力。

3. 结合实际案例与项目

产业导向的课程设计强调结合实际案例与项目。课程设置中融入产业实际项目，让学生通过实际操作解决真实产业问题，提升他们的实践能力。这种实际案例与项目的结合能使学生更好地理解产业的实际运作方式。课程设计中引入真实的产业案例，让学生了解产业中真实存在的问题和挑战。通过分析和讨论这些案例，学生能够深入理解产业运作中的复杂性和实际需求。将实际产业项目融入到课程中，使学生能够直接参与并解决真实的产业问题。这样的实际项目可以来自产业合作伙伴、行业组织或是学校与产业的合作项目，确保与实际产业环境密切相关。组建学生实践团队，让他们共同参与到产业实际项目。通过团队合作，学生能够分享各自的专业知识，共同应对项目中的挑战，并从中培养团队协作和沟通能力。为学生提供导师指导，确保他们在实际项目中得到专业指导和反馈。导师可以是学校教授、产业专业人士或是项目合作方的专家，帮助学生更好地应对实际问题。要求学生撰写产业实践报告，并进行展示。通过报告和展示，学生能够系统总结实际项目的经验，分享解决问题的过程和成果，同时提升他们的表达和沟通能力。组织学生进行产业实践考察，亲身感受产业现场情况。这种实地考察可以让学生更深刻地了解产业运作的现状，对产业的需求和挑战有更为直观的认识。通过这些手段，学生能够在实际产业环境中应用所学知识，培养解决问题的实践能力，同时更深刻地理解产业的实际运作方式，为未来的职业发展做好充分准备。

4. 前沿技术与发展趋势

教育机构注重引入前沿技术和产业发展趋势。通过更新教材、增设新领域的课程，确保学生能够接触到最新的技术知识，使他们具备应对未来产业挑战的能力。这种前沿性的课程设置使学生在毕业后更具竞争力。教育机构密切关注科技前沿，通过定期研究科研文献、参与学术会议等方式，了解最新的科技发展趋势。这有助于及时了解新兴技术的应用领域和对人才的需求。基于科技前沿的了解，教育机构不断更新所教教材和课程内容。将最新的科技成果、研究成果融入到课程中，确保学生能够学到最新、最先进的知识，提高他们在产业中的竞争力。教育机构可以根据科技发展趋势增设新领域的课程。例如，针对人工智能、大数据、生物技术等新兴领域，设立专门的课程，使学生能够深入了解并掌握这些领域的核心知识和技能。推动产学研结合的项目，让学生参与到前沿技术的研究和应用中。与产业进行合作，开展科研项目，让学生亲身参与实际的研究工作，提高他们的创新能力和实际操作能力。升级实验室设施，确保学生能够在最先进的实验环境中进行学习和研究。实验室的升级可以包括引入新的设备、工具，以及建设符合最新技术标准的实验室空间。邀请产业专家举办讲座和培训，分享最新的产业发展趋势和技术应用。通过与产业专家的交流，学生能够深入了解产业的实际运作情况，获得行业内最新的见解。通过这些措施，教育机构能够确保学生在学习过程中始终紧跟产业前沿，具备应对未来产业挑战的前瞻性和竞争力。

5. 产业导师的参与

引入产业导师参与课程设计。产业导师是具有丰富产业经验的专业人才，他们能够提供实际的行业洞察和实践经验，确保课程内容与产业实际需求更加贴切。这种导师制度使学生能够直接从业界专业人士那里获取实用的经验和知识。教育机构通过与产业企业建立合作关系，选拔具有丰富经验和专业知识的产业导师。产业导师可以是企业高级管理人员、技术专家或行业领军人物，确保他们能够为学生提供真实、权威的产业见解。产业导师参与课程设计的过程，与教育机构的教师团队共同制定课程大纲、教学目标和实践项目。他们通过分享产业实践案例、讲解行业发展趋势等方式，确保课程内容更符合产业实际需求。产业导师参与实践导向的教学活动，如实际项目指导、实地考察、实训课程等。他们能够带领学生去深入了解产业现场，解答学生在实践中遇到的问题，提供实际的操作经验。产业导师不仅参与课程设计和教学活动，还能够提供就业指导和职业规划的帮助。通过与学生建立起联系，了解他们的兴趣和优势，帮助他们更好地规划职业发展路径，并介绍相关产业的就业机会。安排定期的产业导师讲座，邀请产业界专业人士分享他们的经验和见解。这样的讲座不仅能够丰富学生的知识，还能够帮助学生建立与产业导师的联系，拓展职业人脉。建立学生导师团队互动机制，促使产业导师与学生保持紧密联系。学生可以通过咨询、讨论会等方式与导师进行深入交流，获取实用的行业经验和职业建议。通过引入产业导师的参与，学生能够更深入地了解产业实际情况，提高实践能力，并在学业完成后能更顺利地融入产业工作。

6. 就业市场的反馈机制

建立就业市场的反馈机制，及时了解毕业生在就业市场上的表现。通过就业市场的反馈，教育机构可以调整课程设置，进一步优化培养方案，以提高毕业生的就业竞争力。教育机构定期进行就业市场调研，了解不同产业对人才的需求，以及毕业生在就业市场上的表现情况。这可以通过与企业、行业协会的合作、就业数据分析等方式来实现。为每位毕业生建立完善的就业档案，记录他们的就业状况、薪酬水平、所在行业等信息。通过这些档案，可以全面了解毕业生在就业市场上的表现，并分析就业的行业动向。通过开展毕业生追踪调查，了解毕业生在实际工作中的表现、职业发展路径以及所取得的成就。这种调查可以通过电话访谈、在线问卷等方式进行，获取更加详细和具体的信息。建立与企业的紧密合作关系，促使企业向教育机构提供毕业生的反馈信息。通过与企业的沟通，了解毕业生在实际工作中的表现，以及企业对他们的评价和期望。定期举办就业市场论坛，邀请企业代表、人力资源专业人士等参与。在论坛上，就业市场的相关信息可以得到及时的更新，学校可以借此机会了解企业对毕业生的需求和行业趋势。采用校企合作的培养模式，确保教育机构的课程设置与企业需求更加贴合。通过与企业共同制订培养方案、实施实习计划，实现毕业生在校园学习和实际工作中的顺畅衔接。根据就业市场的反馈信息，及时调整课程和培养方案。这包括调整课程设置、更新教材、增设实践环节等，以确保学生毕业后能够满足当前就业市场的需求。根据就业市场的反馈，提供更加个性化的就业指导和辅导服务。帮助学生能够更好地了解就业市场的实际情况，提高他们的职业规划能力和面试技巧。通过建立健全的就业市场的反馈机制，教育机构能够更加灵活地调整教育方案，使毕业生更好地适应就业市场的需求，从而提高他们的就业竞争力。

通过这些策略，教育机构能够确保课程设计更贴合产业需求，为学生提供更实用的职业准备，使他们更好地适应产业发展的前沿。

（二）教育资源的配置与更新

产业的发展引导着教育资源的配置与更新。为了确保学生能够获得最新的产业知识和技能，教育机构需要不断更新教材、实验室设备等教育资源。产业的技术进步和需求变化直接影响着教育资源的选择和更新方向，保持与产业同步的教育内容。

随着科技和产业的不断演进，教材需要及时进行更新以反映最新的知识和趋势。这可能涉及到引入新的教科书、课程资料，或者调整课程内容以适应行业的变化。产业的技术进步常常需要更先进的实验室设备。为了培养学生的实践技能，教育机构需要投资于新技术、仪器和设备，确保学生毕业时能够熟练运用最新的工具。与产业界建立合作关系，为学生提供实习和实践机会是关键一环。这种联系可以确保教育内容与实际行业需求更为贴近，学生能够通过实践获得直接经验。产业需求的变化对教育资源的配置有直接影响。当某个行业的需求发生改变时，教育机构需要灵活地调整课程安排，以满足学生在职业生涯中的需求。利用最新的数字化教育工具，例如在线学习平台、虚拟实验室等，可以增强教育资源的灵活性和可及性。这样的工具可以帮助学生随时随地获取最新的学习材料。教育资源不仅仅包括物质方面，也包括教师的知识和技能。为了确保师资队伍跟得上产业的步伐，培训和专业发展计划是必不可少的。

（三）专业人才的参与与合作

产业界专业人才的参与为学生提供了实践机会，让他们能够亲身体验并理解行业的实际运作。这种直接的接触使学生能够更深入地了解工作场景，从而更好地准备迎接职业挑战。专业人才参与教育机构的项目，为学生提供了与实际工作项目相关的经验。这种合作不仅仅是理论知识的传递，更是实际问题解决能力的培养，使学生能够在真实场景中应用所学的理论知识。提供实习机会是专业人才参与教育的一种形式，学生通过实际工作中的实习，能够将理论知识应用到实际中，并与业界专业人士一起共事。这不仅帮助学生积攒实际工作经验，还能够为他们未来的职业发展提供有力的支持。专业人才的参与可以促进实际经验和知识的传承。他们能够分享在实际工作中获得的见解和技能，帮助学生更好地理解课程内容，并提供实用的职业建议。通过与产业界专业人才的合作，学生能够更好地了解行业的多样性和复杂性，拓宽他们的视野。这有助于提高学生的综合素养，使他们能够更好地适应未来职业发展的挑战。总体而言，专业人才的参与与合作为学生提供了更全面、实践导向的教育体验，使他们更好地融入产业环境，并为未来的职业生涯做好充分的准备。这种紧密联系也有助于建立产业和教育之间的有机连接，促进知识的共享与创新。

通过这些层面的影响，产业与教育形成了紧密的互动关系，教育机构在产业的引导下不断优化课程、更新资源、提升教学质量，以更好地满足产业对人才的需求，促进学生更好地适应职业发展。

三、教育对产业的贡献与反馈

教育作为产业发展的基石，不仅提供了各层次的人才储备，也通过研究与创新为产业的进步注入新的活力。职业教育不仅关注培养学生的技能，更注重培养学生的创新精神和解决问题的能力，为产业的可持续发展提供了源源不断的动力。

（一）人才储备与技能培养

教育系统为产业提供了广泛的人才储备，从基础教育到高等教育，为各个层次的职业需求都提供了合格的人才。这确保了产业有足够的劳动力，并培养了各行各业所需的基本技能。职业教育强调实际技能的培养，为产业提供直接可用的人才。这层教育关注于特定职业领域的需求，确保学生在毕业后能够迅速适应工作环境。

（二）创新精神与问题解决能力

高等教育机构通过研究与开发为产业的创新注入新的血液。大学和研究机构的科研成果常常被直接应用于产业，推动技术和方法的进步。教育系统致力于培养学生的创新思维和解决问题的能力。这种能力对于产业的可持续发展至关重要，因为它推动着新的理念、产品和服务的涌现。

（三）产业的反馈与教育调整

产业的反馈通过就业市场需求体现出来。当产业对某些技能和专业的需求增加时，教育系统会调整课程，以满足这些需求。产业的积极参与教育过程，提供实习机会和产业合作项目，为教育系统提供了直接的反馈。这有助于确保教育内容与实际工作需求保持一致。

综合来看，教育对产业的贡献不仅限于提供人才，更在于为产业的创新和可持续发展提供相应的智力支持。同时，产业的反馈也是教育系统不断优化和调整的重要参考，以确保培养出更符合产业需求的专业人才。这种相互作用促使教育与产业形成良性循环，共同推动社会的进步。

四、产业对不同层次教育的不同需求

不同层次的产业对教育的需求存在差异，从初级产业到高级制造业，再到现代服务业，对人才的需求逐渐由简单的劳动力需求转变为复合型、创新型人才的需求。因此，教育体系应当根据不同产业的特点和需求，调整教育内容和培养目标，以更好地适应产业的发展趋势。

（一）初级产业（农业、采矿业）

初级产业通常需要大量的劳动力，但也需要具备基本农业和采矿知识的工人。初级教育应强调基础的农业和采矿技能，培养农民和矿工的基本素养。

（二）次级产业（制造业）

制造业逐渐需要更高水平的技术和操作技能，其中包括机械操作、工程技术等。职业技术教育和技工培训应强化实际操作技能，高等教育应提供更深入的工程和技术知识。

（三）高级制造业（高科技制造业）

对高级制造业而言，需要更多的工程师、科学家和技术专家，以推动创新和高科技生产。大学和研究机构需要提供高水平的科学和工程教育，培养个人创新精神和高级技术能力。

（四）现代服务业（信息技术、金融、医疗等）

现代服务业对创新、沟通和问题解决能力的需求较大，同时要求对专业知识的高度掌握。高等教育需要注重培养综合素质，包括沟通能力、创新思维和专业知识。职业培训也应强化在特定领域的实际应用技能。

总体而言，教育体系需要灵活适应产业的发展趋势，调整教育内容和培养目标，以满足不同产业对人才的不同需求。这样的个性化教育能够更好地促进人才与产业的匹配，推动社会的可持续发展。

五、产业与教育的合作模式

为促进更深层次的产业与教育融合，不同的合作模式应运而生。这包括了学校与企业的战略合作、产业界专业人才参与教学、实习与实践基地的共建等多种形式。这种紧密的合作模式能够确保教育体系更贴近产业实际，更好地培养适应产业需求的人才。

（一）学校与企业的战略合作

学校与企业可以建立战略伙伴关系，共同制订培养计划，开设符合产业需求的专业课程。学校能够更好地去理解产业需求，企业可以更早介入人才培养过程，确保学生毕业后具备实用技能。

（二）产业界专业人才参与教学

产业专业人才可以担任兼职教师，直接参与到教学过程，分享实际工作经验。学生能够从业界专业人士那里获取实际见解，教育过程更具实际导向，学生更容易融入产业环境。

（三）实习与实践基地的共建

学校与产业可以共建实习和实践基地，提供给学生实际工作经验的机会。学生通过实际实践更深入地理解产业操作，同时产业可以发现并吸纳优秀的学生为未来人才储备资源。

（四）联合研究与开发项目

学校与产业可以共同进行研究与开发项目，将学术研究成果应用于实际产业问题。产业能够受益于学术界的创新，学校的研究也更具实际应用价值。

（五）行业委员会或咨询委员会的设立

学校可以设立行业委员会或咨询委员会，邀请产业专业人士参与决策与规划。产业的实际需求能够更直接地影响学校的决策，确保教育体系更符合产业发展的实际需求。这些合作模式都有助于建立更加紧密的产业与教育联系，促使双方能更好地理解对方的需求，推动人才培养和产业发展的有机结合。这种紧密的合作不仅促进了知识的传递，也有助于培养更符合产业需求的专业人才。

产业与教育的关系是多层次、多方位的。它不仅仅是一种单向的需求与供给关系，更是一种深度互动、共同发展的伙伴关系。在本节中，我们深入分析了产业与教育之间的互动关系，揭示了它们在课程设计、资源配置、人才培养等方面的紧密联系。

第二节　产教融合的概念与定义

一、产教融合的基本概念

产教融合是指产业和教育领域之间建立紧密联系的过程，目的在于促使双方共享资源、互相受益，从而提高人才培养的质量和促进产业的可持续发展。这一概念强调了产业和教育之间的相互依存关系，通过密切合作去实现共同发展。

二、产教融合的实质

产教融合并非简单的教育和产业并行存在，而是要求二者在实质上能够互相渗透和融合。实质上，这涉及到课程设置、实践机会、研究项目等多个方面的合作。产业参与教育的方方面面，确保学生能够获得更贴近实际工作需求的培训和教育。

（一）课程设置的融合

产教融合要求将产业需求纳入课程设置的考量之中。这包括产业专业人士参与课程设计，确保课程内容贴近实际工作场景，学生学到的知识和技能更具实用性。这种融合能够使教育更具前瞻性和实践性。确保产业专业人士参与课程设计是产教融合的核心。这意味着邀请来自相关产业的专业人员参与课程制定和更新，以便将最新的产业趋势、技术和需求纳入课程体系。这种参与能够使教育更贴近实际，避免过时的理论知识。课程设置的融合要求将实际工作场景融入教育中。通过案例分析、模拟项目和实地考察等方式，学生能够更直观地理解产业的运作和挑战。这种还原性的教学方法使学生在学习过程中更容易将理论知识转化为实际操作能力。产教融合通过将产业需求融入课程设置，确保学生所学知识和技能更具实用性。这不仅包括技术技能，还包括解决问题的能力、沟通协作的技巧等软技能。学生在学业完成后能够更迅速、顺利地适应工作环境。产教融合的课程设计旨在实现前瞻性和实践性的平衡。即便是关注产业当前需求，也依然需要考虑未来的发展趋势，使学生具备更好的职业可持续性。这种平衡确保了教育的长远影响力。通过课程设置的融合，产教融合的理念得以切实体现出来，为学生提供更为全面和实用的教育体验，同时为产业培养更适应市场需求的人才。这种方式促使教育更具活力和应变能力，适应产业和社会的快速变化。

（二）实践机会的共享

产教融合的实质还表现在为学生提供更多实践机会。产业可以提供实习、实训、工作坊等机会，使学生在真实工作环境中应用他们在课堂上学到的理论知识。通过这种实践，学生能够更好地理解和适应产业的工作要求。产教融合要求产业提供多样化的实践机会，包括但不限于实习、实训、工作坊、参与实际项目等。这种多样性可以更好地满足不同学生的学习需求，同时也更全面地锻炼他们的能力。通过提供实践机会，学生能够将在课堂上学到的理论知识应用到实际工作场景中。这种实际应用有助于加深对知识的理解，培养个人解决实际问题的能力，使学生更好地适应未来的职业挑战。在实践机会中，学生有机会与产业专业人士进行直接互动，获得他们的指导和反馈。这种导师式的指导能够提供实际经验的分享，为学生提供更深层次的学习体验。产业专业人士的经验可以帮助学生更好地理解产业内部的工作机制和流程。通过实践机会的共享，学生能够更好地适应产业的工作要求。他们不仅能够具备实际操作的能力，还能够了解产业文化、团队协作方式等方面的特点，使毕业后更容易融入职场。实践机会的共享是产教融合的重要实践之一，为学生提供了更为丰富和贴近实际的学习体验。这种实践机会不仅丰富了学生的履历，同时也为他们的职业发展奠定了坚实的基础。

（三）研究项目的合作

产教融合要求产业和教育机构之间开展共同的研究项目。这种合作有助于将学术研究与实际应用相结合，推动产业的创新和发展。学生也可以参与这些研究项目，从而获得更深层次的实践经验。产教融合通过共同的研究项目，将学术研究与实际应用有机结合。这种结合能够促进知识的迅速传递和转化，使得学术界的理论研究更加贴近产业实际需求。合作的研究项目有助于推动产业的创新和发展。通过结合产业专业人士的实际经验和学术界的研究力量，可以提出更创新的解决方案，推动产业在科技、管理等方面的不断进步。研究项目合作为学生提供了参与真实项目的机会。通过参与这些项目，学生能够将他们在课堂上学到的理论知识应用到实际情境中，并亲身体验研究和创新的过程。这种实践经验对于他们的职业发展具有重要意义。学生参与研究项目合作，不仅有助于他们将理论知识转化为实践经验，还能够深化他们对产业的理解。通过深入项目工作，学生能够更全面地了解产业内部的运作机制，为将来的职业生涯做好准备。通过研究项目的合作，产教融合不仅在理论层面上实现了学术与实际的连接，同时也为学生提供了更为深刻和全面的实践体验。这种合作有助于培养学生的创新思维和解决问题的能力，同时推动产业的可持续发展。

（四）多方面的产业参与

产权融合的一部分是企业提供实习机会。这种实践使学生能够在真实工作环境中应用他们在学校学到的知识，同时让企业更好地了解并选拔潜在的优秀人才。产业专业人士的参与不仅仅停留在只是提供实习机会，还包括直接参与教学。他们可以作为讲师、导师或客座教授，分享他们在产业中的实际经验，为学生提供更具深度和实用性的教学内容。产教融合的一项创新是将企业领导纳入课程评估过程。企业领导可以为课程的实际需求提供反馈，确保教育内容与产业标准保持一致。这种参与方式保证了课程的实效性。更深入的合作涉及到学校与产业间的战略合作。这可能包括共同研究中心、联合创新项目等，通过长期合作建立更紧密的关系，促进共同发展。除了课程和实习，学生还可以参与产业举办的活动，如研讨会、展览、竞赛等。这些活动提供了一个学生展示他们技能和认识产业专业人士的平台，同时也促进了学生与产业之间的交流和互动。通过多方面的产业参与，产教融合能够从多个维度深度融合产业和教育，为学生提供更丰富、更实际的学习体验，同时也确保了教育体系与产业需求的高度契合。这种全方位的合作有助于培养更符合产业需求的人才，同时促进了产业的持续发展。

通过这些实质性的合作，产教融合能够使教育更贴近实际需求，培养出更具实践能力和创新精神的人才，同时也促进了产业的可持续发展。这种深度的互动和融合是产教融合概念的核心所在。

三、产教融合的层次结构

从宏观到微观，产教融合可以分为多个层次。在国家层面，政策和法规的制定起着引导和推动的作用。在产业层面，企业与教育机构的战略合作对于实现资源共享至关重要。教育层面上，学校需要调整教学计划和方法，确保培养出符合产业需求的专业人才。

（一）国家层面

在国家层面，政策和法规的制定对于引导和推动产教融合都至关重要。政府可以通过制定相关政策，为产业与教育的合作提供支持和引导，创建良好的法规环境。例如，税收政策、人才培养政策等都可以对产教融合的发展起到积极的推动作用。政府可以通过制定有利于产教融合的税收政策，为企业和教育机构提供激励。例如，对于与教育机构合作提供实习岗位的企业给予税收优惠，可以鼓励更多企业积极参与产教融合，为学生提供更多实践机会。政府可以通过人才培养政策，为产教融合提供更多支持。这包括设立专项基金，资助产业与教育机构的合作项目，鼓励学校加强与企业的联系，以培养更适应产业需求的人才。在法规方面，政府可以制定相关法规，明确产教融合的合作模式、法律责任等方面的规定，为产教融合提供清晰的法律框架。这有助于降低参与方的风险隐患，增强产教融合的可持续发展。政府还可以通过推动不同产业的对接，制定政策鼓励产业之间的合作，促进跨行业的知识和技能转移。这有助于实现更广泛的产教融合，提高人才的综合素质。在国家层面，政策和法规的制定需要全面考虑产业发展和人才培养的需求，以创造一个有利于产教融合的环境。这种政策引导有助于形成国家层面的长期可持续的产权融合机制。

（二）产业层面

战略合作首先体现在企业对课程设置的参与。产业专业人士可以与教育机构共同去制定课程，确保课程内容贴合实际工作需求。这种合作使得学生在学校就能够学到更贴近职业实践的知识。战略合作的另一个方面是企业提供实习机会。通过实习，学生有机会在真实工作场景中应用他们的学识，同时，企业也能够更全面地了解学生具备的潜力，为未来的人才招聘提供更多选择。企业与教育机构可以共同开展研究项目，将学术研究与实际应用相结合。这种合作推动产业的创新和发展，同时为学生提供参与实际项目的机会，培养他们的研究和解决问题的能力。产业层面的战略合作也包括产业专业人士参与教学。这些专业人士可以担任讲师或导师，分享他们在产业中的实际经验，为学生提供更为深入和实用的教育内容。通过这些战略合作，产业与教育机构能够实现资源的共享与互补，为学生提供更丰富、实际的学习经验，同时也为产业培养更具竞争力的人才，促进产业的可持续发展。这种合作模式是产教融合的核心所在。

（三）教育层面

在教育层面，学校需要调整教学计划和方法，确保培养出符合产业需求的专业人才。这包括与企业共同制定课程、提供实践机会、激发学生创新精神等。教育机构需要灵活适应产业变化，保持教育内容的实时性和实用性。

通过这三个层次的协同努力，产教融合可以在国家政策的引导下，在产业与教育的深度合作中得以全面推进。这种层次结构确保了产教融合是一个系统性、多层次的战略，有助于去更好地实现人才培养与产业发展的有机结合。

第三节　产教融合的国际发展趋势

一、全球合作与知识流动

在全球化的时代，产业、教育和政府部门之间的融合变得愈发密切。国际合作日益增加，形成了产教融合的趋势。各个国家的学术机构、产业界和政府部门都倾向于超越国界，共同应对全球性的挑战。这种趋势在推动知识和技能的跨国流动，加速全球范围内人才的培养和交流方面发挥着关键作用。

（一）学术机构的跨国合作

学术机构的跨国合作在全球合作中扮演着关键的角色，不仅促进了科研领域的发展，还对学科交流和人才培养产生积极影响。

1. 科研合作的拓展

在全球化的时代，科研合作的范围在不断拓展，涉及到各个国家和地区。这种拓展不仅加强了国际学术联系，也推动了科研领域的快速发展。各国高校和研究机构之间积极参与国际性科研项目。这些项目通常涉及到重大科学问题或全球性挑战，需要多国共同合作。通过共同投入资源和专业知识，科研项目将能够得到更全面、深入的研究，推动科学领域的前沿发展。建设共同实验室是一种常见的科研合作方式。各国研究机构共享实验室设备和研究平台，提高研究效率，避免重复投资。这种合作不仅促进了资源的充分利用，还为科研人员提供了更广阔的研究空间。国际性研究中心的合作成为科研合作的重要形式。这些中心通常由多个国家的机构共同支持和管理，致力于解决全球性问题，如气候变化、传染病防控等。国际性研究中心的合作形式更加系统和深入，能够整合全球的专业知识和科研力量。科研合作逐渐跨足多个领域，促进了不同学科之间的交叉合作。这种多领域交叉合作有助于创新性研究的产生，推动科学知识的整合和应用。例如，在生物学、工程学和计算机科学等领域的跨学科合作，促成了生物信息学等新兴领域的发展。科研合作的拓展也推动了科研成果的开放共享。越来越多的研究论文、数据和成果以开放获取的形式呈现，使得全球范围内的科研人员更容易获取和利用这些成果。这种开放性的科研环境有助于促进全球科研合作的加强。通过科研合作的拓展，全球范围内的研究机构能够充分发挥各自的优势，共同应对全球性挑战，推动科研领域的创新和进步。这种合作模式为科学家提供了更广阔的视野和更多的合作机会，有助于解决人类将要面临的重大问题。

2. 学科交流的深化

学科交流作为学术机构跨国合作的关键形式，不仅促进了先进的教学方法和课程设计的传播，也为培养国际竞争力强的人才搭建了桥梁。通过学科交流项目，不同国家的高校能够分享先进的教学方法。其中包括创新的教学技术、互动式教学模式以及实践性强的教育方案。这种交流有助于提高各国高校的教学水平，使学生能够接触到更多样化的教育体验，培养出更具创新思维和实践能力的人才。学科交流项目促使不同国家的高校共同开发课程。这种合作使得各国高校能够汇聚多元的教学理念，设计更富有创意和国际化的课程。学生通过参与这样的课程，能够更全面地理解世界各地的学术观点和文化背景，提升跨文化沟通能力。学科交流不仅仅是课程内容的交换，还包括学科发展规划的对话与合作。各国高校能够共同探讨学科的未来趋势，分享各自的研究方向和重点。这种合作促进了学科领域的全球性协同发展，有助于解决全球性的学术和科研问题。学科交流深化了高校的多元文化学术氛围。不同国家的学生和教师在交流项目中互相接触，形成跨文化的学术社群。这种多元文化的学术氛围不仅丰富了学术讨论，也为学生提供了更广泛的国际交流平台。学科交流项目有助于培养更具国际竞争力的人才。学生在国际化的学术环境中学习，接触到不同国家的学术思维，培养全球视野和跨文化沟通能力。这样的人才更容易适应全球化时代的职业要求，为国际事务和全球性挑战提供更具有解决力的人才储备。通过学科交流的深化，各国高校能够共同促进全球高等教育水平的提升，培养更具国际竞争力的人才，为全球社会的可持续发展贡献力量。这种深度的学科合作为学术机构之间搭建了坚实的合作桥梁。

3. 师资互派的实施

师资互派作为一种学术机构跨国合作的形式，不仅丰富了教学资源，还促进了国际化的学术交流与合作，提高了教学与科研水平。师资互派使得各国学术机构能够分享优秀的教学团队。通过派遣和接收教师，学术机构能够引入不同国家的教学经验和教学理念。这将有助于提升教学质量，激发学生的学术兴趣，培养具有创新思维和批判性思维的学生。师资互派不仅是教师之间的交流，也是教学内容的交流。派遣教师能够为接收方学术机构带来新的教学方法、案例研究等，从而丰富了教学内容。学生通过接触不同国家教师的授课，能够更全面地了解相关学科的发展动态。师资互派为学生提供了更广泛的国际化学术交流机会。来自其他国家的教师带来了本国的学术观念和研究成果，促使学生接触到更多元化的学术思想。这种跨文化的学术交流有助于培养学生的国际视野和跨文化沟通能力。吸引全球顶尖的研究人才参与师资互派，为学术机构带来更高水平的教学和科研力量。这些研究人才通常具有丰富的研究经验和卓越的学术成就，能够推动学术机构的科研活动开展，提升整体的教学水平和研究实力。师资互派不仅仅是个别教师之间的合作，更是学术机构之间国际合作的一种体现。通过师资互派，学术机构能够建立更紧密的国际联系，促进合作项目的开展，推动共同研究和学术项目的实施。通过实施师资互派，学术机构在全球范围内建立起更加紧密的合作网络，为培养具有国际竞争力的人才、推动科研活动和提高教学质量提供了强而有力支持。这种形式的跨国合作使得各国学术机构能够共同分享和提高，共同推动全球学术事业的发展。

4. 科技创新的推动

在跨国合作的学术机构中，科技创新成为合作的核心推动力。通过汇聚全球科研资源、开展共同研究和合作项目，这些机构积极推动科技创新的发展，产生具有国际影响力的成果。跨国合作的学术机构能够汇聚来自各个国家和地区的科研资源。这包括研究人才、实验设备、研究资金等方面的资源。这样的资源整合有助于加速科研活动，提高科研效率，推动科技创新的步伐。合作项目的开展使得跨国合作的学术机构能够共同致力于解决全球性的科技难题。这些项目通常会涉及到多个学科领域，集合了各方的专业知识，推动科研活动从局部到全球的升级。共同研究有助于各方在科技创新领域形成互补，创造出更具创新性的成果。通过合作，学术机构的科研成果更容易在国际上产生影响。联合研究项目的成果往往具有更高的水平和更广泛的适用性，引起国际同行的重视。这有助于提升学术机构的国际影响力，使其在全球学术界的地位更为突出。合作项目通常聚焦于全球性科技难题，如气候变化、医学研究、能源问题等。通过集思广益，学术机构能够共同攻克这些具有全球性挑战的科研难题。这种合作不仅有助于推动科技创新，还为解决人类面临的共同问题提供了有力支持。跨国合作为学术机构提供了更多融入国际学术界的机会。通过参与全球性合作项目，学术机构能够深度融入国际学术体系，与世界一流的科研机构建立联系，推动学术交流，共同推进全球科技创新。在科技创新的推动过程中，跨国合作使得学术机构能够发挥各自的优势，共同攻克全球性的科技挑战，为人类社会的发展贡献重要力量。这种合作不仅促进了科技创新，也为学术机构提供了更为广泛的国际化平台。

5. 学生资源的广泛获取

国际化的学术合作为学生提供了丰富多彩的学习机会。通过跨国合作，学术机构能够共享各自的学术资源，为学生打开了更广泛的学术大门。首先，国际性的课程使得学生可以接触到来自不同文化和背景的知识体系，拓展了他们的学术视野。这有助于培养学生的跨文化沟通能力和全球化思维，为他们在国际职场中更好地交流与合作打下坚实基础。其次，实习项目的国际化也为学生提供了难得的机会。通过参与国际实习，学生不仅能够将所学知识应用于之后的实际工作中，还能够体验不同国家和地区的职业文化。这种全方位的学习体验有助于培养学生的领导力、团队协作能力以及在跨国工作环境中的适应能力。最后，国际研究项目的推动也为学术界注入了新的活力。学生可以参与到跨国性的研究项目中，与来自世界各地的研究者共同探讨问题、交流思想。这不仅促进了学术的创新与发展，也让学生在国际研究中积累了丰富的经验，为他们未来的学术生涯打下了坚实的基础。总体而言，跨国合作为学生提供了广泛的学术资源，丰富了他们的学习经验。这样的国际化教育不仅有助于培养具有国际视野的人才，也为学术界的进步与创新注入了新的活力。

在学术机构的跨国合作中，合作不仅仅是为了解决特定问题，更是为了共同推动全球学术事业的发展。通过合作，各国学术机构能够携手应对全球性挑战，培养具有国际竞争力的人才，共同促进科技创新和学术进步。

（二）产业界的国际合作

产业界的国际合作已经不再仅限于企业之间的合作，而是涵盖了与学术机构和政府部门的多层次合作。这种深度融合在全球产业链中推动着资源和技术的广泛共享，为企业提供了更多机遇，促进了全球经济的可持续发展。

1. 全球产业链的深度融合

全球产业链的深度融合确实为企业带来了更广泛的资源和技术支持，

推动了国际合作的发展。首先，扩大了企业的资源获取范围。深度融合使得企业可以实现跨足全球，在不同国家和地区获取所需的资源，包括原材料、技术、人才等。这种广泛的资源获取范围有助于企业更灵活地应对市场变化，提高了自身抗风险能力。其次，提高了生产效率和降低了成本。通过在全球范围内协同合作，企业可以选择在最适宜的地方进行生产，利用各地的专业化和优势资源，从而提高生产效率。同时，由于成本分散和优化配置，降低了生产成本。此外，加速了技术创新和研发进程。深度融合促使企业在全球范围内开展技术创新和研发活动，吸引更多国际化的专业人才。这有助于加速技术的传播和应用，推动全球产业的不断升级。最后，促进了国际经济互依互利。全球产业链的深度融合使得各国企业之间形成更为密切的合作关系，形成了复杂的产业生态系统。这种互依互利的合作关系有助于促进全球经济的共同繁荣，提高各国在国际分工中的地位。总体而言，全球产业链的深度融合为企业带来了更大的机遇和挑战。通过国际合作，企业能够更好地利用全球范围内的产业资源，实现互利共赢，推动全球产业的协同发展。这种深度融合不仅提升了企业的竞争力，同时也为全球经济的健康发展提供了新的动力。

2. 获取跨国市场机会

通过国际合作，产业界可以获取跨国市场的机会，从而实现业务的拓展和提升国际竞争力。以下是这种国际合作对于获取跨国市场机会的几个关键方面。首先，通过国际合作建立了更广泛的业务网络。企业与国际合作伙伴合作，能够利用对方在当地市场的资源和经验，实现更便捷、更有效地进入新市场。这种业务网络的建立有助于企业更快速地适应当地市场环境，降低进入新市场的风险。其次，借助国际合作可以获取当地市场的专业知识。合作伙伴通常对当地市场有更深入的了解，了解当地的文化、法规、消费习惯等。通过与他们合作，企业能够更准确地定位产品或服务，更好地满足当地市场的需求。此外，国际合作可以降低市场进入的难度。由于与当地企业合作，企业能够借助合作伙伴的品牌影响力、渠道资源等，降低在新市场的推广难度。这有助于企业更快速地建立在新市场的存在感。最后，通过国际合作，企业能够分享跨国市场的风险。新市场带来的风险和不确定性较高，而与合作伙伴共同承担风险可以降低企业的经营压力。

这种风险分享的合作方式使企业更加灵活应对市场变化。总体而言，国际合作是企业获取跨国市场机会的有效途径。通过与国际合作伙伴的协同努力，企业能够在全球范围内获得更多的业务机会，提高国际竞争力，实现在跨国市场拥有更好发展。

3. 共同研发创新技术

共同研发创新技术是国际合作在产业界的一个关键方面，它为企业带来了多方面的优势。首先，汇聚全球科研和技术资源。国际合作打破了地理界限，使得企业可以跨足全球获取最先进的科研和技术资源。这种资源的汇聚有助于提高研发效率，加速创新的步伐。其次，共同研发促进了技术的跨国传播。通过国际合作，企业能够分享彼此的研发成果，推动技术的跨国传播和交流。这有助于加速科技创新的全球普及，推动全球产业链的协同发展。此外，共同研发有助于解决全球性挑战。一些挑战，如气候变化、环境问题等，需要全球协同努力来解决。通过共同研发创新技术，企业可以更好地应对这些全球性挑战，以实现可持续的发展。最后，共同研发推动了全球产业的升级。企业通过国际合作不仅可以获取新技术，还能够在全球范围内共同推动行业的技术进步。这种技术升级有助于提高产业链的整体水平，增强全球产业的竞争力。总的来说，共同研发创新技术通过国际合作为产业带来了更广阔的创新空间。这种合作方式有助于加速科技创新、解决全球性挑战，推动产业链的协同发展，为企业在全球市场中保持竞争优势创造了良好条件。

4. 推动全球经济的可持续发展

产业界的国际合作对全球经济的可持续发展起到了积极的推动作用。首先，促进资源的合理利用。国际合作使得企业能够更有效地共享全球资源，避免资源的过度浪费和不合理利用频繁出现。这种合理的资源配置有助于提高经济效益，减少资源的枯竭和过度开发，从而实现可持续的经济发展。其次，降低环境影响。国际合作鼓励企业在全球范围内采用更环保的生产方式和技术。通过共同研发环保技术、分享最佳实践，企业能够减少对环境的不良影响，推动生产和经济活动向更可持续的方向发展。此外，国际合作还有助于建立全球性的绿色标准和规范。企业在国际合作中需要遵守共同的环保标准，这有助于形成全球一致的可持续发展理念。这种标准的共享和推动有助于全球经济在可持续的轨道上发展。最后，通过合作共赢，国际合作为全球经济的可持续发展创造了更为有利的环境。合作伙伴共同努力，共享发展机遇，推动产业链的共同提升。这种共赢的合作关系有助于在经济增长的同时实现环保和社会责任的平衡。总体而言，产业界的国际合作在可持续发展方面发挥了积极的作用。通过合理利用资源、降低环境影响、制定共同标准，企业能够在全球范围内实现可持续发展，为全球经济的长期繁荣奠定基础。

5. 多层次的合作伙伴关系

产业界的国际合作在多层次的伙伴关系中发挥着重要作用。这种多层次的合作不仅涵盖了企业之间的合作，还包括学术机构和政府部门，形成了更为广泛和深入的产学研合作网络。首先，企业之间的合作。企业之间通过国际合作可以共同研发创新技术、拓展市场，形成产业链上下游的合作关系。这种横向的合作有助于提高产业链的整体效益，促进全球产业的共同发展。其次，学术机构与产业的合作。通过与高校、研究机构等学术机构之间的合作，产业能够获取更深入的科研资源和专业知识。这种合作有助于推动技术创新、加速研发进程，促使产业去更好地适应科技发展的趋势。此外，政府与企业、学术机构的合作。政府在国际合作中扮演着推动和引导的角色，通过政策支持、项目投资等方式，促使企业和学术机构更积极地参与国际合作。这种三方合作有助于形成更全面的创新生态系统，推动国家和地区的可持续发展。最后，跨国合作平台的建设。一些国际性的组织和平台，如联合国、国际产业联盟等，通过促进企业、学术机构和政府之间的多层次合作，推动全球性问题的解决进程。这种平台的建设有助于整合全球资源，形成更大范围的合作网络。总体而言，多层次的合作伙伴关系为产业界的国际合作注入了更多的活力和机会。企业、学术机构和政府通过合作形成了一个紧密相连的网络，共同推动创新和发展，促进全球经济的可持续繁荣。

（三）政府间的合作与全球性挑战

全球性挑战，如气候变化、疫情防控等，需要各国政府共同应对。政府间的合作成为解决这些挑战的关键因素。国际组织、多边合作机制的建立和加强有助于资源共享、信息交流，提高全球范围内危机管理和问题解决的效率。政府合作也包括教育政策的对话，促进人才培养和知识流动。

1. 全球性挑战的共同应对

全球性挑战需要全球范围内的合作和共同努力。在面对诸如气候变化、疫情防控等重大挑战时，各国政府之间的协同合作变得尤为重要。首先，这些全球性问题超越国界，无法被单个国家独立解决。例如，气候变化影响整个地球，而疫情的传播也不受国界限制。因此，国际合作成为制订综合解决方案、共同应对挑战的必要手段。其次，全球性挑战涉及到全球公共利益，需要共同维护和保护。气候变化、疾病传播等问题对人类的健康、经济和社会稳定都具有深远影响。通过国际合作，各国可以共享信息、资源和经验，故而更加有力地应对这些威胁，确保全球的可持续发展。另外，政府间的合作还能够促进科学研究和技术创新的共享。在面对未知的挑战时，各国通过共同研究和合作，能够更快速地找到解决方案。这种合作不仅有助于解决当前的问题，还为未来面临的全球性挑战奠定了一定的科学和技术基础。总体来说，政府间的合作是应对全球性挑战的关键。只有通过协同努力，各国才能更有效地应对共同面临的挑战，实现全球的可持续发展和共同繁荣。

2. 国际组织和多边合作机制的建立与加强

国际组织和多边合作机制在促进政府间合作方面发挥着重要作用。这些机构的建立和加强有助于实现资源共享、信息交流以及共同应对全球性挑战。世界卫生组织（WHO）作为一个典型的例子，在全球疫情防控中发挥着关键的协调和引导作用。首先，国际组织提供了一个平台，促进各国之间的资源共享。在面对全球性挑战时，如大流行病、气候变化等，各国可以通过国际组织共同筹集资金、物资和技术支持，形成合力。这种资源的集中和共享有助于更有效地去应对紧急情况，避免出现单个国家难以承担的负担。其次，多边合作机制提供了一个开放的平台，鼓励各国共同协商和制定全球性议程。这有助于形成共同的价值观和标准，推动国际社会朝着可持续发展和共同繁荣的方向发展。例如，在气候变化领域，联合国气候变化框架公约（UNFCCC）为各国提供了一个共同的行动框架，通过多边合作推动全球减排和气候变化适应。另外，这些机构还有助于信息的交流和协调。在应对疫情等紧急情况时，信息的及时传递和协同行动至关重要。国际组织可以促进各国分享关键信息，协调行动，避免信息不对称和行动的不协调。总体来说，国际组织和多边合作机制的建立与加强为政府间合作提供了有效的框架。通过这些机构，各国能够更好地协同去应对全球性挑战，推动全球发展走向更加协调、可持续的方向。

3. 资源共享与信息交流

政府间合作为全球危机管理和问题解决提供了关键的资源共享和信息交流渠道。在面对紧急情况时，各国政府通过协作可以更迅速地获取所需的各种资源，并且能够共享成功的经验和最佳实践。首先，资源共享是政府合作的一项重要优势。例如，在面对全球疫情时，各国政府可以通过合作协调共同采购医疗物资，如口罩、呼吸机等，确保这些关键资源能够被及时分配到最需要的地方。这种资源共享有助于弥补某些国家在物资供应方面的不足，提高全球危机应对的效率。其次，信息交流也是政府间合作的一个重要方面。在危机管理中，及时准确的信息是关键，能够帮助各国更好地了解疫情或其他紧急事件的发展趋势。政府通过合作机制能够更迅速地分享所知的关键信息，包括病毒的传播情况、防控经验等，从而共同制定更有效的对策。此外，合作也使各国能够共同开展科学研究和技术创新，共同寻找解决方案。在面对新兴的病原体或其他威胁时，科研和技术创新是至关重要的。政府间的合作为科学家和专业人士提供了合作的平台，共同研究、开发和测试解决方案。总的来说，政府间合作在资源共享和信息交流方面都发挥了至关重要的作用。这种合作有助于提高全球应对危机和解决问题的效率，确保各国在面对共同挑战时能够更加团结一致。

4. 教育政策的对话与人才培养

教育政策的对话确实是政府间合作中的一个关键方面。通过共同研究和经验分享，各国政府能够更好地去了解彼此的教育体系，促进人才培养的合作，尤其是培养具有全球视野的人才，以更好地适应全球化时代的需求。首先，教育政策的对话有助于各国政府更好地理解不同教育体系的优势和挑战。通过分享教育政策、课程设置、教学方法等方面的经验，各国政府可以借鉴彼此的成功经验，同时更深入地了解彼此在教育领域的特点。这种对话有助于形成共同的理解和目标，推动全球范围内的教育合作。其次，教育政策对话为人才培养提供了更广泛的视野。通过了解不同国家的教育体系，政府可以更好地把握全球化时代对人才的具体需求。这有助于调整本国教育政策，更好地培养适应国际化背景的人才，提高其全球竞争力。最后，教育政策的对话还有助于建立教育领域的国际合作机制。例如，共同制定国际性的教育标准、推动学术研究的国际合作等。这有助于提高全球范围内教育质量和水平，为学生提供更丰富的学习资源和更广泛的发展机会。总的来说，政府间教育政策的对话是推动人才培养和全球教育合作的关键环节。通过这种对话，各国政府能够更好地协调相关教育政策，促进人才培养的国际化和适应全球化时代的发展。

5. 知识流动与科研合作

政府间合作对于促进知识流动和科研合作具有重要作用。通过建立国际研究项目和科技创新平台，各国政府能够共同推动科研成果的产出，解决全球性科技难题，推动全球科技创新。首先，国际研究项目为各国科研团队提供了共同合作的平台。政府间合作可以促成跨国研究项目的开展，让不同国家的科学家和研究者共同参与其中，解决全球性问题。这有助于整合全球科研资源，推动跨国研究合作，加速科技创新的步伐。其次，科技创新平台的建立有助于促进知识流动。通过共同建设科研基地、实验室或创新中心，各国政府可以为科学家提供更便捷的合作环境，促进研究人员之间的知识共享和交流。这有助于加速科研成果的传播，推动全球科学界的进步。另外，政府间合作还可以推动科技创新政策的协调与制定。共同研究全球性科技问题，形成共同的政策框架，有助于制定更加协调的科技政策，促进全球科技创新生态系统的发展。总体来说，政府间的科研合作是推动知识流动和促进全球科技创新的有效手段。通过共同努力，各国政府能够更好地应对全球性科技挑战，实现科技成果的共享和互利合作。

6. 推动可持续发展目标的实现

政府间的合作在推动可持续发展目标实现方面发挥着关键作用。可持续发展目标（SDGs）涉及到环境、社会、经济等多个方面，需要全球各国共同努力，通过合作来解决共同面临的挑战。首先，政府间合作可以推动全球范围内的可持续发展政策的共同制定。各国政府可以通过对话、协商共同建立可持续发展的政策框架，制定共同的标准和目标。这有助于在全球范围内形成一致的行动方向，加强全球可持续发展的协同力量。其次，政府间合作促进资源共享和技术合作。在实现可持续发展目标的过程中，各国可能面临资源不足或技术能力不足的问题。政府间的合作可以帮助各国更有效地共享资源、技术和经验，推动全球范围内可持续发展的实践。最后，政府间的合作还有助于解决全球性问题，如气候变化、生态破坏等。这些问题无法被单个国家所独立解决，需要各国共同努力。政府间的合作机制，如联合国框架下的气候变化谈判，提供了一个平台，促成各国共同承担责任，共同去应对全球性挑战。总体来说，政府间的合作对于推动可持续发展目标的实现至关重要。通过共同制定政策、资源共享、技术合作等方式，各国政府可以更好地协同努力，实现全球范围内的可持续发展，促进全球社会的繁荣和进步。在政府合作的框架下，各国政府可以更好地协同应对全球性挑战，实现资源共享、信息交流，推动全球问题的解决。这种合作也为教育、人才培养和科研创新提供了更广泛的国际化平台。

（四）知识和技能的跨国流动

知识和技能的跨国流动在全球化的背景下变得更加普遍。通过国际合作项目、交流学者计划等方式，人才能够跨越国界，获取不同国家的知识和技能。这不仅有助于个体的职业发展，还促进了全球范围内的人才交流，形成了多元化的人才生态系统。首先，国际合作项目为人才提供了跨国流动的平台。通过参与国际性的研究合作、项目合作，个体可以在不同国家的研究团队中工作，获取不同文化、不同领域的知识和经验。这种跨国合作有助于拓宽个体的研究视野，并提升其综合素质和创新能力。其次，交流学者计划为学者和专业人士提供了跨国交流的机会。通过参与国际会议、学术交流活动，个体可以在全球范围内分享自己的研究成果，了解其他国家的最新科研动态。这种跨国流动促进了不同文化和学术思想的碰撞，推动了全球知识的共享与传播。最后，跨国流动也有助于人才的全球竞争力。具备多元文化和国际经验的个体更容易适应复杂多变的国际职场环境，为自己的职业发展提供了更广阔的空间。这种全球化的人才交流有助于打破地域限制，形成更加开放、包容的人才生态系统。总体来说，知识和技能的跨国流动是全球化时代的一项重要趋势。通过国际合作和跨国交流，个体可以更全面地获取知识和技能，推动了全球范围内的人才互动与交流，促进了全球社会的共同繁荣。

（五）全球化时代人才培养和交流的加速

产教融合、学术机构合作、产业界联动以及政府间协作等因素共同推动了全球范围内人才培养和交流的加速。在全球化时代，人才需求日益多样化，培养具有跨文化、跨领域视野的人才已经成为各国共同的目标。通过全球合作，人才培养得以更好地适应国际化的社会和经济环境。首先，产教融合为学生提供了更贴近实际需求的教育体验。与产业的深度合作使得教育更具实践性，学生能够在真实工作环境中获得经验，培养实际操作能力。这有助于使学生更好地适应国际职场的多元化和复杂性。其次，学术机构的跨国合作推动了知识的共享和创新进程。通过建立国际研究项目、合作学术活动，各国学术机构能够共同推动科学研究的进步，促进知识的流动。这有助于培养具有国际视野和创新能力的研究人才。产业界的联动也是人才培养和交流加速的重要因素。与企业的合作不仅为学生提供了更多实践机会，也使得教育更加贴近产业实际需求。这种联动有助于培养既具备专业知识又能够适应实际工作的人才。最后，政府间的协作促进了全球范围内人才的流动。通过政府间的合作项目、交流计划，各国政府能够共同推动人才的国际化培养和流动。这种全球合作有助于打破地域限制，形成更加开放和多元的人才交流体系。总体来说，全球合作在各个层面都推动了人才培养和交流的加速。这有助于培养适应全球化时代需求的人才，促进各国在经济、科技、文化等方面的共同发展。全球合作与知识流动的趋势不仅加强了各个领域之间的联系，同时也推动了人类社会的共同发展。在这一趋势下，各国应加强合作，共同应对全球性挑战，推动产业创新，促进人才培养，共同构建更加开放、包容和繁荣的全球社会。

二、国家层面的政策制定

各国在认识到产业和教育之间密切联系的基础上，纷纷制定了一系列政策来推动产教融合。这些政策旨在促进教育与产业的紧密合作，以更好地满足市场需求、提高就业率，并促进经济和社会的可持续发展。首先，对教育体系的调整是其中的一项重要措施。各国政府可能通过更新课程设置、引入实践性教学、提升教师培训水平等方式，使教育更贴近产业需求。这有助于培养更符合市场要求的人才，增强毕业生的就业竞争力。其次，建立产学研合作平台是一种常见的做法。政府可以设立产学研合作机构、实验室或研究中心，为企业和学术界提供一个共同的合作平台。这有助于推动产业与学术研究的深度融合，促进知识和技术的共享。最后，提供激励措施是鼓励产业积极参与教育培训的有效手段。这可能包括税收优惠、研发资金支持、与高校的合作奖励等措施，以激发企业投入教育培训的积极性。这种方式可以使企业更愿意与教育机构合作，共同推动人才培养和创新。总的来说，国家层面的政策制定是推动产教融合的关键一环。通过调整教育体系、建立合作平台和提供激励措施，政府能够有效地促进产业与教育的有机结合，为人才培养和产业发展创造更有利的环境。

三、地区产业集群的形成

地区产业集群的形成是产业和教育融合的重要体现。在某个地区，通过整合教育资源、企业以及研发机构，形成了产业集群，实现了产业和教育的深度融合，为知识和技能的流动提供了良好的环境。首先，产业集群整合了地区内的教育资源。这可能包括高校、职业培训机构等教育机构，它们与地方产业形成了紧密的合作关系。教育机构根据产业需求调整培养方向，为产业提供符合要求的人才。其次，产业集群促进了知识和技能在地区内的流动。企业、研发机构和教育机构之间的密切合作使得员工更容易获取新知识和新技能，从而提高其在职业领域的竞争力。这种流动有助于形成人才交流的良性循环，推动地区内产业的创新和升级。最后，产业集群也促进了整个地区产业的协同发展。通过产业链上、下游企业的互补合作，形成了相互依存的产业生态系统。这种协同发展助力地区产业整体提升竞争力，吸引更多优秀人才汇聚于此，形成良性循环。总体而言，地区产业集群的形成是一种有力的产业和教育融合模式。通过整合教育、产业和研发资源，形成紧密的合作网络，推动了地区内知识和技能的流动，促进了产业的创新和竞争力的提升。

四、机构层面的合作模式变革

机构层面的合作模式变革是产教融合的显著趋势。高校、研究机构和企业之间日益建立起紧密的伙伴关系，通过合作共赢的方式推动教育与产业的深度融合，为学生提供更实用的教育和更丰富的职业发展机会。首先，高校与企业的合作关系不再局限于传统的就业合作，而是拓展到共同开展研究项目。通过与企业合作、开展研究，高校能够更好地了解产业需求，同时为企业提供前沿科研成果的支持。这种合作模式既促进了知识的共享，又推动了科技创新。其次，提供实习机会是高校和企业合作的重要形式之一。学生通过参与企业实习，能够在真实工作环境中应用所学知识，增强实际操作能力。同时，企业也有机会培养和发掘潜在的人才，实现人才的双向流动。最后，一些高校和企业甚至共同设立研发中心，以加强产学研深度合作。这种合作模式将高校的研究力量与企业的实际需求相结合，共同推动科技创新，为产业升级提供有力支持。总体而言，机构层面的合作模式变革使得高校、研究机构和企业之间的合作更加紧密和有深度。这种合作不仅有助于提高教育的实用性，还促进了产学研三方的有机结合，推动了人才培养和产业发展的良性循环。

第二章 产教融合模式

第一节 实习与实训模式

实习与实训是高校产教融合中至关重要的一环，通过在真实的工作环境中实践，学生能够更好地应用所学知识，培养实际操作能力。以下是一些成功的实习与实训模式：

一、产业合作实习计划

高校与产业合作建立实习计划，为学生提供在企业中实习的机会。通过与企业建立密切联系，学生能够在真实工作场景中学到专业技能，同时为企业提供新鲜的思维和学术支持。

（一）合作计划制订

高校与产业建立密切联系，共同制订实习计划是非常关键的步骤。在这个阶段，学校需要深入了解企业的需求和具体项目，以确保实习计划对学生和企业都具有实际意义。

首先，与企业进行充分的沟通是必不可少的。学校需要了解企业所在行业的特点、发展趋势以及具体要求。这种深入的了解有助于确保实习计划与企业的实际需求紧密契合，为学生提供更有针对性的实践机会。

其次，学校应该充分考虑学生的学习需求和专业方向。实习计划应当与学生所学专业相关，确保学生能够在实践中应用并加深专业知识。这需要学校与企业共同思考如何使实习计划更贴近学生的学术兴趣和未来职业规划。

在合作计划制订的过程中，可以采取以下步骤：

1. 需求分析

学校与企业进行详细的需求分析，包括项目的具体要求、所需技能和期望的实习生能力等方面。

2. 项目设计

根据企业需求和学生学科特点，共同设计实习项目，确保项目既具有挑战性，又符合实际工作要求。

3. 学习目标明确

制定明确的学习目标，使学生在实习过程中能够获得实际技能和经验，提高职业素养。

4. 沟通与协商

高校和企业保持密切的沟通与协商，解决在实施过程中可能出现的问题，确保合作的顺利进行。

5. 评估机制

设立有效的评估机制，对学生在实习中的表现进行评估，为后续的实习合作提供经验总结和改进方向。

通过共同制订实习计划，高校和产业可以实现更紧密的合作，确保实习活动既符合学生的学习需求，又满足企业的实际用人需求，促进双方共同发展。

（二）确立实习岗位与任务

首先，实习计划的成功执行离不开对实习岗位和任务的清晰界定。确定学生在企业中的具体工作职责是为了确保实习生能够有针对性地应用他们在学校里所学到的知识和技能。这也有助于培养他们在实际工作场景中解决问题和应对挑战的能力。其次，将实习内容与学生所学专业知识相结合。这样一来，实习生就能够在实践中深化他们的专业知识，同时也更容易适应并融入企业的工作环境。确保实习任务与学生专业相关，还可以提高他们的工作满意度，因为他们会感到自己的工作是有价值的，而不仅仅是例行公事。同时，这一过程也需要考虑到企业的实际需求。实习生的任务不仅要有助于他们的成长，还应该能够满足企业的业务需求。这就要求在分配实习任务时，充分了解企业的运作方式和具体需求，确保实习生能够为企业创造实际价值。最后，综合考虑学生专业背景、实际工作需要以及企业的期望，明确实习岗位和任务是实现良好合作的基础。这种明晰性不仅有助于双方更好地协同工作，还为实习生提供了一个更有意义、更具挑战性的学习和发展机会。

（三）学生招募与选拔

学生的招募与选拔是实习计划成功的关键一步。首先，确保选派的学生具备相关专业知识是至关重要的。这可以通过仔细审查他们的学术背景、专业课程成绩和相关实践经验来实现。确保学生的专业知识背景与实习岗位要求相匹配，这样他们才能更好地应用他们在学校里所学到的知识。学生的选拔过程可能涉及多个环节，其中包括面试和笔试。通过面试，可以更全面地了解学生的沟通能力、团队合作精神以及解决问题的能力；通过笔试，则可以评估他们的书面表达能力、专业知识运用能力等方面。这样的多元评估有助于筛选出最适合实习岗位的学生。面试环节可以进一步确保学生适应实际工作环境。通过模拟实际工作场景或提出相关工作问题，可以更好地评估学生在实践中的表现和应对挑战的能力。这有助于确保选派的学生不仅具备理论知识，还能够在实际工作中灵活应对各种情况。总体而言，学生的招募与选拔是实习计划成功的基石。通过仔细筛选和评估，确保选派的学生不仅具备相关专业知识，还具备实际工作所需的能力和素养。这将为实习计划的顺利进行提供坚实的基础，使学生和企业能够在合作中取得共赢的结果。

（四）密切跟进与沟通

密切跟进与沟通是确保实习计划成功执行的关键环节。首先，建立一个高效的信息沟通机制是至关重要的。学校、企业和学生之间的信息应该能够迅速而准确地传递。这可以通过电子邮件、在线平台或定期会议等方式来实现。确保信息的及时传递有助于防范潜在问题，及时调整和改进实习计划。沟通机制还应该包括定期的会议和反馈环节。定期的会议可以用于讨论实习进展、解决可能出现的问题以及调整计划。这有助于保持各方的理解和共识，同时及时发现并解决潜在的困难。反馈环节则是学校、企业和学生之间相互交流的重要方式，通过及时的反馈，调整实习计划，使其更符合各方的期望和需求。密切跟进也包括对学生在实习中的表现进行评估。这可以通过定期的评估和反馈来实现。及时了解学生在实际工作中的表现，可以帮助他们更好地适应工作环境，同时也为学校和企业提供了调整实习计划的机会。总体而言，密切沟通与跟进是实习计划成功的保障。通过建立高效的信息流通机制、定期会议和反馈环节，可以及时发现和解决潜在问题，确保实习计划的顺利执行，使学校、企业和学生都能够获得最大的效益。

（五）实施实习计划

实施实习计划是整个合作过程的实质部分。学生在企业中的实习经历不仅是理论知识的应用，还是实际工作能力的培养过程。首先，学生应当参与实际的工作项目。这确保了他们能够真正地将在学校中学到的理论知识转化为实际操作的能力。通过亲身参与项目，学生能够更好地理解专业知识在实际工作中的应用，同时培养解决实际问题的能力。其次，实习计划的实施需要紧密结合学生的专业背景知识和实际工作需求。这样可以确保学生的实习经历既有深度又有广度，使其在实际工作中更具竞争力。在实施过程中，学生还应该得到良好的指导和支持。企业导师的角色至关重要，他们可以为学生提供实际工作中的经验分享、指导和反馈，帮助学生更好地适应工作环境，提高实际工作能力。最后，实习计划的实施过程中需要注重监测和评估。定期的评估和反馈有助于发现和解决潜在问题，同时也为学生提供了成长和改进的机会。通过不断的监测和评估，可以确保实习计划的实施是符合预期的，为学生和企业创造最大的价值。综合考虑学生参与实际项目、结合专业背景和实际工作需求、提供有效指导和监测评估等方面，有助于确保实习计划的实施是富有成效和有益的。

（六）实习成果评估

实习成果评估是确保学生在实习过程中得到有效指导和培养的重要环节。这一过程旨在综合评估学生在实际工作中的表现，为他们提供反馈和建议，同时也作为实习成绩的依据。首先，评估内容应该全面而具体。实际工作能力、团队协作能力和创新能力是重要的评估指标。通过对这些方面的评估，可以全面了解学生在实际工作中的表现，从而更好地反映他们的综合素养。其次，评估应该结合实际工作项目的特点。不同的项目和岗位可能有不同的重点和要求，因此评估标准应该根据实际情况进行调整，这有助于确保评估的公正性和准确性。同时，评估过程应该是双向的，包括学校和企业的评估。学校可以通过与企业导师的交流和学生的报告等方式获取相关信息。而企业导师的评估则基于他们对学生在实际工作中的观察和实践表现。通过双方的评估，可以更全面地了解学生的实习成果。最后，评估结果应该及时反馈给学生，并提供改进和发展的建议。这有助于学生更好地把握自己的优势和不足，同时为他们未来的职业发展提供针对性的指导。总体而言，实习成果评估是实习计划的重要环节，通过全面而具体的评估内容，结合实际工作项目的特点，双向评估和及时反馈，可以确保学生在实习中获得有效的指导和培养，为他们未来的职业发展奠定坚实基础。

（七）双向收获与反馈

双向收获与反馈是实习计划的精华所在，有助于促使学生和企业在实践中互相学习和成长。实习结束后，进行如下方面的双向收获与反馈：首先，学生分享在企业实践中的经验和感悟。这可以通过学生的报告、演讲或小组讨论等形式来实现。学生可以分享他们在实际工作中面对的挑战、取得的成就以及个人成长体会。这不仅对其他实习生具有启发作用，还为学校提供了珍贵的经验反馈。其次，企业提供对学生表现的反馈。企业导师可以分享对学生在实际工作中的表现的观察和评价。这种反馈有助于学校更全面地了解学生的实际工作能力，同时也为学生提供了实际职场的视角和建议。双向的反馈机制还可以涉及到实习计划本身的评估，包括计划的设计、实施过程中的问题和解决方案等方面。这有助于不断优化实习计划，提高实习的实效性和双方的满意度。总体而言，双向收获与反馈是一个促使学校、企业和学生共同成长的过程。通过分享经验、提供观察和建议，可以不断优化实习计划，使其更符合实际需求，同时也为学生提供更有针对性的职业发展指导。这种循环反馈机制有助于建立长期、稳定的合作关系，为未来的实习计划提供更坚实的基础。

通过产业合作实习计划，高校与企业之间建立了紧密的合作关系，为学生提供了更为真实和丰富的学习体验，同时也为企业注入了新鲜的学术思维和人才支持。

二、实训基地的建设与利用

建设实训基地、提供先进的实训设备和场地，使学生能够在模拟的实际工作环境中进行实际操作。这种模式通过学校与企业共建实训基地，实现资源共享，为学生提供更好的实训机会。

（一）建设实训基地的动机

1. 提供实际操作环境

提供实际操作环境是实训基地的一项重要功能。通过模拟真实的工作场景，学生能够在相对真实的环境中进行实际操作，从而获得更丰富的实际应用经验。这种做法有助于提高学生的实际应用能力，并使他们更好地适应未来的职业挑战。在模拟的实际工作环境中，学生可以学习并运用在课堂上获得的理论知识。这种直观的学习方式使学生更容易理解和掌握复杂的工作流程和技能。通过实际操作，他们能够更深入地了解相关专业领域，并培养解决实际问题的能力。此外，提供实际操作环境还可以帮助学生建立自信心。通过在模拟环境中进行实际操作，学生可以逐渐掌握工作流程，增强对自己能力的信心。这种自信心对于顺利融入实际工作中以及在未来职业生涯中的出色表现都至关重要。综合而言，提供实际操作环境是为学生提供更实际、更贴近职业要求的实训机会的有效途径。这种实践性的学习方式能够为学生在职业发展中奠定坚实基础，增强他们的竞争力。

2. 促进产学研深度融合

合作建设实训基地是促进产学研深度融合的有效方式。以下是几个方面说明这种融合对提高学生就业竞争力的重要性：首先，实训基地的建设通常是通过学校与企业之间的密切合作来实现的。这种紧密的合作关系有助于促进产学研的深度融合。学校可以根据企业的实际需求调整实训内容，确保学生所学的知识和技能更贴近产业的实际需求。其次，产学研深度融合意味着学生接触到更加前沿、实用的知识。通过与企业紧密合作，学生有机会接触到最新的产业动态、先进的技术和实际的工作流程。这不仅提高了学生的专业水平，还增加了他们在就业市场上的吸引力。此外，深度融合还促进了实际问题的解决和创新能力的培养。学生在实训基地中面对的问题往往更贴近实际工作中可能遇到的挑战。通过解决这些问题，学生不仅提高了实际操作能力，还培养了解决实际问题的能力，使他们更具竞争力。综合而言，促进产学研深度融合通过实训基地的建设是提高学生就业竞争力的关键一步。这种深度融合为学生提供了更贴近实际的学习环境，使他们在职业发展中更具优势。同时，也推动了学校和企业之间更紧密的合作，共同推动产业与教育的协同发展。

3. 资源共享与互惠合作

资源共享与互惠合作是共建实训基地的核心理念，它带来了多方面的好处：首先，学校能够充分利用企业的实际场地和设施资源，提供更为实际和先进的实训环境。这种资源共享使得学生能够在更真实的场景中进行学习和实践，更好地理解和运用所学知识。其次，学校和企业可以互惠合作，共同推动人才培养和实际应用的结合。学校提供的教育资源，包括课程设计、教材和专业知识，为企业提供了人才培养的理论基础。而企业提供的实际工作场地和经验则为学生提供了更深入的实际操作机会，增强其实际应用能力。双方的互惠合作也有助于建立起持续的合作关系。通过共建实训基地，学校和企业之间建立了更紧密的联系。这种联系不仅促进了教育和产业的协同发展，还为学校和企业未来更深层次的合作奠定了基础。最后，资源共享与互惠合作实现了双赢。学校得以提升教育质量，学生受益于更为实际的学习环境；企业获得了实际应用中所需的人才，同时也能与学校保持良好的产学关系。综合而言，资源共享与互惠合作是共建实训基地的核心原则，通过双方的合作，实现了教育和产业的有机结合，为学生提供更好的学习机会，同时也促进了学校和企业之间良好的合作关系。

（二）实训基地的建设要素

1. 先进的实训设备

确保实训基地配备的先进实训设备对于提高学生实际操作水平至关重

要。首先，先进的实训设备可以提供学生最新的技术体验。技术不断发展，促进行业中出现新的工具和设备。通过使用最新的实训设备，学生可以更好地了解和适应当前行业的最新趋势和要求。这有助于他们在毕业后更快速地适应工作环境。其次，先进的实训设备提供了更真实的实际操作体验。这样的设备能够模拟真实工作场景，使学生在实际操作中更好地应用所学知识。这种实践性的学习经验有助于加深学生对理论知识的理解，并培养他们在实际工作中解决问题的能力。最后，先进的实训设备有助于提高学生的竞争力。在实际工作中熟练掌握先进的工具和设备，使学生更具吸引力，因为企业通常希望招聘具备最新技术知识的人才。这种竞争力对于学生在职业市场上取得优势至关重要。总体而言，先进的实训设备是实训基地的核心资源，对学生的职业发展和实际操作水平提升有着积极的影响。通过提供最新的技术体验和实际操作机会，学生将更好地准备好迎接未来的职业挑战。

2. 模拟真实工作环境

模拟真实工作环境是实训基地设计的重要原则，这样的设计有助于提高学生的实际应用能力和适应能力。首先，模拟真实工作环境有助于学生更快速地适应职业生活。当实训环境与实际工作环境相似时，学生在实训中获得的经验更易于迁移到真实工作场景中。这种连贯性有助于缩短学生进入职场后的适应期，使他们更快速地融入工作中。其次，模拟环境能够更好地反映行业标准和实际工作流程。学生在模拟环境中接触和学习的工具、流程等往往是符合行业标准的，这使他们在实际工作中更容易遵循标准操作程序，提高工作的质量和规范性。最后，模拟真实工作环境还有助于培养学生的团队合作精神。在模拟环境中，学生可能需要协同工作、解决实际问题，这培养了他们的团队协作和沟通能力，使他们更适应未来的职业团队工作。总体而言，模拟真实工作环境是实训基地设计的关键要素，通过这样的设计，学生能够更好地适应职业环境，更快速地运用所学知识，并培养了更为全面的职业素养。

3. 安全设施与规范管理

确保实训基地的安全是至关重要的，安全设施和规范管理对于学生的身体健康和学习环境至关重要。首先，实训基地应配置必要的安全设施，如紧急停电系统、防火设备、急救设备等。这些设施可以在紧急情况下保障学生和教职工的安全，并有效应对潜在的安全风险。其次，规范管理包括明确的实训流程、操作规范和安全操作手册。这有助于确保学生在实训过程中遵循正确的操作步骤，降低操作风险。规范管理还可以包括对实训场地和设备的定期检查和维护，以确保其安全性和稳定性。另外，实训基地还需要进行安全培训，确保学生了解并遵守相关的安全规定。培训内容可以包括紧急疏散流程、使用特定设备的操作规范、防火知识等。通过培训，学生能够提高安全意识，降低发生意外事件的可能性。最后，实训基地应建立完善的事故报告和处理机制。一旦发生安全事故，实训基地能够迅速、有效地进行报告和处理，以降低事故的影响，保护学生的安全。总体而言，安全设施与规范管理是实训基地的基础，它们对于学生的安全和健康至关重要。通过建立全面的安全管理体系，可以有效预防和降低潜在的安全风险，保障学生在实训过程中的安全。

（三）实训基地的利用方式

1. 实际操作与技能培训

实际操作与技能培训是学生职业发展过程中不可或缺的一部分。首先，实际操作是将理论知识付诸实践的有效途径。通过在实训基地进行实际操作，学生能够将在课堂上学到的理论知识应用到实际工作中。这种直接的实践经验有助于加深学生对知识的理解，并提高学生的实际应用能力。其次，实际操作强调技能的培训。在实际工作中，学生不仅需要理论知识，还需要具备相应的技能。通过在实训基地进行技能培训，学生能够熟练掌握实际工作中所需的技能，增加他们在职场上的竞争力。另外，实际操作提供了一个安全的学习环境。在实训基地，学生可以在受控制的环境中进行实际操作，避免了在真实工作场景中可能面临的一些风险。这为学生提供了一个更加安全、低压的学习环境，有助于他们更好地掌握技能。最后，实际操作培养了学生的解决问题和团队协作能力。在实际工作中，学生可能面临各种各样的问题，通过实际操作，他们能够培养解决问题的能力。同时，与同学一起进行实际操作也有助于团队协作和沟通技能的培养。总体而言，实际操作与技能培训是学生在实训基地中的重要学习方式。这种学习方式有助于将理论知识转化为实际能力，提高学生在职业发展中的竞争力。

2. 项目实战课程

将实训基地纳入项目实战课程是一种极具价值的教学方法，它为学生提供了更深入、更贴近实际的学习体验。首先，项目实战课程使学生能够在真实项目中应用他们在实训基地学到的知识和技能。这种直接的应用有助于学生更深刻地理解专业领域的实际应用，培养他们在实际工作中解决问题的能力。其次，项目实战课程强调团队合作和沟通技能。在真实项目中，学生通常需要与团队成员协作，共同解决实际问题。这种团队合作经验对于学生未来在职场中的成功至关重要，而项目实战课程提供了锻炼这些能力的机会。另外，通过参与真实项目，学生能够了解到行业内的最新趋势和挑战。这有助于他们更好地了解所学专业的实际需求，使他们在毕业后更快速地适应职业环境。项目实战课程还有助于建立学生的职业网络。通过参与真实项目，学生有机会与行业内的专业人士、企业代表等建立联系，为将来的就业和职业发展奠定基础。总的来说，将实训基地纳入项目实战课程中是一种使学生更好地融入职业生活、更深入理解专业领域的教学策略。这种教学方式强调实际应用、团队合作和行业认知，对于学生的职业发展具有深远的影响。

4. 企业定制培训

企业定制培训是实训基地的一种巧妙应用，它在促进校企合作的同时，也为企业提供了满足特定需求的培训解决方案。首先，企业定制培训能够满足企业对员工特定技能的精准需求。实训基地作为培训场所，可以根据企业的具体要求设计和实施相关培训课程。这样的培训更具针对性，确保员工学到的知识和技能直接符合企业的实际需求。其次，企业定制培训有助于提高员工的工作绩效。为员工提供定制的培训，可以弥补他们在实际工作中可能存在的技能短板，提高其综合素质和业务水平。这有助于员工更好地完成工作任务，提升整体工作绩效。另外，企业定制培训强化了校企合作的深度发展。通过与企业合作提供定制培训，学校能够更好地理解行业需求，调整教学内容，保持与实际需求的紧密对接。这种深度合作有助于建立稳固的校企关系，为学生提供更贴近实际的职业培训。最后，企业定制培训也为学校提供了另一种合作方式，为实训基地的可持续发展提供了支持。通过向企业提供培训服务，实训基地可以得到一定的资源支持，推动基地设施更新、课程升级等方面的发展。总体而言，企业定制培训是实训基地的一项有益补充，既满足了企业对员工培训的精准需求，又促进了校企合作的深度发展。这种灵活的培训模式有助于实训基地更好地服务于学生和企业双方。

（四）实训基地的管理与评估

实训基地的设备和环境需要定期维护和更新，以确保其始终处于良好的工作状态。学校和企业可以定期对实训效果进行评估，了解学生在实训基地中的表现，以便不断优化实训方案。

建立学生、教师和企业之间的反馈机制，收集各方的意见和建议，为实训基地的改进提供依据。通过建设和充分利用实训基地，高校能够更好地培养学生的实际应用能力，提升其在职场中的竞争力，同时促进校企合作的深入发展。

三、行业导师制度

建立行业导师制度，邀请来自产业界的专业人才担任学生的导师。导师通过定期的指导与交流，帮助学生更好地了解产业实际需求，指导其在实践中发展相关技能。

（一）制度建立

建立行业导师制度是为了强化应用型高校与产业界的联系。首先，学校需要明确制度的设立目的和具体实施方案。这可能包括确定导师与学生的配对机制、明确导师的责任与权利、制定导师制度的评估标准等方面。

（二）导师选择与匹配

在建立制度的基础上，学校需要精心选择来自产业界的专业人才作为导师。这需要考虑导师的专业背景、经验以及对教育的热忱。同时，学校要进行合理的匹配，确保导师与学生在专业领域和发展方向上具有较高的契合度。

（三）定期指导与交流

行业导师制度的核心在于定期地指导与交流。学校应建立明确的导师与学生的交流安排，确保在导师的指导下，学生能够更好地了解产业实际需求，解决在实践中遇到的问题，并获得专业技能的培养。

（四）实践技能培养

导师应该通过实践性的指导，帮助学生在实际工作中发展相关技能。这可能包括参与实际项目、进行实地考察、提供行业案例分析等方式，以确保学生具备更好的职业素养和实用技能。

（五）成果评估与调整

建立行业导师制度后，学校需要定期对制度进行评估，了解导师与学生的互动情况、学生的成长状况等。根据评估结果，学校可以进行相应的调整，以不断完善制度，提高导师制度的实效性和学生的受益程度。

通过这样层层分析，行业导师制度可以更好地在应用型高校中落地生根，为学生提供更有针对性、实用性的指导和培养。

四、企业内训项目

与企业合作开展内训项目，由企业专业人员为学生提供培训。这种模式使学生能够更深入地了解企业的运作方式，同时为企业选拔和培养潜在的人才。在这一部分，介绍为什么选择与企业合作开展内训项目，可以涉及到提高学生就业竞争力、满足企业需求、促进产学合作等方面。详细描述与企业达成的合作协议，包括项目的时间框架、双方责任、费用分担等内容。也可以在这一部分明确培训的重点领域和课程安排，讨论如何招募适合参与培训的学生，并介绍选拔标准。这一步骤确保参与的学生具备项目所需的基本背景和潜力。介绍企业专业人员组成的培训团队，强调他们的专业背景和丰富的实践经验。也可以包括专业师资的培训和准备过程。详细描述培训课程的内容、结构和教学方法。强调实际操作、案例研究等互动性强的教学手段，以便学生更好地理解和运用知识。说明定期进行的学员评估机制，以确保他们在培训中的学习进度。此外，介绍学员和企业的反馈渠道，以便及时调整和改进培训内容。讨论学生在培训结束后的成果展示方式，可能包括项目展示、论文写作、实际案例解决等。这有助于学生展示他们在培训中所获得的技能和知识。强调这种模式的优势，即企业有机会在培训中发现和培养潜在的人才，为他们提供更多的发展机会，同时满足企业自身的用人需求。

这些实习与实训模式在促进学生实际能力培养、拓展实践经验、加强学校与产业合作方面发挥了积极作用，为学生顺利就业和产业发展提供了有力的支持。

第二节　职业院校与企业合作模式

一、合作背景与动机

合作的选择往往源于对于双方的共同需求和期望。在职业院校与企业合作的背景与动机中，以下几个方面可能是主要的考虑因素：

（一）提高学生实际应用能力

职业院校的学生通常需要更多实践经验，以更好地适应职业环境。与企业合作可以为学生提供实际工作机会，让他们在真实场景中应用所学知识。

（二）促进产业与教育的深度融合

通过与企业的合作，职业院校能够更好地理解行业需求，更新课程内容，使教育更贴近实际职场，促进产业与教育的深度融合。

（三）满足企业用人需求

企业通常寻求具备实际工作经验和实用技能的员工。与职业院校合作可以为企业提供更直接、定制的培训，以满足他们的用人需求。

（四）拓展学生职业发展途径

通过与企业紧密合作，学生能够更早地接触到行业内部的机会，拓展自己的职业发展途径。这也有助于建立学生与企业的更紧密的联系。

（五）加强产学研合作

合作不仅仅是为了学生和企业，还有助于促进产学研合作。学校的研究资源可以更好地服务于行业需求，共同推动科研和产业的发展。

（六）应对行业变革和创新需求

行业变革迅速，企业需要员工具备创新思维和适应变化的能力。职业院校与企业合作可以帮助其培养具有创新意识和适应性的人才。

通过这些动机，职业院校和企业能够建立起更紧密、互利共赢的合作关系，为学生提供更全面的培训和企业实践机会。

二、合作框架与目标

首先，我们需要明确合作的时间框架，确保我们有明确的开始和结束时间，以便有效地规划和管理我们的合作项目。这可以包括具体的日期、阶段性的里程碑，以及定期的评估和反馈机制，以确保我们在合作过程中保持透明度和效率。其次，资源的划分也是合作框架中至关重要的一部分。明确双方投入的人力、财力、技术等资源，以便在合作中实现平衡和协同。这可能包括每个团队的任务分工、预算分配，以及资源调配的灵活性，以适应项目的变化和挑战。责任的划分是确保合作流畅进行的另一个重要方面。我们需要定义每个团队或个体在项目中的角色和职责，以避免混淆和冲突。明确沟通渠道、决策流程，以及问题解决的机制，有助于提高团队的协同效率。长期目标是合作框架中的指导明星，为我们的努力提供方向和动力。双方需要共同确定他们希望通过合作达到的具体目标，这可以是短期和长期的目标。这可能包括项目的成功交付、市场份额的增长，或者共同研发创新性产品等。确保这些目标是可测量的，并建立评估机制，以便及时调整我们的合作策略，以确保我们朝着共同的愿景前进。总体而言，一个清晰而全面的合作框架与目标对于合作的成功至关重要。通过明确时间、资源、责任的划分，以及共同追求的长期目标，我们可以建立起强大的合作基础，共同努力实现共赢。

三、课程设计与实施

首先，在课程设计的初期阶段，职业院校和企业应该共同参与需求分析。这包括深入了解当前行业的技能需求和趋势，以及企业对新员工的期望。开展行业调研和与企业代表的对话，可以明确所需的核心技能和知识点，为课程设计提供明确的方向。其次，基于需求分析的结果，进行课程框架的设计。在这个阶段，职业院校的教育专家和企业的行业专业人士可以共同参与，确保课程内容既包含理论知识，又贴近实际工作场景。强调实际案例的引入，可以帮助学生更好地理解理论，并将其应用于实际问题的解决中。分层论述时，学校可以考虑将课程划分为基础、中级和高级阶段，以逐步深化学生的专业能力。在每个阶段，都要充分考虑企业对应层次人才的技能要求，并在课程中加入相关的实践项目或实习机会，让学生有机会将所学知识付诸实践。再次，实施阶段需要注重师资队伍的建设。职业院校的教师需要具备丰富的行业经验或与企业的密切合作经验，以便更好地理解实际工作中的挑战和机会。企业可以提供行业专家作为客座讲师或实践指导，与学校教师共同授课，以确保课程的实用性和前瞻性。最后，建立持续的反馈机制，在课程实施过程中，定期与企业保持沟通，收集实际就业情况和学生表现的反馈。这有助于及时调整课程内容，确保培养出来的人才符合当前和未来的实际需求。

四、实习与实训计划

首先，进行需求分析和目标设定。与企业合作方讨论学生的专业背景、企业需求以及实习期望达到的目标。其次，确定具体的任务分配和项目设计。明确学生在企业中的任务和项目，确保与实际工作密切相关，结合企业项目设计实际任务。在培训与支持机制方面，分配企业导师负责实习生的指导和培训，制订实习生培训计划，包括入职培训和技能培训。建立支持体系，包括定期的反馈会议和问题解决机制，确保实习生能够胜任任务并克服困难。实习期间的监督与评估是关键步骤。设定定期评估机制，通过实习生、企业导师和学校导师的反馈，评估实习生的表现。根据评估结果调整实习计划，提供额外的支持或调整任务，以确保实习生的进步。在沟通与合作方面，确保学校、实习生和企业导师之间有定期的沟通，探讨可能的合作机会，例如项目延续、毕业后就业机会等。最后，进行结业评估和反馈。在实习结束时进行全面的结业评估，总结实习生的表现，并提供双向反馈机制，让学生、企业导师和学校导师都能分享他们的经验和建议。通过这一过程，实习与实训计划可以更好地满足学生和企业的需求，为学生顺利过渡到实际工作环境提供有力支持。

五、师资团队建设

培训和支持教师和企业专业人员是构建强大师资团队的关键一环。通过强调合作过程中的培训，我们能够确保教师和专业人员紧跟行业的最新趋势和技术发展。这不仅有助于提高他们的专业水平，还能够更好地引导学生在竞争激烈的职场中脱颖而出。在培训过程中，我们要注重实际操作和案例分析，让教师和专业人员能够深入理解行业中的实际挑战和解决方案。这种实践导向的培训有助于将理论知识与实际应用相结合，使其更具教学和辅导的实用性。同时，建立定期更新的培训计划是确保师资团队持续发展的关键。由行业专家主持的研讨会、工作坊和培训课程可以为教师和专业人员提供深度洞察，并促使他们保持对新兴技术和趋势的敏感性。这样的定期培训不仅有助于提升个体的教学水平，还能够在整个师资团队中形成共享的专业知识和经验。总体而言，通过关注师资团队的建设，我们能够构建一个紧密合作、专业素养高，紧跟行业发展的团队，为学生提供更加丰富和实用的教育体验。

六、学生评估与认证

学生评估与认证是确保合作项目的有效性和学生发展的重要组成部分。在合作过程中，我们可以采用多维度的评估方式，其中包括企业评价和学院评定。首先，企业评价是关键的一环。通过与企业建立紧密联系，我们可以邀请企业专业人员对学生在实际项目中的表现进行评估。这种评价不仅能够反映学生在真实工作环境中的实际能力，还能够为学生提供来自行业专业人士的宝贵反馈。企业评价可以涵盖学生的团队合作能力、创新能力，问题解决能力等方面，为学生在职业发展中提供有力支持。其次，学院评定也是不可或缺的。学院教师可以通过课堂表现、项目报告，作业质量等多方面对学生进行评估。这有助于我们全面了解学生的学术水平和专业知识掌握情况。通过与企业评价相结合，我们可以更全面地了解学生在理论和实践两方面的表现，为他们提供更加个性化的指导和支持。此外，为学生提供相应的认证也是非常重要的。认证可以是针对项目的完成情况和专业能力的认可，也可以是相关行业的证书或资格认证。这不仅有助于提升学生的职业竞争力，还能够为其未来的职业发展打下坚实的基础。通过学生评估与认证的系统设计，我们能够确保学生在合作项目中取得实质性的学习成果，为他们的职业道路奠定坚实的基础。

七、沟通与协调机制

在合作中，确立有效的沟通与协调机制是不可或缺的。定期会议是促进双方交流的有力工具，分享项目进展、讨论问题和提出建议，可以增进彼此的理解，使合作更加紧密。此外，设立专门的联络人，可以简化信息传递的流程，确保信息的准确传达，并及时解决可能出现的问题。这些机制有助于建立合作关系中的透明度和信任，面对面的交流和专业人员的协作，可以更有效地解决项目中的各种挑战。不仅如此，还可以采用在线协作平台，方便实时分享文件、讨论项目进展，提高团队成员之间的协同效率。为了应对潜在问题，建立清晰的问题解决流程至关重要。明确问题的报告方式、责任人和解决时效，可以迅速而有序地解决困扰项目的难题。同时，实行开放的反馈机制，鼓励双方提出意见和建议，有助于优化合作过程，使其更加顺畅和高效。总体而言，通过这些沟通与协调机制的建立，我们可以确保信息传递畅通无阻，问题能够及时得到解决，从而建立起更加牢固的合作基础。

八、双赢效应与发展展望

通过建立有效的合作模式，我们取得了显著的双赢效应。首先，对学生而言，合作模式为他们提供了更为实际的学习经验，使其在职业发展上具备了更强的竞争力。通过实际项目的参与，学生不仅能够将理论知识转化为实际操作能力，还能够建立起与企业专业人士的紧密联系，为未来的职业发展奠定坚实基础。对企业而言，合作模式带来了人才储备的优势。通过与学院合作，企业可以更早地接触到具有潜力的学生，并在其成长过程中对其进行培养和引导，这有助于构建高素质的人才储备，为企业的长远发展提供可靠支持。展望未来，我们可以进一步深化合作，拓展合作的方向。首先，可以考虑扩大合作的领域和深度，涵盖更多的专业领域和项目类型。通过多样化的合作，能够满足不同学科和行业的需求，为学生提供更广泛的学习机会。其次，我们可以加强国际合作，促使学生接触国际化的学术和职业环境。这有助于培养学生的国际视野和跨文化沟通能力，提升其在全球化背景下的竞争力。此外，随着科技的发展，可以探索融入新技术和创新手段，如人工智能、虚拟现实等，以提升合作的效率和深度。这不仅有助于学生了解和适应新兴技术，也能够为企业提供更智能化的人才培养方案。通过不断深化和拓展合作，我们可以实现更多层面的双赢效应，为学生和企业创造更加丰富和有益的合作体验。这也将为未来的合作提供了坚实的基础，使双方在共同发展中实现更大的成就。

第三节 职业教育与行业认证的融合

一、教育课程与认证标准的契合

职业教育应当紧密结合行业认证标准，确保教学内容与实际职场需求一致。通过对接行业认证要求，教育机构可以调整课程设置，使学生在学成之时已经具备符合行业标准的技能和知识。

（一）课程设计的实用性

实际职场应用导向的课程设计确保学生在学习中获得直接符合行业标准的知识和技能，从而提高教育的实用性。课程设计的实用性体现在以下几个方面：首先，紧密关联行业认证的技能要求。课程设计应对行业认证的技能要求有深入了解，确保课程内容与行业标准相契合。这意味着学生在完成课程后将具备行业认可的实际技能，提高了其就业竞争力。其次，强调实际职场应用。课程设计应以学生在实际职场中面临的挑战和任务为导向，案例研究、项目实践等方式，让学生在课堂中就能够应对职业中的真实情境。这种实践导向的教学有助于培养学生的问题解决能力和实际操作技能。此外，与行业专业人士的合作也是提高课程实用性的关键。邀请行业专家参与课程设计和教学过程，使学生能够直接受益于实际工作经验和行业洞察，更好地理解并适应职场需求。最后，及时调整课程内容以反映行业变化。行业标准和趋势不断变化，课程设计应具有灵活性，及时调整以确保学生学到的知识和技能仍然具有实际应用价值。这要求教育机构与行业保持密切的合作关系，随时获取行业动态信息。总的来说，实用性强的课程设计需要教育机构深入了解行业需求，注重实际应用和职场导向，与行业专业人士进行合作，并保持灵活性以应对行业变化。这样设计的课程将更有效地满足学生的职业需求，使其更好地融入职场并取得成功。

（二）认证标准的融入教学

将行业认证标准融入教学，是一种将理论知识与实际应用相结合的有效方式。以下是如何实现认证标准的融入教学：首先，详细了解行业认证标准。教师和课程设计人员需要深入了解行业认证的具体要求和标准，包括知识体系、技能要求，考试形式等方面的内容。只有充分理解了认证标准，才能更好地将其融入教学。其次，设计符合认证标准的课程内容。课程内容应当覆盖行业认证标准所要求的知识和技能范围，确保学生在学习的过程中能够逐步掌握认证所需的核心内容。这可能包括特定领域的理论知识、实际操作技能等方面。再次，模拟认证考试环境。在教学过程中，模拟行业认证考试的环境和形式，帮助学生适应考试的压力和要求。这可以通过定期进行模拟考试、答疑讲解，让学生熟悉认证考试的题型和难度。最后，注重实际案例和项目实践。通过真实的案例和实际项目，学生将所学知识和技能应用到实际场景中，更好地理解和掌握行业认证标准。这种实际操作的教学方法有助于加深学生对认证标准的理解，并提升他们的实际应用能力。最后，持续更新教材和教学方法。由于行业标准可能随时间而变化，教学人员需要保持对行业动态的敏感性，及时更新教材和教学方法，确保教学内容始终符合最新的认证标准。通过将行业认证标准融入教学，学生不仅能够更好地准备认证考试，还能够在实际工作中更轻松地适应行业的专业标准，提高其职业竞争力。

（三）实践项目与认证要求的对接

将实践项目与行业认证的实际要求对接起来，是一种有效的教学策略，有助于提高学生的实际应用能力并更好地应对认证考试。以下是实现这一目标的方法：首先，深入了解认证要求。教师和课程设计人员应该仔细研读行业认证的具体要求，包括知识点、技能要求，考核方式等方面。只有充分了解认证要求，才能够更好地将其融入实践项目中。其次，设计实践项目与认证要求相匹配。在设计实践项目时，确保项目内容涵盖了认证要求的核心知识和技能。这可能需要相关人员将认证要求拆分为具体的项目任务，使学生在完成项目的过程中逐步掌握认证所需的能力。再次，模拟认证考试场景。在实践项目中，可以模拟认证考试的实际场景，包括项目报告的撰写、演示、答辩等环节。通过这样的模拟，学生能够更好地理解认证考试的形式和要求，提前适应考试环境。从次，引入行业专业人士的指导。邀请具有行业经验的专业人士参与实践项目的指导，确保项目的实际内容符合行业标准。专业人士的指导还可以为学生提供实际经验和行业见解，使他们更全面地理解行业认证的实际要求。最后，定期评估和反馈。通过定期的评估和反馈机制，确保学生的实践项目与认证要求的对接是有效的。根据评估结果进行调整和改进，保证学生在项目中真正达到了认证的要求水平。通过将实践项目与认证要求有机地结合起来，学生不仅能够通过实际项目提升实际应用能力，还能够更顺利地应对未来的认证考试，为其职业发展打下坚实基础。

（四）行业专业人士的参与

行业专业人士的参与对于课程的实际性和与行业标准的契合度至关重要。以下是如何有效地引入行业专业人士参与课程设计和教学的方法：首先，明确参与的角色和任务。明确行业专业人士在课程设计和教学中的具体角色和任务，可能包括提供实际案例、分享行业趋势、参与项目评审等。明确的任务分工有助于确保专业人士的参与是有针对性和有效的。其次，建立密切的合作关系。与行业专业人士建立密切的合作关系，确保他们对课程内容有深入的了解，并能够准确把握行业标准和趋势。这可以通过定期的会议、研讨会，工作坊等形式来实现，促进双方的沟通和交流。再次，结合实际案例和项目。请行业专业人士分享实际案例和项目经验，融入到课程中，使学生能够更好地理解理论知识在实际工作中的应用。这种实践性的教学方法有助于提升学生的实际操作能力。从次，邀请专业人士参与项目评审。在项目阶段，邀请行业专业人士参与项目的评审过程，提供专业意见和建议。这不仅有助于确保项目的质量，还能够让学生受益于专业人士的实际经验和行业见解。最后，建立反馈机制。与行业专业人士建立定期的反馈机制，收集他们对课程的看法和建议。这有助于及时调整课程内容，确保与行业标准的契合度持续优化。通过行业专业人士的参与，课程能够更好地贴近实际工作场景，学生能够更深入地理解行业标准和实际应用技能，为他们的职业发展提供更为有力的支持。

（五）定期更新课程内容

定期更新课程内容是保持教育质量和与行业标准保持一致的重要举措。以下是一些方法和步骤，确保课程内容与行业标准和技术的发展相匹配：首先，建立行业联系和合作。与行业内的公司、专业组织或从业者建立联系，获取最新的行业标准和技术趋势信息。通过与行业专业人士的交流，学生能够更及时地了解行业的发展方向和新兴技术。其次，定期审查课程设计。制订一个定期的课程审查计划，包括教材、教学方法和实践项目的审查。在审查中，重点关注是否有新的行业认证标准发布，以及是否有需要更新或新增的内容。再次，参与行业研讨会和培训。教育机构的教师和工作人员可以积极参与行业研讨会、培训和专业会议。这些活动提供了深入了解行业动态和趋势的机会，为更新课程内容提供了实质性的信息。从次，建立反馈机制。与学生、校友和与行业合作伙伴建立反馈渠道，了解他们的观点和建议，他们的实际经验和看法能够提供有价值的信息，帮助教育机构更好地调整和更新课程。最后，使用灵活的教材和资源。选择使用灵活性强的教材和在线资源，以便更容易对其进行更新。这样，教育机构可以更及时地调整课程内容，确保其与行业标准和技术的发展同步。通过以上步骤，教育机构可以保持课程内容的新颖性和实用性，使学生在学习过程中能够获得最新的知识和技能，更好地适应职场的要求。

通过以上方式，教育机构能够使教育课程更贴近实际职场需求，帮助学生更好地达到行业认证标准，提高其就业竞争力。这种紧密契合也有助于确保职业教育的实效性和可持续性。

二、认证考试的整合性培训

将行业认证考试作为职业教育的一部分，而不是单独的评估工具。为学生提供认证考试的培训课程，帮助他们更好地理解和应对考试要求。这样，学生不仅仅是通过了考试，更是真正掌握了实际应用能力。

（一）认证考试课程的开设

教育机构可以设计专门的认证考试培训课程，涵盖考试的各个方面，包括知识点、技能要求、考试形式等。这样的课程可以帮助学生系统性地准备认证考试。

（二）模拟考试和实际案例分析

定期进行模拟考试，让学生熟悉真实的考试环境。同时，通过实际案例分析，学生将理论知识应用到实际情境中，提高他们解决问题的能力。

（三）个性化学习计划

针对每位学生的学习风格和水平制订个性化的学习计划。这样可以确保每个学生都能在认证考试中发挥最佳水平，而不是采用一刀切的标准。

（四）实际项目与考试要求的结合

教育机构可以设计与认证考试要求相符的实际项目，使学生在项目中应用考试所需的知识和技能。这有助于巩固学生的学习，提高学生的实际操作水平。

（五）教师的专业培训

教师应接受有关认证考试的专业培训，以确保他们了解最新的考试要求和标准。这样，他们能够更好地指导学生，帮助学生充分准备认证考试。

通过这些整合性培训，学生不仅仅是为了通过考试而学习，更是为了真正掌握并应用所学的知识和技能而学习。这样的教育方法更有助于培养学生的综合素养，使其在职业领域更具竞争力。

三、行业导师与教育机构的合作

促进行业导师与教育机构之间的密切合作。行业导师可以为教育课程提供实际案例、项目经验和行业动态，确保学生接触到最新的行业信息。同时，行业导师可以参与认证考试的制定，确保考试内容紧密贴合实际工作要求。

（一）实际案例和项目经验分享

行业导师可以通过分享实际案例和项目经验，使教育课程更贴近实际工作场景。这种实际经验的分享能够帮助学生更好地理解课程内容，并将理论知识应用到实际工作中。

（二）行业动态的更新

行业导师能够为教育机构提供最新的行业动态和趋势信息。这确保了教育课程始终与行业保持同步，帮助学生了解并适应行业中的变化。

（三）认证考试内容的制定参与

行业导师作为行业内的专业人士，参与认证考试内容的制定，确保考试要求紧密贴合实际工作需求。这有助于确保认证考试是有实际意义和价值的。

（四）导师与学生的互动

行业导师可以与学生直接互动，回答他们关于行业的问题，提供实用建议，并引导他们在学习过程中注重哪些方面。这种互动促进了学生与实际职业领域的深度连接。

（五）实习和就业机会的提供

行业导师可以为学生提供实习和就业机会，帮助他们更好地融入职业生涯。这种合作不仅提高了学生的就业竞争力，也使行业导师更了解了教育机构的培养质量。

通过行业导师与教育机构的合作，学生能够在学习过程中获得更全面、实际的职业教育，为他们未来的职业生涯奠定坚实的基础。这种合作关系有助于搭建学术界与实际行业之间的桥梁，使职业教育更加贴近实际需求。

三、学生实习与认证实践结合

鼓励学生在职业教育过程中进行实习，并将实习经验与认证要求相结合。这样的实践经验不仅能够提升学生的实际操作能力，还能够为他们在认证考试中提供更多实例支持。

（一）实习经验的实际应用

学生通过实习能够将在课堂学到的理论知识实际应用到工作场景中，这样的实践经验使他们更容易理解和掌握认证考试的实际要求。

（二）认证要求的体现

在实习过程中，学生可以有机会直接接触到与认证考试相关的任务和项目。这种直接的经验使学生更容易理解认证的实际要求，从而为考试做好充分准备。

（三）实践操作能力的提升

实习不仅提供了理论知识的实际场景，还帮助学生提升实际操作能力。这对于职业教育而言尤为重要，因为实际操作能力是认证考试成功的关键之一。

（四）实例支持认证学习

实习经验为学生提供了丰富的实例，这些实例可以在认证学习中提供支持。学生通过实例学习，更容易理解和记忆认证考试的相关知识点。

（五）实习机会的提供

教育机构可以与行业合作，为学生提供更多实习机会。这种合作不仅可以帮助学生积累实际经验，还为他们将来的就业提供了更多机会。

通过将实习与认证实践相结合，学生不仅能够在实际工作中得到锻炼，还能更好地应对未来的认证考试。这种综合性的学习方式有助于培养学生全面的职业素养，提高他们在职场中的竞争力。

四、不断更新的课程和认证标准

职业教育机构需要与行业保持紧密联系，及时了解行业发展趋势，调整教育课程和认证标准。这有助于确保教育体系始终与行业保持同步，从而使学生毕业后依然具备最新的技能和知识。

（一）定期产业调研

建立定期的产业调研机制，以了解行业的发展趋势、新技术的涌现以及市场对人才的新需求。这有助于职业教育机构及时调整课程，确保教学内容与实际需求保持一致。

（二）行业专业委员会的建立

成立行业专业委员会，邀请行业内专家参与，共同制定和更新教育课程和认证标准。专业委员会可以为教育机构提供宝贵的行业洞察，确保课程的前沿性和实用性。

（三）教师的行业培训

给教师提供定期的行业培训，使他们保持对行业发展的敏感性。教师的更新培训可以确保他们能够传授最新的知识和技能给学生，提高其教学质量。

（四）灵活的课程设计

采用灵活的课程设计模式，以便迅速调整和整合新的行业趋势。这样的设计模式能够使课程更具有适应性，更好地应对行业的快速变化。

（五）实时反馈机制

建立学生和企业的实时反馈机制，收集他们的意见和需求。这有助于教育机构更准确地了解行业的实际需求，并及时进行调整。

（六）合作研究项目

与行业开展合作研究项目，通过实际项目的经验推动课程和认证标准的更新。这种合作可以使教育体系更紧密地与行业融合。

不断更新课程和认证标准，职业教育机构可以更好地培养适应市场的专业人才，使学生具备应对行业挑战的能力。这种紧密联系和更新机制是保持教育体系与实际需求同步的关键。

通过以上的融合方式，职业教育与行业认证可以更好地结合，为学生提供更实用、符合市场需求的教育体验。这种融合有助于缩小教育与行业之间的鸿沟，使学生更顺利地进入职业生涯。

第三章 产教融合的关键要素

第一节 企业参与与支持

一、产业委员会的设立

成立产业委员会，由企业领导和行业专家组成，以提供战略性的指导和支持。这样的委员会可以定期会议，讨论行业发展趋势、人才需求和教育培训计划。

（一）多元代表

多元代表性是构建产业委员会的关键因素之一，可以通过包含来自不同企业的领导和行业专家来确保多元的行业视角和经验。首先，广泛邀请不同企业的领导。在产业委员会中应该邀请来自各种规模和领域的企业的高层领导，包括大型企业、中小型企业以及初创企业的代表。这样可以确保委员会的代表性覆盖了不同规模和性质的企业。其次，涵盖不同行业专家。邀请具有广泛经验和专业知识的行业专家，涵盖行业的不同方面，例如技术、市场营销，人力资源等。这样的专业多元性可以为委员会提供更全面的行业洞察和建议。再次，关注文化和地域的多元性。确保委员会的成员来自不同地区和文化背景，以便考虑到地域性的需求和全球化趋势。这有助于制定更具普适性和包容性的产业发展战略。从次，定期轮换委员会成员。定期更换委员会的成员，确保新的观点和经验被引入。这有助于避免委员会变得过于固化，保持其敏感性和反应能力。最后，提倡包容性和平等。鼓励所有成员发表观点，确保每个代表都能够参与决策过程。建立一个包容性和平等的工作环境，使得多元代表性能够充分发挥作用。通过以上方式，产业委员会可以获得更全面、多元的行业洞察，制定更符合整个行业需求的发展策略。这有助于增强产业决策的准确性和适应性。

（二）定期战略性会议

定期召开产业委员会会议，可以确保教育机构始终与行业保持紧密联系，及时了解行业的最新动态。在这些战略性讨论中，可以深入研究当前和未来的行业发展趋势，这对于调整课程、更新教材以及培养学生未来所需技能都至关重要。技术创新是一个不断推动各行业前进的关键因素，通过产业委员会的讨论，教育机构可以更好地理解新技术的涌现，并在教学中及时融入这些创新。这有助于确保学生毕业后具备最新的技术知识和实践能力，增强他们在职场中的竞争力。此外，讨论人才需求也是非常关键的。了解行业对人才的具体需求，包括技能、素质和特定领域的专业知识，有助于教育机构有针对性地培养学生。这可以通过调整课程设置、引入实践性项目以及与行业合作开展实习等方式实现。通过这样的定期战略性会议，教育机构能够更加灵活地应对行业变化，为学生提供更贴近实际需求的教育资源，使他们更好地适应职业发展的挑战。这也有助于建立起一个有机的产业与教育之间的合作生态系统。

（三）人才需求分析

人才需求分析是确保教育机构培养出符合市场实际需求的专业人才的重要步骤。产业委员会协助进行详细的人才需求分析，可以更具体地了解不同职业岗位对技能和素质的具体要求。这种分析有助于识别行业中的热门技能和趋势，使教育机构能够及时调整课程，确保学生毕业后能够迅速适应并贡献于职场。这也有助于提前预知未来可能出现的技能缺口，为教育机构提供灵活性，使其能够更快地适应变化迅速的行业需求。此外，人才需求分析还可以明确不同职业岗位对于软技能和领导力等素质的要求。在当今职场，除了专业技能，企业也越来越注重员工的综合素质。通过调整课程，注重培养学生的团队合作、沟通能力以及创新思维，学校可以更好地培养出全面发展的专业人才。综合来看，通过人才需求分析，教育机构能够更精准地满足市场对人才的需求，为学生提供更有竞争力的教育，促使他们更好地融入职业生涯。

（四）教育培训计划的制定

产业委员会参与制订教育培训计划是一种非常有前瞻性和实用性的做法。这种合作可以确保教育机构的培训计划与行业实际需求保持同步，为学生提供更贴近职场的培训。首先，委员会的参与可以提供宝贵的行业洞察，使教育机构更好地了解行业的最新趋势、技术创新和市场需求。这有助于调整培训计划，保证学生能够掌握最新的技能和知识，提高他们在职场中的竞争力。其次，委员会的参与还可以提供实际的职业经验和案例，丰富培训计划的内容。这种实践导向的教学方法有助于培养学生的实际操作能力，使他们更好地应对真实职场中的挑战。最后，委员会还可以提供行业专业人士作为导师或讲师，直接参与培训计划的实施。这样的专业导师可以为学生提供实际指导和建议，帮助他们更好地理解行业要求，提升就业竞争力。总体来说，产业委员会参与教育培训计划的制订，可以使教育机构更灵活地调整培训方案，更好地迎合行业需求，确保学生毕业后能够顺利融入职场。

（五）产业对话平台

建立产业对话平台是一种非常有效的沟通机制，可以促使教育机构更快速地了解产业的实际需求和变化。这种平台不仅有助于及时获取产业的声音和反馈，还可以促成更密切的产学合作。通过产业对话平台，教育机构可以与行业专业人士、企业领导和业界专家进行直接对话。这种双向的沟通可以帮助教育机构更全面地理解产业的挑战和机遇，从而更有针对性地调整培训计划和课程设置。此外，产业对话平台也为产业界提供了一个渠道，可以直接表达对教育机构的需求和期望。这有助于创建起更加紧密的产学合作关系，推动教育培训更好地服务产业的发展。平台的建立还可以促进信息共享和资源整合。教育机构可以通过平台了解到不同企业对于人才的期望，进而调整培训计划；产业界也可以通过平台找到更适合其需求的教育资源，实现优势互补。总体而言，建立产业对话平台是促进产学合作、提高教育培训实效性的有效途径。这种沟通机制有助于构建一个更加紧密、互动的产业与教育的合作生态系统。

二、实践基地的共建

与企业共建实践基地，为学生提供实际工作场景的机会。这有助于学生更好地理解实际工作流程，培养实际操作能力。

（一）实际工作场景的模拟

通过共建实践基地，学校可以提供更贴近实际工作场景的学习环境，使学生在模拟中获得更为深刻的专业体验。这对于培养学生的实际操作能力、解决问题的能力以及团队协作精神都具有显著的优势。在实践基地中，学生可以面对更真实的挑战，学到的知识更容易在实际应用中得到巩固。这有助于弥补理论知识和实际操作之间的鸿沟，使学生更好地为将来的职业生涯做好准备。同时，实际工作场景的模拟也能够帮助学生培养解决实际问题的能力。在真实环境中，他们需要学会灵活运用所学知识，快速做出决策并应对复杂情况，这是传统教室中难以模拟的。此外，共建实践基地也为学生提供了与业界专业人士交流的机会。学生能够更深入地了解行业的最新动态，获取实际职业经验，并建立起与潜在雇主的联系。总的来说，通过实际工作场景的模拟，学校可以更好地培养学生的实际操作能力，提高他们在职场中的竞争力。这对于构建与行业更密切的联系，更好地服务学生职业发展，都有着积极的作用。

（二）行业导师的指导

行业导师的指导是学生职业发展中非常关键的一环。与学校教师合作，行业导师能够为学生提供来自实际工作领域的深刻见解和专业指导。首先，行业导师能够分享他们在实际工作中的经验和知识。这种实践性的指导能够为学生提供更直接、更实用的信息，使他们更好地理解专业领域的实际操作。其次，行业导师可以帮助学生建立实际职场中所需的技能和素质。他们了解行业的人才需求，可以指导学生在实践中培养与之匹配的技能，提高他们的职业竞争力。最后这种合作模式还有助于学生建立与业界的联系，拓展职业人脉。通过与行业导师的互动，学生有机会了解行业内部的运作机制，同时也能够在实习或毕业后更容易与潜在雇主建立联系。此外，行业导师的参与还有助于实践基地的不断优化。他们可以提供对于实际工作场景的更准确、更深入的理解，从而帮助学校更好地调整实践基地的设置和运作。总的来说，行业导师的指导对于学生的职业发展和实际操作能力的培养具有重要作用，同时也对实践基地的发展和完善起到了积极的推动作用。

（三）实际问题的解决

实际问题的解决是培养学生实际应用技能和解决问题能力的有效途径。通过在实践基地中面对真实的问题，学生能够在模拟的职场环境中应用他们学到的知识和技能。首先，解决实际问题需要学生将理论知识应用于实际情境。这种实践操作有助于巩固他们在课堂上学到的概念，使之更深入、更具体。其次，实际问题的解决培养了学生的解决问题的能力。他们需要分析问题、制订解决方案并付诸实践。这种过程锻炼了学生的逻辑思维和创造性思维，使他们更具备应对未知挑战的能力。此外，实际问题的解决也促进了团队协作和沟通能力的培养。在解决复杂问题的过程中，学生通常需要与团队成员合作，共同寻找最佳解决方案。这有助于培养学生与他人协作的技能，提高团队合作的水平。最后，实际问题的解决也提供了一个实用性的学习经验，为学生进入职场做好了铺垫，他们在实践中积累的经验能够更好地应对未来职业生涯中可能遇到的各种挑战。总体来说，通过在实践基地中解决实际问题，学生能够更全面、更深入地发展他们的实际应用技能和解决问题的能力，为未来的职业发展打下坚实基础。这也使得他们更具备在不同工作环境中适应和创新的能力。

（四）职业素养的培养

实践基地是培养学生职业素养的理想场所，因为它提供了一个模拟职场环境，让学生在实际操作中培养各种重要的职业素养。首先，沟通能力是职业成功的重要组成部分。在实践基地中，学生需要与团队成员、导师、行业专业人士等进行有效的沟通。这有助于提升他们的口头表达和书面沟通能力，使其更好地与他人合作，传递信息并理解他人意图。其次，团队协作是实践基地中不可避免的一部分。学生需要在团队中共同解决问题、完成任务。通过这样的实践，他们能够培养团队合作和领导技能，学会有效地协调和合作。解决问题的能力也是实践基地培养的重要职业素养之一。在真实的工作场景中，学生会面临各种挑战和问题，需要快速而有效地找到解决方案。这锻炼了他们的分析问题、创新思维和决策能力。此外，实践基地也为学生提供了更多的机会来培养自我管理和职业规划的能力。他们可以学会有效地分配时间、管理任务，同时更好地了解自己的兴趣和职业目标。总体来说，实践基地的经验为学生提供了一个全面培养职业素养的平台。这种培养不仅对于顺利融入职场，更对于在职业生涯中取得长期成功具有重要意义。这些职业素养是综合性的，能够帮助学生在各个方面更好地适应和成长。

（五）就业竞争力提升

实际经验是提升学生就业竞争力的重要因素之一。以下是一些方法，帮助学生通过实践基地积累实际经验，提高就业竞争力：首先，积极参与实习和实践项目。教育机构可以与企业合作，为学生提供实习和实践机会。实习和实践项目可以让学生在真实的工作环境中应用所学的知识和技能，积累实际经验。其次，强调实践性教学。在课程设计中注重实践性教学，例如项目作业、实际案例分析等。通过这些实际性的学习活动，学生能够更好地理解和应用理论知识，提高实际操作能力。再次，建立产学合作项目。与企业建立产学合作项目，让学生参与实际的项目开发和研究。这种合作不仅为学生提供实际经验，还使他们能够与行业专业人士直接互动，了解行业需求。从次，鼓励学生参与实际问题解决。在实践基地中，学生可以面对真实的问题和挑战，通过解决问题提高实际应用能力。这种经验有助于提高学生的创新思维和解决问题的能力。最后，提供导师指导。在实践基地中，为学生分配导师，由行业专业人士或教授提供指导和反馈。导师的指导可以帮助学生更好地理解实际工作要求，并指导他们的职业发展。通过这些方法，学生可以在实践基地中积累更丰富的实际经验，提升就业竞争力。这种实践性的学习方式不仅有助于学生更好地融入职业生涯，也使他们更具备应对实际工作挑战的能力。

三、企业导师制度

创建企业导师制度，邀请企业专业人士担任学生的导师。企业导师可以为学生提供实际经验、职业建议，并指导他们在实际工作中的发展。

（一）实际经验的传授

企业导师通过分享实际经验为学生提供职场知识和技能的方式确实非常有益。首先，定期组织经验分享会。安排定期的经验分享会，邀请企业导师分享他们在职业生涯中的实际经验和教训。这可以是面对挑战的经历、成功的案例，或者是行业内的见解和趋势。这样的分享可以让学生从导师的经验中汲取宝贵的职场智慧。其次，建立一对一辅导机制。建立一对一的导师制度，使企业导师与学生建立更深入的联系。在一对一辅导中，导师可以根据学生的个体情况，提供更具体的实际经验传授，并回答学生可能遇到的问题。再次，参与实际项目和任务。将学生纳入实际项目和任务中，由企业导师指导。通过实际操作，学生能够更深入地体验和学习实际经验，导师可以在项目中传授实际的职场技能。从次，鼓励问答和讨论。在导师与学生的交流中，鼓励学生提出问题并展开讨论。这种互动能够使学生更主动地学习实际经验，并且能够更好地理解和应用这些经验。最后，提供反馈和指导。企业导师在分享实际经验的同时，及时提供学生的工作表现反馈和职业发展建议。这种指导有助于学生更好地规划自己的职业道路，并不断提升自身能力。通过这些方法，企业导师可以更有效地传授实际经验，帮助学生更快地适应职业环境，提升职场素养和技能。这种导师制度有助于提高学生在职业生涯中取得成功所需的实际经验。

（二）职业规划的指导

职业规划的指导是企业导师为学生提供重要支持的一部分。首先，了解学生的兴趣和目标。在职业规划的过程中，企业导师应该深入了解学生的兴趣、价值观和职业目标。通过与学生的交流，导师能够更全面地了解学生的职业期望，从而提供更有针对性的指导。其次，共同制定职业目标。与学生一起共同制定可实现的职业目标。这可以包括短期目标和长期目标。导师可以帮助学生设定具体、可衡量、可达成的目标，并制订实现这些目标的步骤和计划。再次，提供行业内信息和见解。企业导师可以分享关于行业内职业发展趋势、不同职业岗位的特点以及未来的行业走向等信息。这种信息对学生做出明智的职业选择非常重要。从次，引导学生了解自身优势和发展领域。帮助学生进行自我评估，了解自己的优势、技能和发展领域。企业导师可以提供反馈，指导学生如何充分发挥优势，同时识别并加强发展领域。最后，鼓励实践和实习。推荐学生参与实践和实习，让他们能够在真实的工作环境中验证职业目标，并获得实际经验。导师可以提供关于选择实习机会、创建职业网络等方面的建议。通过这些方法，企业导师可以为学生提供有效的职业规划指导，帮助他们更清晰地认识自己的职业目标，并制订实现这些目标的可行计划。这种导师的支持有助于学生更有信心地迎接职业生涯中的挑战。

（三）行业内部信息的分享

企业导师分享行业内部信息对学生的职业发展至关重要。首先，定期组织行业讲座和研讨会。邀请企业导师定期进行行业讲座，分享行业内的最新动态、发展趋势和未来预测。这样的活动为学生提供了直接获取行业信息的机会。其次，建立行业信息分享平台。创建一个在线平台，包括论坛、社交媒体群等，让企业导师与学生分享行业内的资讯和见解。这种平台可以是一个持续更新的资源中心，帮助学生及时获取最新信息。再次，参与实际项目和研究。鼓励学生参与与企业导师合作的实际项目和研究。通过项目合作，学生可以更深入地了解行业内部的运作机制和发展方向。从次，提供个性化的行业指导。结合学生的兴趣和职业目标，企业导师可以提供个性化的行业指导。这包括就特定领域的职业发展、技能要求等提供专业见解。最后，分享实际案例和经验。通过分享实际的工作案例和个人经验，企业导师可以为学生提供更具体的行业信息。这些案例可以是成功的项目经验、挑战的解决方案等，有助于学生更深入地理解行业内的实际运作。通过这些方法，企业导师可以为学生提供更丰富、实用的行业内部信息，帮助他们更全面地了解职业生涯中的机遇和挑战。这种信息分享有助于学生做出明智的职业决策，提升他们的职业竞争力。

（四）实际项目的指导

企业导师参与学生的实际项目是一种极具价值的方式，有助于学生将理论知识转化为实际技能。首先，明确项目目标和期望。与学生一同明确实际项目的目标和期望。这包括项目的具体任务、预期成果以及学生在项目中应该达到的技能和能力。清晰的目标有助于导师更有针对性地提供指导意见。其次，定期进行项目会议。安排定期的项目会议，导师与学生共同讨论项目进展、遇到的问题以及需要解决的挑战。这种定期的沟通有助于确保项目在正确的方向上前进，并及时解决可能出现的问题。再次，提供专业的技术支持。作为企业导师，提供专业的技术支持是非常重要的。这包括技术方面的建议、最佳实践的分享以及解决技术难题的支持。导师的专业知识有助于提升项目的质量。从次，鼓励学生提出问题和想法。鼓励学生在项目中提出问题、分享自己的想法，并与导师进行深入的讨论。这有助于学生更深入地理解项目，并推动他们在实际操作中思考问题。最后，提供反馈和评价。导师应该定期提供反馈，评价学生在项目中的表现，并指出改进的方向。这种及时的反馈有助于学生在项目中不断进步，并为他们的职业发展提供有价值的经验。通过这些方式，企业导师可以更有效地参与学生的实际项目，提供专业的指导和支持。这种实际项目的指导有助于学生更好地应用所学知识，培养实际操作能力，为他们未来的职业发展奠定坚实的基础。

（五）专业网络的拓展

建立专业网络是学生在职业生涯中非常重要的一部分，而企业导师可以在这方面发挥关键的作用。首先，组织行业内活动。企业导师可以与学校合作，组织行业内的活动，例如讲座、研讨会、专业交流会等。这样的活动为学生提供了与导师及其他行业专业人士互动的机会，有助于建立专业联系。其次，鼓励学生参与实习和实践项目。通过参与实习和实践项目，学生有机会与企业导师以及其他行业专业人士建立联系。这种实际经验为学生提供了展示自己能力的机会，并为未来的就业奠定基础。再次，推动学生加入专业组织。企业导师可以鼓励学生加入与其专业领域相关的专业组织或协会。这些组织通常提供了一个平台，使学生能够与同行、导师和其他行业专业人士建立联系。从次，开设导师制度。通过导师制度，企业导师可以与学生建立更为密切的联系。导师可以介绍学生认识其他在行业内有影响力的人士，扩大他们的专业网络。最后，分享个人网络资源。企业导师可以分享自己在行业内的专业网络资源，包括联系人、行业活动、社交媒体群等。这有助于学生更快速地融入行业内的专业圈子。通过这些方法，企业导师可以帮助学生建立起丰富的专业网络，为他们的职业发展提供有力的支持。这种专业网络的拓展不仅有助于学生找到更多的职业机会，还能够提供行业内的资源和导向，使他们更好地适应职业生涯的挑战。

四、双向实习机会

提供双向实习机会确实是一种促进学校与企业之间深度合作的有效方式。首先，建立实习交流计划。学校与企业可以共同制订实习交流计划，明确学生在企业实习的机会，同时为企业员工提供到学校进行实地指导的机会。这种计划应该明确实习的时间、内容和目标，保证双方都能够获得实质性的收益。其次，制定双向实习政策。学校和企业可以制定明确的政策，支持双向实习。这包括明确实习的流程、安排、评估标准等，以确保实习的有效性和双方的顺利合作。再次，建立实习指导团队。设立专门的实习指导团队，包括学校的教师和企业的员工。这个团队可以负责实习计划的执行、学生和企业员工的指导，以及实习结束后的评估和反馈。从次，促进企业员工的教育培训。在他们到学校进行实地指导之前，提供必要的培训和资源，以确保他们能够有效地参与学校的教学和实习活动。这可以包括教学方法、学生管理等方面的培训。最后，建立定期沟通机制。确保学校和企业之间建立起定期的沟通机制，以分享实习过程中的经验、解决问题，同时收集双方的反馈。这有助于及时调整实习计划，确保双方的期望得到满足。通过这些措施，学校和企业可以实现双向的实习机会，促进更深层次的合作。这种双向实习不仅有助于学生更好地了解实际工作环境，也使企业更深入地了解学生的素质和学校的培养模式。这种交流有助于建立更密切、互利共赢的校企关系。

五、产学研合作项目

产学研合作项目确实是促进校企之间深度合作和推动创新的有效途径。首先，明确合作目标和期望。在启动项目之前，学校和企业应该共同明确合作的目标和期望。这包括项目的具体内容、预期成果以及双方期望获得的收益。明确的目标有助于保证合作项目的方向和有效性。其次，建立合作团队。组建包括学校教师、企业专业人士和研究人员的合作团队。这个团队应该具备各自的专业背景，以便能够在项目中充分发挥各自的优势，推动合作项目的成功实施。再次，制订详细的合作计划。在合作计划中明确项目的时间表、阶段性目标、工作分配等细节。确保双方都清楚项目的整体架构和各自的责任，以便有序推进合作。从次，确保知识产权的明晰。在项目合作协议中明确知识产权的归属和分享机制。这是一个重要的法律和商业问题，需要在合作开始前充分协商和约定。最后，建立有效的沟通机制。确保学校、企业和研究人员之间建立起定期的沟通机制，以及时解决合作过程中可能出现的问题，共享项目进展和成果。通过这些方法，产学研合作项目可以更加顺利、高效地进行。这种合作不仅促进了产学之间的密切联系，还为学生提供了参与实际问题解决的机会，培养了创新思维和实际应用能力。这种产学研合作对于推动科技创新、提高学生实际技能具有重要意义。

六、企业培训计划

企业培训计划确实是一种有效的方式，可以更好地对接学生的学习与企业的实际需求，提高学生的就业竞争力。首先，深入了解企业需求。与企业密切合作，深入了解他们的实际需求和期望。这可能包括技能要求、工作岗位的特定需求等。只有通过深入了解，才能确保培训计划的定制化和针对性。其次，制订个性化培训计划。结合企业的需求，制订个性化的培训计划。这可能包括课程设置、实践项目、实习安排等方面的定制，以确保学生获得的技能符合企业的期望。再次，整合实际案例和项目。培训计划可以包括与企业合作的实际案例和项目。通过这种方式，学生能够将理论知识应用到实际问题中，培养实际解决问题的能力。从次，提供行业认证培训。与企业合作，将行业认证标准融入培训计划中。这有助于学生更容易通过相关行业认证考试，提高他们的职业竞争力。最后，创建企业导师制度。邀请企业专业人士担任导师，与学生分享实际工作经验，并提供职业指导。企业导师的参与可以更好地桥接学校和企业之间的信息和期望。通过这些措施，企业培训计划可以更好地满足企业实际需要，提高学生在职业市场上的竞争力。这种紧密的校企合作不仅有助于学生更好地适应职业环境，也使企业更容易雇佣具备实际技能的毕业生。

七、企业员工参与教学

邀请企业员工参与教学确实是一种促进实际经验传递和行业知识分享的有效方式。首先，建立企业兼职讲师团队。与企业合作建立一支企业兼职讲师团队，这可以包括企业内部专业人士、经理和领导。这些讲师可以在其领域提供深度的实际经验和案例分析。其次，明确教学内容和目标。与企业员工合作时，明确教学内容和学习目标。确保企业员工的专业知识和经验与课程目标紧密匹配，以提供对学生有价值的实际洞察和经验。再次，安排企业员工分享实际案例。邀请企业员工分享实际工作中的案例，进行案例分析。这有助于学生将理论知识与实际情境相结合，更好地理解行业内的挑战和解决方案。从次，提供灵活的教学时间安排。考虑到企业员工的工作安排，提供灵活的教学时间安排，以便他们更容易参与教学。这可以包括安排特定的讲座、研讨会或工作坊。最后，建立定期的反馈机制。与企业员工建立定期的反馈机制，以确保他们的教学效果得到评估和改进。这有助于保持教学质量，并为企业员工提供参与教学的正面经验。通过这些方法，企业员工可以更好地参与教学，为学生提供实际的行业经验和实用的职场知识，这种校企合作有助于搭建学术和实际经验的桥梁，提高学生的职业竞争力。

八、实时行业动态分享

鼓励企业分享实时的行业动态和最新趋势确实是保持教育课程与行业同步的重要手段。首先，建立信息共享平台。创建一个在线平台，使企业能够方便地分享实时的行业动态、市场趋势、技术更新等信息。这可以是一个专门的网站、社交媒体群体或定期的网络研讨会。其次，组织行业研讨会和讲座。邀请企业代表参与学术研讨会和讲座，分享行业的最新发展。这种面对面的交流有助于学生更深入地了解行业动态，并直接与业界专业人士互动。再次，建立定期的行业沟通会议。学校与企业可以定期举行行业沟通会议，直接了解行业的最新动态、问题和需要。这种双向的交流有助于及时调整教育课程，确保培养出的学生具备行业实际需要的技能。从次，设立专业的信息更新团队。学校可以设立专门的团队负责收集和整理行业动态，确保信息的及时更新。这个团队可以与企业保持密切联系，获取最新的信息。最后，鼓励企业代表参与课程审查。邀请企业代表参与教育课程的审查过程，保证课程内容与行业标准和最新趋势保持一致。这种参与可以提供实际的反馈，有助于提高课程的质量，通过这些方法，可以促使企业更积极地分享实时的行业动态，确保学生获得最新的行业知识和技能。这种及时的信息分享有助于培养出更适应行业变化的学生，提高他们的职业竞争力。

通过企业参与与支持，产教融合可以更好地实现教育目标，使学生更好地适应实际职业需求。这种合作关系对于学生、教育机构和企业都有长远的双赢效果。

第二节　教育机构的灵活性与适应性

一、战略规划与愿景

（一）战略目标的明确

战略目标的明确是确保教育机构能够有效应对行业变化、满足学生需求并保持竞争力的关键步骤。首先，进行全面的环境分析。了解当前教育领域的变化、市场需求、技术创新和竞争格局。这可以通过定期进行市场研究、行业调查和参与专业活动来实现。其次，制定明确的战略目标。在了解行业趋势的基础上，制定具体、可量化、可衡量和可达成的战略目标。

这可能包括学科领域的拓展、技术创新、学生就业率提升等方面的目标。再次，与利益相关者进行广泛沟通。保证与学生、教职员工、行业合作伙伴以及其他利益相关者进行广泛沟通，以了解他们的期望和需求。这有助于确保制定的战略目标能够真正满足各方的期望。从次，组建战略规划团队。组建一个专门的战略规划团队，汇集来自不同领域的专业知识和经验。这个团队可以负责制订、执行和监测战略计划，确保机构朝着明确的目标前进。最后，定期评估和调整战略目标。行业环境可能会不断变化，因此需要定期评估和调整战略目标。这可以通过定期的战略规划会议、绩效评估和反馈机制来实现。通过这些建议，教育机构可以更好地明确战略目标，确保与行业发展趋势保持一致。这有助于提高机构的灵活性和适应性，使其能够更好地满足学生和行业的需求。

（二）市场调研与需求分析

市场调研与需求分析是确保教育机构满足行业需求的关键步骤。以下是一些建议，以促进有效的市场调研和需求分析：首先，建立专门的市场调研团队。组建一个专门负责市场调研和需求分析的团队，这个团队可以包括市场研究专家、行业分析师和数据分析师。他们可以负责收集、分析和解释市场信息。其次，使用多种调研方法。采用多样化的调研方法，包括定量研究和定性研究。定量研究可以通过问卷调查、数据分析等手段获取大量数据，而定性研究可以通过深度访谈、焦点小组讨论等方式深入了解行业需求。再次，与行业合作伙伴建立密切联系。与行业内的企业、组织和专业协会建立战略伙伴关系，获取实时的行业信息和需求。这种合作有助于确保教育机构能够更准确地预测未来的行业趋势。从次，关注技术和创新趋势。了解当前和未来的技术创新趋势对行业人才需求的影响。这可以通过关注科技媒体、参与技术研讨会和与科技公司合作来实现。最后，定期更新市场调研。市场环境和需求可能会不断变化，因此定期更新市场调研是至关重要的。这可以通过定期的市场调研报告、行业分析和定期与行业专业人士的交流来实现。通过这些建议，教育机构可以更全面地了解当前和未来行业对人才的需求，从而更好地调整课程设置和培养方案，确保培养出符合行业实际需求的人才。

二、教育课程与认证标准

（一）灵活的课程设计

灵活的课程设计确实是确保学生获得最新、实用知识的关键。首先，创建敏捷的课程审查机制。确保有一个快速而敏捷的课程审查流程，以便及时更新和调整课程。这可能包括设立专门的课程审查团队，以便快速响应行业变化。其次，采用反馈机制。建立学生和行业合作伙伴的反馈机制，收集他们的观点和建议。这可以通过定期的调查、焦点小组讨论、学生反馈会议等方式实现。再次，整合实际案例和项目。课程设计应该包括实际案例和项目，以保证学生在实践中应用所学知识。这有助于提高课程的实用性，使学生更好地适应行业标准。从次，采用模块化设计。将课程划分为模块，每个模块可以独立更新。这种模块化设计使得可以更方便地添加新内容、调整课程结构，以应对行业的快速变化。最后，保持教师的专业发展。教师是课程设计的关键角色，因此，他们需要保持对行业最新发展的了解。学校可以通过提供专业发展机会、行业研讨会等方式，确保教师具备最新的知识和技能。通过这些方法，教育机构可以更灵活地调整课程，保持与行业标准的一致性。这有助于培养出更具竞争力、适应性强的学生，使其能够更好地迎接行业的挑战。

（二）实时调整认证要求

实时调整认证要求确实是保持培训计划与行业认证标准同步的关键步骤。以下是一些建议，以确保教育机构能够及时调整认证要求：首先，建立专门的认证跟踪团队。组建一个专门负责追踪行业认证变化的团队，这个团队可以包括认证专家、培训规划师等。他们负责监测认证标准的变化，及时做出反应。其次，与认证机构建立合作关系。建立与认证机构的紧密联系，参与认证标准的制定和更新过程。这种合作关系有助于及时获取最新的认证要求，以便调整培训计划。再次，开设认证培训课程。将认证培训纳入课程设置中，确保学生在培训过程中获得满足认证要求的知识和技能。这样，学生在完成培训后更容易通过相关的认证考试。从次，提供定期的认证更新培训。为已经完成培训的学生提供定期的认证更新培训，以使他们始终掌握最新的认证要求。这有助于确保学生在职业生涯中保持认证的有效性。最后，建立认证信息发布渠道。建立一个信息发布渠道，通过官方网站、通知系统等向学生发布最新的认证要求。确保信息能够及时准确地传达给所有相关人员。根据这些建议，教育机构可以更好地应对行业认证的变化，确保学生在认证考试时能够满足最新的要求。这有助于提高学生的认证通过率，增强他们的职业竞争力。

三、教育方法与技术应用

（一）创新教学方法

创新的教学方法确实可以提高学生的学习体验和培养他们更全面的技能。首先，实施项目驱动的学习。将项目驱动的学习融入课程设计中，让学生通过实际项目解决问题，培养他们的解决问题的能力和团队协作精神。这种实践性的学习方法有助于提升学生的实际应用能力。其次，引入在线教学和混合式学习。利用在线平台和技术，开设在线课程，使学生可以更灵活地学习。混合式学习结合了线上和线下教学，提供更多的学习选择，适应不同学生的学习风格。再次，采用个性化学习方法。利用技术和数据分析，为学生提供个性化的学习路径和资源。这可以根据每个学生的学习风格、兴趣和水平进行调整，提高学习效果。从次，推动跨学科教学。创新的教学方法可以包括跨学科的教学，帮助学生更全面地理解问题。跨学科教学可以模拟真实世界中不同领域的融合，培养学生的综合素养。最后，鼓励教师参与教学创新。为教师提供培训和支持，鼓励他们尝试新的教学方法，并分享成功的经验。教师的积极参与是推动教学创新的关键。通过这些建议，教育机构可以更好地适应学生对于创新、灵活学习方式的需求，提高教学质量，培养出更具创造力和实际能力的学生。

（二）数字化教育技术

数字化教育技术的应用可以极大地丰富教学内容、提高学习效果。以下是一些建议，以促使教育机构积极应用数字化教育技术：首先，建设在线学习平台。创建一个综合的在线学习平台，包括课程材料、作业、在线测验等功能。这样的平台使学生能够随时随地方便地访问学习资源，提高了学习的灵活性。其次，引入虚拟实验室。对于需要实验的学科，可以引入虚拟实验室，使学生能够在数字环境中进行实验操作。这样不仅节省了实验室资源，还提供了更安全和更可控的实验环境。再次，采用在线协作工具。利用在线协作工具，如共享文档、团队项目管理工具等，促进学生之间的合作和交流。这有助于培养团队合作精神和沟通技能。从次，推广在线评估和反馈。使用数字化工具进行在线评估和反馈，使教师能够及时了解学生的学习进度和需求。这也为学生提供了更快速、个性化的反馈。最后，提供远程培训和在线课程。开设远程培训和在线课程，使学生可以通过互联网参与远程学习。这有助于吸引更广泛的学生群体，提高教育的可及性。通过这些建议，教育机构可以更好地应用数字化教育技术，提高教学效果，满足学生对灵活学习方式的需要，同时推动教育创新。

四、行业导师与实践课程

（一）导师制度的建立

建立导师制度是一种有效的方式，可以帮助学生获得实际经验和行业洞察。首先，明确定义导师的角色和责任。确保导师的角色和责任在制度中得到清晰而详细的定义。这可能包括为学生提供职业指导、分享实际经验、协助项目或实习等。其次，建立导师匹配机制。确保学生能够与符合其专业领域和兴趣的导师进行匹配。这可以通过学生的专业方向、兴趣爱好和导师的专业经验等因素来实现。再次，促进导师和学生的交流。建立定期的导师和学生交流机制，确保双方有足够的时间进行面对面的讨论。这可以通过定期的导师学生会议、活动等方式来实现。从次，提供培训和支持。为导师提供培训，使他们能够更好地履行导师的角色。培训可以包括有效的指导技巧、学生职业发展知识等。最后，建立反馈机制。为导师和学生建立双向反馈机制，以便不断改进导师制度。这可以通过定期的评估、问卷调查等方式来实现。通过这些建议，教育机构可以建立一个健全的导师制度，保证学生能够充分受益于导师的实际经验和行业洞察。这有助于学生更好地准备职业生涯，增强他们的就业竞争力。

（二）实践课程的整合

整合实践性课程是提高学生职业素养和实际应用能力的重要手段。首先，明确实践性课程的目标。确保实践性课程的设计与学生的职业目标和行业需求相一致。明确课程的预期结果，以便能够更有效地评估学生的学习成果。其次，与行业合作伙伴建立联系。与行业合作伙伴建立紧密的联系，了解实际职场的需求和趋势。通过与行业专业人士的合作，确保实践性课程的设计符合实际工作环境。再次，设计具体的实践项目。将实践项目纳入课程设计中，让学生能够在实际项目中应用所学知识。这可以是模拟项目、实地考察、实习等形式，以提升学生的实际操作能力。从次，采用案例分析和解决方案。通过案例分析，让学生面对真实的问题，从中学习并提出解决方案。这种方法可以帮助学生培养问题解决和决策能力。最后，定期评估和调整。对实践性课程进行定期评估，收集学生和行业合作伙伴的反馈，根据评估结果调整课程内容和设计。这有助于不断提高实践性课程的质量和适应性。根据这些建议，教育机构可以成功整合实践性课程，为学生提供更为贴近实际职场需求的学习体验，增强他们的职业竞争力。

五、学生支持与就业服务

（一）个性化支持服务

个性化支持服务对于学生的全面发展至关重要。首先，建立专业的职业咨询服务。设立职业咨询中心，提供个性化的职业规划和指导。职业咨询师可以与学生一对一地合作，帮助他们明确职业目标、制订职业发展计划。其次，设立心理辅导服务。提供心理健康支持，包括心理辅导、咨询服务。心理辅导师可以帮助学生处理学业压力、个人问题，提高他们的心理韧性。再次，实施学术辅导。为学术方面的支持提供个性化服务，包括补习、辅导、学习技巧培训等。保证每个学生都有机会充分理解和掌握学科知识。从次，建立学生成绩跟踪系统。通过学生成绩和表现的跟踪，及时发现学生可能面临的问题，并提供相应的支持服务。这可以包括定期的学术进展会议、学业辅导等。最后，鼓励学生参与社交和社团活动。通过社交和社团活动，学生有机会建立人际关系、发展领导力技能。教育机构可以支持并促进这些活动，提供学生全方位的发展机会。根据这些建议，教育机构可以为每个学生提供个性化的支持服务，满足他们在职业、学术和心理健康方面的需求，促使他们更好地发展自己的潜力。

（二）就业服务的持续改进

不断改进就业服务是确保学生成功就业的关键步骤。首先，建立行业联系和校企合作。与行业建立紧密的联系，了解最新的招聘趋势和行业需求。通过校企合作，使就业服务更符合实际职场的要求。其次，持续开展职业指导和培训。提供学生职业规划、简历制作、面试技巧等方面的培训和指导。确保学生具备求职所需的各项技能，提高他们的竞争力。再次，建立就业资源平台。创建一个在线的就业资源平台，包括招聘信息、职业指导资源、行业资讯等。使学生能够方便地获取最新的就业信息和支持。从次，定期举办招聘活动和职业讲座。组织企业招聘活动和职业讲座，让学生有机会与企业代表互动，了解行业动态，并寻找潜在的就业机会。最后，建立校友网络和行业导师制度。通过校友网络，为学生提供更广泛的职业发展机会。同时，建立行业导师制度，让学生能够与具有丰富经验的行业专业人士互动，获得实际指导。通过这些建议，教育机构可以不断改进就业服务，保证学生在毕业后能够更顺利地进入职场，提高他们的就业竞争力。

六、社会责任与可持续发展

（一）社会责任项目

社会责任项目是培养学生社会责任感和积极参与社会活动的有效途径。首先，明确社会责任项目的目标。确保社会责任项目的设计与学校的使命和愿景相一致。明确项目的目标，例如，培养学生的社会责任感、推动社会变革等。其次，与社区建立紧密联系。与社区组织、非营利组织建立合作关系，了解社区的实际需求。通过与社区合作，确保社会责任项目更具实际意义，能够真正帮助到社区。再次，制定多样化的社会责任项目。设计多样化的项目，涵盖不同领域，如环保、教育、健康等。这样能够满足学生不同的兴趣和志愿服务方向，使他们能够选择符合自己兴趣的项目。从次，提供相关培训和资源。为参与社会责任项目的学生提供必要的培训和资源，帮助他们更好地理解和应对社会问题。这可以包括社会调研、团队合作技能等方面的培训。最后，创建社会责任项目的评估机制。定期评估社会责任项目的效果，收集学生和社区的反馈，以便不断改进和优化项目。确保项目能够实现预期的社会影响。通过这些建议，教育机构可以成功实施社会责任项目，培养学生的社会责任感，使他们成为有责任心、有担当的公民。

（二）可持续发展教育

引入可持续发展的教育理念对于培养学生全面发展和社会责任感至关重要。首先，整合可持续发展教育内容，将可持续发展的概念融入课程设计，确保学生在学习的过程中能够接触和理解可持续发展的相关知识，包括社会、环境和经济层面。其次，推动跨学科合作。可持续发展是一个涉及多个领域的复杂问题，需要跨学科的合作来全面理解和解决。鼓励不同学科的教师和学生之间进行合作，促进多角度、全面的学习。再次，提供实践体验和项目。通过实践项目、实地考察等方式，让学生亲身体验可持续发展的实际问题和解决方法。这种实践经验可以加深他们对可持续发展的理解和认同。从次，建立可持续发展倡导组织。在学校内建立可持续发展倡导组织或社团，让有兴趣的学生能够参与其中，共同推动可持续发展理念在校园中的传播和实践。最后，建立评估体系。制定可持续发展的评估标准，对学生在可持续发展教育方面的学习成果进行评估。这有助于保证教育目标的达成，并促使学校对教育内容进行不断优化。通过这些建议，教育机构可以成功引入可持续发展教育，培养学生对社会、环境和经济的全面认知，使其成为具备可持续发展观念的公民。通过逐层深入的论述，教育机构可以更全面地思考和实践灵活性与适应性，以更好地服务学生、满足产业需求，并在不断变化的环境中保持竞争力。

第四节 学生角色的转变与发展

一、认知与意识

（一）行业认知与洞察

学生通过深入了解行业的运作和需求可以更好地为将来的职业生涯做准备。首先，实施产业融合的教学。通过将实际行业案例、项目和经验融入教学中，帮助学生直观地理解专业知识在实际行业中的应用。这可以通过实践性的实验、模拟项目、实习等方式实现。其次，组织行业参访和讲座。安排学生参观相关行业企业，亲身感受行业的氛围和运作方式。邀请行业专业人士来校园举办讲座，分享实际经验和行业动态，为学生提供更全面的行业认知。再次，建立行业导师制度。邀请行业专业人士作为导师，与学生建立联系。通过与导师的交流，学生可以更深入地了解行业内的发展趋势、职业需求等信息，得到实际的职业建议。从次，推动学生参与实际项目。组织学生参与实际行业项目，让他们在实践中了解行业运作的方方面面。这样的实际项目可以是与企业合作的项目、社会服务项目等。最后，持续关注行业动态。保证教学内容与行业的最新发展保持同步。教育机构可以设立行业研究组，负责跟踪行业的变化和趋势，及时更新课程内容。根据这些建议，教育机构可以成功培养学生的行业认知与洞察，使他们更好地理解所学专业在实际行业中的应用，提高就业竞争力。

（二）职业规划的意识

引导学生形成职业规划的意识是帮助他们更有目标和方向地面对未来的重要一步。首先，开展职业规划课程。设计专门的课程或模块，教授学生职业规划的基本概念、方法和技巧。帮助学生了解自己的兴趣、技能和价值观，从而为未来的职业规划打下基础。其次，提供职业咨询和辅导服务。创建专业的职业咨询团队，为学生提供个性化的职业辅导。通过一对一的咨询，帮助学生更深入地了解自己的优势和目标，并制订适合的职业规划。再次，组织职业发展活动。举办职业发展讲座、招聘会、行业交流活动等，让学生有机会与行业专业人士互动，了解不同职业领域的发展前景和要求。这有助于学生更全面地认知职业选择。从次，推动实习和实践项目。为学生提供实习和实践的机会，让他们能够在实际工作环境中尝试和体验。通过实践，学生可以更清晰地认识自己的兴趣和适应性，有助于职业规划的形成。最后，建立校友网络。通过校友网络，学生可以获取校友在职场的经验和建议。校友的分享和指导可以为学生提供宝贵的职业规划参考。通过这些建议，教育机构可以成功引导学生形成职业规划的意识，帮助他们更好地规划和追求个人职业目标。

二、实践能力与职业素养

（一）实际操作能力的培养

培养学生的实际操作能力对于他们更好地适应职场至关重要。首先，设计实践性课程。保证课程设置中包含充分的实践性内容，例如实验课、项目设计、模拟实训等。通过这些实践性课程，学生能够将理论知识应用到实际问题中，培养实际操作能力。其次，推动产业实习和实践项目。与企业建立紧密的合作关系，为学生提供实习和实践的机会。在实际工作环境中，学生可以学到更多的实际操作技能，并了解职场的要求和规范。再次，建立实验室和实训基地。投资建设专业实验室和实训基地，提供学生进行实际操作的场地和设备。这样的实验室可以模拟真实的工作环境，使学生更好地掌握实际技能。从次，组织行业专家讲座和工作坊。邀请行业专业人士来校园举办讲座，分享实际工作经验和技能。举办工作坊，让学生参与实际操作，学习和应用实用技能。最后，引入实际案例分析。在课程中引入实际行业案例，让学生通过分析和解决问题的方式培养实际操作能力。通过案例分析，学生可以更好地理解职业中的挑战和应对策略。通过这些建议，教育机构可以成功培养学生的实际操作能力，为他们更好地适应职场提供坚实的基础。

（二）团队协作与沟通技能

培养学生的团队协作和沟通技能是非常重要的，特别是在产教融合的环境中。首先，设计团队项目和活动。将学生组织成小组，参与实际项目或团队活动。通过合作解决问题，学生可以培养团队协作和沟通的技能，同时理解不同成员的贡献。其次，模拟企业协作环境。在教学中模拟真实的企业协作环境，例如使用在线协作工具、项目管理软件等。学生通过这样的环境可以学到在团队中有效协作和沟通的能力。再次，引入团队建设培训。组织团队建设培训课程，帮助学生了解团队协作的重要性，学习团队沟通技巧，培养共同目标的意识。这可以通过研讨会、工作坊等形式进行。从次，鼓励多元化的团队合作。在团队中组合不同背景和专业的学生，让他们共同面对挑战。这样的多元团队合作有助于学生更好地理解和尊重不同观点，提高团队协作效果。最后，评估团队协作表现。在团队项目结束后，评估学生的团队协作表现，并提供反馈。这有助于学生了解自己在团队中的优势和改进的方向。根据这些建议，教育机构可以成功培养学生的团队协作与沟通技能，使他们更好地适应企业伙伴和团队工作的需求。

三、创新与问题解决能力

（一）创新思维的培养

培养学生的创新思维对于其在未来的职业生涯中更好地面对挑战和提出创新性解决方案至关重要。首先，实施项目驱动的学习。通过项目合作，让学生亲身参与实际项目，解决实际问题。项目驱动的学习可以激发学生的创新意识，培养他们提出创新解决方案的能力。其次，开设创新研发课程。设计专门的课程，教授创新研发的方法和技巧。这可以包括创意思维、设计思维等方面的培训，帮助学生培养创新意识和思维方式。再次，鼓励跨学科合作。创新常常涉及不同领域的知识和技能，所以鼓励学生参与跨学科合作是培养创新思维的有效途径。组织跨专业的团队，让学生在合作中互相学习和启发。从次，提供创新资源和平台。为学生提供创新资源，包括实验室、创客空间、创新基金等。创建一个支持创新的平台，让学生能够更自由地实践和尝试新的想法。最后，强调问题导向的学习。通过强调问题导向的学习，鼓励学生从实际问题出发，提出创新性的解决方案。这有助于培养他们解决现实挑战的能力。通过这些建议，教育机构可以成功培养学生的创新思维，使他们在未来职业生涯中具备更好的创新能力。

（二）问题解决的实际经验

通过实际项目解决问题是一种有效的教学方法，可以培养学生面对挑战时的问题解决能力。首先，设计实际项目。保证课程中包含具体的实际项目，要求学生在项目中面对并解决真实的问题。这可以通过与企业的合作项目、社会服务项目等方式实现。其次，提供项目导师支持。为每个项目分配导师，指导学生在项目中的问题解决过程。导师可以提供实际经验和专业建议，帮助学生更好地应对挑战。再次，注重团队合作。让学生在团队中合作解决问题，模拟真实的工作环境。通过团队合作，学生可以学到有效沟通、协作和共同解决问题的能力。从次，提供资源和工具支持。确保学生有足够的资源和工具来解决问题，包括实验室设备、技术支持等。这有助于学生更顺利地进行实际项目，并增强他们的问题解决能力。最后，评估学生的问题解决过程。在项目结束后，对学生的问题解决过程进行评估。不仅关注解决方案的质量，还注重学生在解决问题的过程中所展现的分析能力、判断力等方面的表现，通过这些建议，教育机构可以成功让学生通过实际项目获得问题解决的实际经验，使他们在职业生涯中更具备解决实际问题的能力。

四、职业发展与自我管理

（一）职业发展规划

学生制订职业发展规划是帮助他们更好地规划和实现职业目标的关键一步。首先，提供职业规划课程。开设专门的职业规划课程，教授学生职业发展的基本概念、方法和技能。这包括自我评估、目标设定、职业市场了解等方面的内容。其次，进行职业测评和辅导。利用职业测评工具帮助学生更清晰地了解自己的兴趣、技能和价值观。在此基础上，提供个性化的职业辅导，帮助学生制订与其特点和目标相符的职业发展规划。再次，组织职业发展活动。举办职业发展讲座、工作坊、行业研讨会等活动，让学生有机会了解不同职业领域的发展趋势和机会。这有助于学生更全面地规划自己的职业路径。从次，鼓励实习和实践经验。推动学生参与实习和实践项目，让他们在实际工作中积累经验。实践经验有助于学生更明确自己的兴趣，并为职业发展规划提供实际基础。最后，建立职业发展资源中心。设立专门的职业发展资源中心，提供就业市场信息、招聘信息、职业规划工具等资源。学生可以通过这个中心获取相关职业发展的实用信息。通过这些建议，教育机构可以成功引导学生进行职业发展规划，帮助他们明确职业目标并采取实际行动实现这些目标。

（二）自我管理与学习

培养学生的自我管理和主动学习能力是为他们未来职业发展提供坚实基础的关键。首先，开设自我管理和学习技能课程。设计专门的课程，教授学生自我管理的基本原则、时间管理技巧、目标设定和追踪等技能。这有助于学生建立健康的自我管理习惯。其次，鼓励学生制订学习计划。引导学生制订长期和短期的学习计划，明确学习目标和时间表。这可以帮助学生更有组织地进行学习，提高效率。再次，推动项目和问题导向的学习。设计项目驱动的学习和问题导向的学习环境，鼓励学生通过解决实际问题和完成实际项目来学习。这有助于培养学生主动学习的态度和能力。从次，提供学习资源和支持。确保学生有充足的学习资源，包括图书馆、在线学习平台、导师辅导等。同时，创建学习支持体系，为学生提供必要的帮助和指导。最后，强调反思和自我评估。鼓励学生在学习过程中进行反思和自我评估，了解自己的学习风格、强项和改进点。这有助于他们更好地调整学习策略和提升自我管理能力。通过这些建议，教育机构可以成功强调学生的自我管理与学习，帮助他们培养独立思考和主动学习的能力，为未来的职业发展打下坚实基础。

五、专业素养与社会责任感

（一）专业知识的深化

鼓励学生在产教融合中深化专业知识是培养他们成为行业领军者的关键一步。首先，提供先进的课程内容。设计包含最新行业趋势、前沿技术和挑战的课程，保证学生在学习过程中接触到最新的专业知识。这可以通过邀请行业专家、实际案例研究等方式实现。其次，促进实际项目和实践经验。通过实际项目和实践经验，让学生直接应用他们所学的专业知识，深化对行业问题的理解。这可以通过与企业的合作项目、实习等途径实现。再次，引导学生参与研究和创新活动。鼓励学生参与研究项目、创新比赛等活动，培养他们在解决实际问题和探索新领域的能力。这有助于加深他们的专业知识。从次，建立导师制度。为学生分配导师，导师可以是行业专家、教职工等，指导学生深化专业知识，并提供实际经验的分享和指导。最后，推动学术与实践的结合。促使学术研究与实际应用相结合，鼓励学生参与学术会议、行业研讨会等，与专业领域的学术和实践专家进行深入交流。根据这些建议，教育机构可以成功鼓励学生在产教融合中深化专业知识，使他们能够更好地理解并应对行业的前沿问题。

（二）社会责任感的培养

培养学生的社会责任感是塑造他们成为有担当的社会成员的重要一环。首先，整合社会责任教育课程。开设专门的社会责任教育课程，教授学生社会责任的概念、意义以及如何在个人和专业生活中承担责任。这些课程可以涉及伦理学、社会学、可持续发展等方面的内容。其次，组织社会服务和公益活动。鼓励学生主动参与社会服务和公益活动，如志愿者工作、社区服务项目等。通过实际参与，学生能够更深刻地体会到社会责任的重要性。再次，设立社会责任奖学金或荣誉。创建奖励机制，以表彰在社会责任方面表现突出的学生。这可以激发学生的积极性，推动更多人参与社会责任活动。从次，鼓励跨学科的社会责任项目。推动不同专业的学生合作参与社会责任项目，培养他们在团队中共同承担社会责任的能力。最后，强调实践与反思。让学生在参与社会责任活动后进行反思，思考他们的行为对社会和个人的影响。这有助于培养他们更加深刻的社会责任感。通过这些建议，教育机构可以成功培养学生的社会责任感，使他们在未来的职业生涯中能够更全面地关注社会、环境和公益事业。

六、职业素养与行业认同感

（一）职业素养的培养

培养学生的职业素养是确保他们在职业生涯中成功发展的关键一环。首先，建立职业导师制度。通过为学生分配产业导师，他们可以从导师那里获得实际职业经验、职业道德规范和实用技能的指导。导师可以在学生职业素养的培养中发挥关键作用。其次，注重实践经验。提供实际的实习和项目经验，让学生在真实的工作环境中锻炼职业素养。这可以包括模拟工作场景、参与实际项目以及与企业专业人士合作等。再次，强调职业道德和社交技能。在课程中加入职业道德培训，教授学生在职场中应如何行为和处理职业道德问题。同时，强调沟通、团队合作和人际关系管理等社交技能。从次，组织职业素养培训活动。举办讲座、研讨会和工作坊，以培养学生的职业素养。这可以包括职业规划、面试技巧、职场沟通等方面的培训。最后，强调自我反思和发展计划。鼓励学生通过自我反思来评估自己的职业素养水平，并制订个人发展计划，不断提高自己的职业素养。通过这些建议，教育机构可以成功培养学生的职业素养，使他们在进入职业生涯时具备良好的职业道德、沟通技能和团队协作能力。

（二）行业认同感的建立

帮助学生建立对所学专业和行业的认同感是培养他们职业发展积极性和成功融入行业的重要一环。首先，提供行业导向的课程。设计与行业相关的实际案例、项目和课程，使学生能够直接应用所学知识于实际职业场景。这有助于建立对行业的实际了解和认同。其次，邀请行业专业人士参与教学。将行业专业人士纳入教学团队，让学生能够从实际从业者那里获取经验和见解，增强对行业的认同感。再次，组织行业参观和实地考察。安排学生参观企业、行业展览和相关机构，让他们亲身感受行业氛围，加深对行业的认同。从次，开展行业论坛和讲座。组织行业专家进行论坛和讲座，分享行业动态、趋势和发展方向，帮助学生更好地理解行业，并从中找到自己的定位。最后，建立行业导师制度。为学生分配行业导师，导师可以是行业内资深专业人士，引导学生更好地了解行业文化、规范和期望，帮助他们建立行业认同感。通过这些建议，教育机构可以成功帮助学生建立对所学专业和行业的认同感，使他们更有自信和积极性地投入到未来的职业生涯中。

第四章 职业教育发展现状

第一节 职业教育的定义与特点

一、职业教育的定义

职业教育是一种专门培养学生具备特定职业技能和知识的教育形式。这种教育通常着眼于满足特定行业或职业的需要，使学生能够顺利进入工作岗位并胜任相关工作。

一、职业教育的特点

（一）专业性与实用性

1. 专业性

专业性是职业教育的一个核心特征，强调对特定领域的专业知识和技能的培养。这一特点保证学生在完成职业教育后能够胜任特定职业领域的工作，具有实际操作能力和行业所需的专业素养。职业教育致力于培养学生在特定职业领域内的实际应用能力。专业性的强调确保学生接受的知识和技能直接符合行业标准和需求，使他们能够迅速适应职业生涯。职业教育通过专业性的培养，使学生具备行业所需的专业素养。这有助于满足各行各业对于高素质、具备实际操作技能的人才的需求，提高就业竞争力。专业性使职业教育更具有明确的职业导向。学生在专业领域内接受的培训使他们更容易找到职业方向，明确个人发展目标，并更好地规划职业生涯。专业性培养的学生更容易得到行业的认可。他们通过学校提供的专业课程和实践培训，能够展示出对特定领域的深刻理解和熟练技能，增加在职场上的信任度。专业性培养出的学生更容易进行持续学习和专业发展。由于其深厚的专业基础，他们能够更顺利地适应行业变革和新技术的发展。总体而言，专业性是职业教育成功的关键因素，保证学生具备在特定职业领域内取得成功所需的知识和技能。这种专业性的培养使职业教育更具实效性，为学生的职业发展奠定坚实的基础。

2. 实用性

职业教育的实用性是其与一般学科的显著区别之一。实用性强调学生不仅要掌握理论知识，更要具备能够直接应用于工作场景的实际技能。职业教育强调学生通过实践性的学习，直接接触和解决他们未来职业领域中可能遇到的问题。这种职业导向的实践有助于学生更好地理解并应用所学的知识。职业教育的实用性使学生能够在学习过程中直接应用所获得的技能和知识。这种直接应用能够提高学生在职场上的表现，使他们更快速地适应实际工作环境。实用性强调培养学生的实际技能，而不仅仅是理论知识。这包括各种职业领域所需的实际操作技能，如技术技能、沟通技能、团队合作等。实用性要求学校的课程内容和教学方法与行业标准和需求相符。这有助于确保学生毕业后能够顺利适应职业环境，并快速成为行业内的专业人士。实用性培养的学生更具备职业准备能力。他们在学习过程中已经接触到与实际工作相关的情境，使他们能够更从容地迎接毕业后的职业挑战。总体而言，职业教育的实用性使其更加贴近职业需求，强调学生在学校里不仅要获取知识，更要具备实际操作的能力。这种实用性的教育模式有助于提高学生在职场上的竞争力，使他们更好地为职业生涯做好准备。

（二）适应市场需求

1. 市场导向

市场导向是职业教育的重要特征，它确保教育体系与市场需求和行业发展保持紧密关联。市场导向使职业教育能够灵活调整课程内容，以应对不断变化的市场需求。学校可以及时了解行业的新兴趋势和技术进展，调整教学计划，确保学生学到的是最新的、最实用的知识。职业教育通过市场导向，建立与行业的紧密联系和合作。这种合作不仅使学校更好地了解行业需求，还为学生提供实际项目、实习机会，增加他们在职场上的实践经验。市场导向使得职业教育更加关注学生的就业竞争力。通过调整课程内容，强调实际技能和行业相关的素养，学生更容易满足用人单位的需求，提高就业竞争力。由于市场导向，职业教育更容易得到行业的认可。学生毕业后能够更顺利地融入职场，因为他们已经接受了符合市场标准的培训和教育。职业教育的市场导向使学校更能预测就业市场的需求，为学生提供更有针对性的培训。这有助于提高学生的就业率，使他们更容易找到符合专业背景的工作机会。总体而言，市场导向使职业教育更贴近实际职业需求，使学生能够更好地适应职场环境。这种导向性有助于提高学生的职业素养，使他们更容易在毕业后成功就业。

2. 职业规划

职业规划是职业教育中至关重要的一环。它不仅仅关乎技能的培养，更涉及到学生个体的职业发展方向。在这个过程中，学生需要深入了解自己的兴趣、价值观以及优势，以便更好地选择适合自己的职业道路。通过系统的职业规划指导，学生能够明确职业目标，制订可行的职业发展计划，并为将来的职场生涯做好充分准备。

职业规划的第一步是自我认知，学生需要认真思考自己的兴趣爱好、特长和价值观念，以便找到与之契合的职业方向。其次，了解职业市场的需求和趋势也是至关重要的，这有助于学生在选择职业时考虑到就业的实际情况。在指导过程中，专业的辅导员和职业规划师将起到重要作用，他们可以结合学生的个体情况提供有针对性的建议，引导其更好地理解和规划自己的职业生涯。

另外，职业规划也需要考虑到长期发展。学生需要思考职业生涯的阶段性目标，并制订相应的学习和发展计划。这可能包括进修学位、参与实习项目、积累工作经验等方面。通过职业规划，学生能够更有针对性地提升自己的竞争力，为未来的职场挑战做好准备。综上所述，职业规划在职业教育中扮演着重要的角色，它不仅关系到个体的职业选择，更是一个全面发展的过程，为学生打下坚实的职业基础。

（三）多样性与灵活性

1. 多样性

多样性是职业教育的一大特点，它覆盖了广泛的领域和行业，以满足学生多样化的兴趣和需求。职业教育并非局限于特定领域，而是包括技术、医疗、商业、工程等多个方向，为学生提供了丰富的选择。在技术领域，职业教育可以涵盖计算机科学、信息技术、电子工程等多个专业方向。这有助于培养学生在快速发展的科技行业中找到适应自己兴趣和能力的岗位。医疗领域是另一个多样性的方面，涵盖了护理、医学助理、医疗技术等多个职业选择。这不仅为学生提供了投身医疗行业的机会，也让他们可以选择适合自己的具体领域。商业领域则包括会计、市场营销、人力资源管理等多个专业方向，满足了对商业和管理方面感兴趣的学生的需求。工程领域也是职业教育的重要组成部分，涵盖了机械工程、电气工程、土木工程等多个领域，为对工程技术感兴趣的学生提供了广泛的选择。这种多样性有助于学生在职业教育中找到符合自己兴趣和职业目标的方向，促使他们更全面地发展自己的技能，为未来的职业生涯做好准备。

2. 灵活性

灵活性是职业教育的一项重要特征，它允许学生通过多种方式获取知识和技能，以更好地适应个体差异和学习需求。这种灵活性体现在培训模式、学习途径和教学资源的多样性上。首先，职业教育采用多样的培训模式，包括传统的课堂教学、实践实习、工作坊等。这种多元化的教学方式有助于满足不同学生的学习风格和需要，让他们更好地理解和掌握所学内容。其次，随着科技的发展，职业教育越来越注重在线学习，通过互联网提供各种课程和培训。这使得学生可以更加灵活地安排学习时间，充分利用在线资源进行自主学习，同时降低了地理和时间上的限制。另外，职业教育也倡导个性化学习路径，根据学生的兴趣、能力和职业目标提供个性化的学习计划。这有助于每位学生在自己的学习速度和方式上找到最适合自己的模式，提高学习效果。总体而言，职业教育的灵活性为学生提供了更多的选择和机会，使他们能够根据自己的情况和偏好进行学习，更好地迎接职业挑战。这种个性化和多样化的教育方式有助于培养学生的创新能力和适应能力，使他们更好地适应不断变化的职业环境。

（四）产业融合与实践导向

1. 产业融合

产业融合是现代职业教育的一个关键趋势，强调将学校教育与实际产业需求相结合。这种融合通过与企业的密切合作、实习项目等方式实现，旨在确保学生在毕业后能够顺利适应真实的工作环境。

首先，与企业的合作是产业融合的核心。职业教育机构与各行各业的企业建立紧密的合作关系，确保课程设置和教学内容与行业需求紧密匹配。这种合作不仅有助于及时了解行业发展趋势，还为学生提供了更实际的学习体验。

其次，实习成为产业融合中的重要环节。通过实习，学生能够在真实的工作环境中应用所学知识和技能，增强他们的实践经验。这种直接参与产业实践的机会不仅帮助学生更好地理解职业要求，还为他们建立起职业网络，提升就业竞争力。

产业融合还促进了教育内容的更新和创新。与产业的深度合作可以使教育机构更灵活地调整课程，引入最新的行业技术和趋势，确保学生毕业时具备最为实用的专业知识和技能。

总体而言，产业融合使职业教育更加贴近实际职场需求，为学生提供了更好的就业前景。通过紧密与企业合作和实践机会的提供，学生能够更好地迎接职业挑战，为自己的职业生涯打下坚实基础。

2. 实践导向

实践导向是职业教育的一项重要理念，着重于通过实际项目、实习等活动，将学生所学知识直接应用于实际工作场景，以提高他们的实际操作能力。首先，实践导向注重将理论知识与实际工作相结合。通过实际项目，学生能够在真实的情境中应用所学概念和技能，加深对理论知识的理解，并培养解决实际问题的能力。这有助于缩小理论与实践之间的鸿沟，使学生更好地应对职业生涯中的各种挑战。其次，实习成为实践导向的重要手段。通过实习，学生有机会在真实的工作环境中参与项目，与专业人士互动，学习行业内的最佳实践。这种实际参与不仅为学生提供了宝贵的经验，还帮助他们创建职业网络，为将来的就业奠定基础。实践导向也促进了问题解决和创新思维的培养。通过面对实际挑战，学生被激励去思考解决问题的方法，并培养了在复杂环境中灵活应对的能力。这种实践中的思考和创新有助于培养学生的实际操作技能，使他们更具竞争力。总的来说，实践导向的职业教育强调将学习与实际应用相结合，以培养学生在职业领域中具备丰富实践经验和实际操作能力。这种教育模式更符合现代职场对人才的需求，使学生更好地适应职业生涯中的各种挑战。

（五）终身学习与职业发展

1. 终身学习观念

终身学习观念是职业教育的核心理念之一，旨在培养学生具备不断学习和适应的意识，以更好地面对职业领域的发展和变化。首先，职业教育通过课程设置和教学方法强调学习的连续性。学生被鼓励不仅在校期间学习专业知识，更要具备自主学习的能力，时刻关注行业的最新动态。这种习惯将在工作后延续，使其能够及时了解新技术、新趋势，并做好随时更新知识的准备。其次，职业教育通过实践导向的教学方法培养学生解决问题的能力。这种能力在不同阶段都需要不断发展和提升，因为职业领域的需求会随着时间而变化。培养学生具备主动学习的态度，他们将更容易适应职业生涯中的各种挑战，终身学习观念也体现在个人职业规划的过程中。学生在职业规划中被教导要考虑长期发展，并随时准备接受新的学习和培训机会。这种积极的职业规划促使学生将学习融入整个职业生涯的不同阶段，形成持续进步的动力。总的来说，终身学习观念是职业教育的一个重要目标，它不仅关乎学生在校期间的学习态度，更关系到他们在职业生涯中的成功与否。通过培养学生对终身学习的认识和实践，职业教育致力于打造更具竞争力和适应性的人才。

2. 职业发展支持

职业发展支持是职业教育的重要组成部分，旨在为学生提供全面的帮助，帮助他们更好地规划和实现职业目标。这种支持包括但不限于就业服务、职业咨询等方面。首先，就业服务是职业发展支持的一项重要措施。学校通常设有专门的就业服务机构，负责提供招聘信息、职业介绍、简历指导等服务。这有助于学生更全面地了解职业市场，找到符合自己兴趣和专业的工作机会。其次，职业咨询起到关键的作用。专业的职业咨询师能够帮助学生深入了解自己的兴趣、价值观和职业目标，提供个性化的职业建议。通过与学生的互动，咨询师还能够发现学生可能未意识到的职业发展机会，为其未来的职业生涯做出更明智的选择。此外，职业发展支持还可以包括技能培训和职业规划课程。这些课程旨在提升学生的职业竞争力，教授求职技巧、面试技巧等，以更好地帮助他们进入职业生涯。总体而言，职业发展支持是职业教育的一项关键服务，它不仅关注学生在校期间的学业表现，更注重帮助他们成功过渡到职场。通过提供全方位的支持，学校致力于培养具有终身学习观念的学生，使他们能够在职业生涯中不断发展并取得成功。

第二节　国内外职业教育的发展趋势

一、全球化与技术变革

（一）国际化的合作与跨文化能力的培养

在这个全球化的时代，国际化的合作与跨文化能力的培养成为职业教育中的重要方向。通过积极推动国际化合作项目，职业教育可以为学生提供更丰富的学习和发展机会，培养跨文化沟通和合作能力。首先，双学位计划是国际化合作的一种形式，通过与国外高校合作，学生有机会获得两个学位，扩展了他们的学科广度和深度。这不仅对个体学生的成长有益，也促进了国际教育资源的共享与交流。其次，国际交流项目是培养跨文化能力的重要途径。学生有机会到其他国家学习，亲身体验不同文化，增强他们的国际视野和跨文化沟通技能。这样的经历有助于培养学生适应多元文化环境的能力，提高他们在国际职场中的竞争力。国际化合作项目还为学生提供了更广泛的实习和就业机会。通过参与跨国公司或国际性组织的实习，学生能够了解不同国家的职业文化和工作方式，锻炼适应不同环境的能力。这对于未来进入全球职场的学生而言，是一种宝贵的经验和优势。

总的来说，国际化的合作与跨文化能力的培养不仅拓展了学生的国际视野，也使其更具竞争力和适应力。这种全球化的职业教育模式有助于培养具备全球背景和跨文化能力的人才，更好地满足企业和社会对于国际化人才的需求。

（二）信息技术的融入与灵活化学习

信息技术的融入对职业教育产生了深远的影响，促使教育机构更加注重灵活化学习和适应技术变革的能力。首先，在线学习成为职业教育的一种重要形式。通过整合在线资源，学生可以随时随地获取学习材料，进行自主学习。这种灵活性使得学生更能根据自己的节奏和兴趣进行学习，提高了学习效率和质量。其次，虚拟实验室等技术手段为实践性学科提供了更多可能性。学生可以通过模拟实验等方式进行实践，不受时间和地点的限制。这为职业教育提供了更加真实和全面的学习体验，提高了学生的实际操作能力。灵活的学习方式也更好地适应了学生分布的多样性。全球范围内的学生可以通过在线学习平台参与课程，跨足国界，获取来自不同文化和背景的学习体验。这种国际化的学习环境有助于培养学生的全球视野和跨文化交流能力。然而，教育者需要不断更新教学内容以跟上技术的变革。紧跟行业发展趋势，及时更新教学内容，保证学生毕业时具备最新的职业技能，是信息技术时代职业教育的一项重要挑战。总的来说，信息技术的融入为职业教育提供了更多可能性，使学习更加灵活、全球化，并强调了实践性和实用性，为学生更好地适应职场需要奠定了基础。

（三）软技能的强化与综合素质的培养

软技能的强化与综合素质的培养在全球化职业环境中显得尤为关键。职业教育应致力于培养学生的综合素质，以应对团队协作、沟通等软技能在职场中的日益重要的需求。首先，创造力是综合素质中的重要组成部分。职业教育可以通过项目式学习、实践项目等方式激发学生的创造性思维。培养学生解决问题的能力，使其在面对复杂的职业挑战时能够提出创新性的解决方案。其次，强调领导力的培养有助于塑造学生的团队协作能力。通过项目团队合作、模拟领导经验等实践，学生能够更好地理解领导力的重要性，培养协调和引导团队的能力。此外，沟通能力也是软技能中的重要一环。职业教育可以通过演讲课程、模拟面试等方式提高学生的口头表达和书面沟通能力。这有助于学生更好地与他人合作、交流，并在职场中更加顺利地展现自己的观点。强化软技能的培养有助于使学生更全面、更具适应性，能够在职业生涯中更好地融入多元化的团队和跨文化环境。在全球范围内，注重软技能的综合素质培养使学生更容易在职场中找到和谐融入的机会，为他们的职业发展奠定了坚实的基础。

二、行业对接与实践导向

（一）产业导向的课程设计与灵活适应市场需求

产业导向的课程设计是确保职业教育与市场需求紧密对接的重要手段。这种设计需要不断关注并适应行业的发展趋势，以确保学生毕业时具备符合市场需求的实际能力和技能。首先，定期评估市场需求是产业导向课程设计的基础。教育机构应该与相关行业、企业保持密切联系，了解当前和未来的用人需求。通过市场调研、行业咨询等手段，及时获取行业动态，以便更好地调整课程设置，保证教育内容符合实际用人需求。其次，课程设计需要灵活适应市场需求的变化。随着科技和产业的不断发展，市场需求也在不断变化。因此，课程设计应该具有一定的灵活性，能够迅速调整课程内容，引入最新的技术和知识，确保学生毕业时具备最新的职业技能。灵活适应市场需求的课程设计有助于培养更具有实际竞争力的人才。学生在学习过程中能够接触到最新的行业趋势和技术，使他们更容易适应职场的快速变化，提高就业竞争力。总体而言，产业导向的课程设计与灵活适应市场需求密切相关，它不仅能够更好地满足企业用人需求，也有助于培养更具有创新能力和适应性的职业人才。这种紧密对接市场的教育模式有助于提升职业教育的实用性和就业率。

（二）企业合作项目与实习机会的提供

与企业建立合作项目以及提供实习机会是职业教育的重要举措，可以极大地丰富学生的实践经验，提升他们在职业领域中的竞争力。首先，实习项目是企业合作中的重要环节。通过与企业合作，学校可以为学生提供有针对性的实习机会，使他们能够在真实的工作环境中应用所学知识。这不仅帮助学生更好地理解专业理论，还培养了他们在实际工作中解决问题的能力。其次，毕业设计和研究合作也是企业合作项目的一部分。学生通过参与企业实际项目的研究，可以将学术知识与实际应用相结合，提高他们的综合素质。与企业的研究合作还有助于学生深入了解行业的最新发展趋势，为未来的职业发展提供更有深度的经验。企业合作项目为学生提供了更广泛的职业网络。通过与企业合作，学生能够建立起与业界专业人士的联系，了解职业领域的最新动态，获取行业内的资源和机会。这对于学生的职业发展提供了重要的支持。总体而言，通过与企业建立合作项目，职业教育不仅能够更好地满足行业需要，还为学生提供了更实际、更深入的学习和实践机会。这种密切联系产业的教育模式有助于培养更具实际操作能力和实际工作经验的职业人才。

（三）行业专业人士的参与与教学

行业专业人士在教学中的参与确实是一种非常切实可行的方法。他们的经验和见解可以为学生提供实际的行业洞察力。首先，邀请行业专家担任讲师是一种直接的方式，通过他们的讲解，学生可以直观地感受到行业内的专业术语、实际应用和最新趋势。这不仅有助于理论知识的实际运用，也使学生更容易将所学内容与实际工作场景联系起来。其次，专业人士的参与还可以扩展到课程设计的过程中。他们能够提供关于实际工作项目的建议，使课程更加贴近实际需求。这种实战性的课程设计不仅培养了学生的实际操作能力，也增加了他们在职场上的竞争力。通过与专业人士合作，学生可以更好地理解并适应行业的发展动态。最后，行业专业人士可以通过提供实际案例来丰富教学内容。这些案例可以是他们亲身经历的挑战和解决方案，为学生提供了一个更加贴近实际的学习环境。通过分析和讨论这些案例，学生不仅能够理解理论知识，还能够培养解决实际问题的能力，这对他们未来的职业发展至关重要。总的来说，行业专业人士的参与为教学提供了更丰富的资源，使学生能够更好地准备面对职业生涯中的各种挑战。通过与专业人士的互动，学生不仅能够获取知识，还能够培养实际应用能力，为他们的未来职业道路打下坚实的基础。

（四）职业发展辅导与行业对接服务

职业发展辅导和行业对接服务在学生职业规划中发挥着至关重要的作用。首先，职业规划是帮助学生明确个人发展目标和职业方向的重要环节。通过提供个性化的职业规划辅导，学校可以帮助学生了解自己的兴趣、技能和价值观，并将其与不同行业的需求进行匹配。这有助于学生更明智地选择适合自己的职业路径，提升就业的成功率。其次，就业指导是职业发展过程中的关键环节。学校可以通过提供简历写作、面试技巧等方面的培训，帮助学生提升求职竞争力。同时，通过模拟面试和实际案例分析，学生可以更好地应对职场挑战。这种个性化的辅导和指导有助于学生更好地适应职业市场的变化。最后，行业对接服务是将学生与实际职业领域连接起来的桥梁。学校可以组织行业专场招聘、企业参访等活动，让学生有机会直接与行业内的专业人士和企业代表互动。这不仅为学生提供了了解实际工作环境的机会，还为他们创造了与潜在雇主建立联系的平台。通过这种方式，学生能够更早地建立起职业网络，增加找到理想工作的机会。总体而言，职业发展辅导和行业对接服务是学校为学生提供全方位支持的一部分。通过这些服务，学生能够更好地规划自己的职业生涯，提高就业竞争力，并更顺利地步入理想的职业领域。

三、政策支持与体制改革

（一）战略规划与政策框架

各国政府通过制定长期战略规划和政策框架来引领和推动职业教育的发展。这些框架通常是为了确保职业教育系统紧密与未来劳动市场需求和经济发展保持一致。成熟的政策框架通常会包括对未来劳动市场的需求进行详尽的分析。这可能涉及与行业和企业的密切合作，以了解新技能的兴起、劳动力短缺的领域等。这有助于政府制定职业教育课程和培训项目，使学生在毕业后能够迅速适应市场需求。政府通常鼓励职业教育机构与行业建立紧密联系。这可以通过制定政策来鼓励企业提供实习、合作培训项目，确保学生在实践中获得实际的技能和经验。同时，政府也可能提供激励措施，鼓励企业积极参与职业教育。长期规划通常倡导灵活的课程和培训模式，以适应快速变化的经济环境。这可能包括推动在线学习、模块化课程设计以及不断更新课程内容，以确保学生毕业后的技能仍然具有市场竞争力。一些政策框架还强调为学生提供职业生涯规划和辅导服务，以帮助他们更好地了解自己的兴趣和优势，并选择符合市场需要的职业路径。这可以通过学校内部的职业咨询服务或与职业导向组织的合作来实现。政府可能倡导终身学习的理念，鼓励成年人在工作中继续接受培训和教育，以适应不断变化的职业需求。这可能涉及到制定政策以支持职业人士的继续教育，包括财政激励和灵活的学习方式。总体而言，成功的政策框架通常是综合性的，涵盖了从学生培训到职业发展的各个方面，并考虑了经济发展和劳动市场的动态变化。这有助于保证职业教育系统能够不断适应并满足社会的需求。

（二）财政支持与资源投入

财政支持与资源投入在职业教育中起着至关重要的作用。首先，政府应当增加对职业学校设施的投入。通过建设现代化、安全、设备齐全的学校环境，学生能够在更好的条件下接受职业教育，提高其学习效果。这包括修缮校舍、建设实践基地等方面的支持。其次，对教学设备的投资也是不可忽视的。职业教育往往需要更多的实践性教学，因此，政府应当提供足够的经费购置先进的教学设备，以满足不同职业领域的需求。这可以通过设立专项经费或者采取税收优惠等方式来实现。最重要的是对师资的经费投入。培养高素质的教师队伍对于职业教育的质量至关重要。政府可以通过提升教师的薪酬水平、提供进修培训机会等方式，吸引和留住优秀的职业教育教师。此外，还可以设立奖励机制，鼓励教师在实践中不断创新，提高教学水平。为了确保资源的公平分配，政府需要进行分层次的分析。这意味着要根据不同职业领域的需求和学校的规模等因素，有针对性地进行资源的分配。在分配经费时，应当优先考虑那些职业教育需求较大、学生规模较大的学校，以确保每个层次的职业教育都能够获得足够的支持。综上所述，政府通过财政手段对职业教育进行支持和资源投入，不仅有助于提高教育质量，还能够促进社会经济的可持续发展。

（三）产业对接和就业政策

政府在制定政策时，需要密切结合产业需求，以促使职业教育与产业对接，确保培养的人才更符合市场需求。首先，政府可以通过与行业协会、企业建立密切的合作关系，开展调研，了解当前和未来的产业需求。这有助于调整职业教育的课程设置，使之更加贴近实际工作需求。为了激励企业提供实习、培训和就业机会，一些国家采取了多种激励措施。其中之一是提供税收优惠，鼓励企业参与职业教育。通过减免企业在培训方面的税负，可以刺激更多企业愿意参与学生实习和培训计划。此外，一些国家还设立了专门的奖励基金，对那些在职业教育领域做出卓越贡献的企业给予奖励，以提高企业的积极性。另外，政府还可以制定相关法规，鼓励企业与职业学校建立合作关系。这可以包括为企业提供招聘和培训补贴，推动企业与学校合作开展实践项目，共同培养适应市场需求的人才。政府还可以设立就业保障基金，为毕业生提供更多的就业机会，鼓励企业招聘新人。总体而言，政府在职业教育和产业对接方面的政策制定需要多方合作，形成联动机制。通过建立紧密的合作关系、提供激励措施，可以促使职业教育更好地适应市场需要，为学生提供更好的就业机会。

（四）课程设置与灵活性

政府在职业教育的课程设置上扮演着重要的角色，通过相应的政策干预，可以确保课程更具实用性和适应性。首先，政府可以制定相关法规和指导文件，明确职业教育的总体目标和方向。这有助于指导学校在课程设置上更好地符合社会和行业需求。为了提高课程的实用性，政府可以鼓励学校与企业、行业协会等建立合作关系。这种合作可以包括共同制定课程大纲、提供实际案例和项目，确保学生在学习过程中能够接触到真实的职场环境和问题。政府可以通过提供资金支持、奖励机制等方式，激励学校积极与企业进行合作，确保课程内容贴近实际工作需求。为了提高课程的适应性，政府可以制定弹性的课程设置政策，允许学校根据地方和行业需求进行调整。这可能包括在一定范围内自主设定课程内容、引入新的专业或方向等。政府可以提供一定的自主权，同时建立监测和评估机制，确保课程调整不偏离职业教育的总体目标。此外，政府还可以建立专门的评估机构，定期对各个学校的课程设置进行评估，确保其符合一定的质量标准和行业需求。评估结果可以作为政府决策的参考，也可以通过奖励制度激励学校提高课程质量和适应性。在总体上，政府的政策应当鼓励职业学校通过合作、弹性的课程设置等方式，保证其课程更具实用性和适应性，能够更好地满足社会和行业的需求。

（五）师资培训和激励机制

政府在提高职业教育师资培训水平方面可以通过体制改革来实现。首先，政府可以建立健全的培训体系，包括提供系统化的培训课程、引入新的教学方法和技术，以及鼓励教师参与学科研究和实践活动。培训内容应当贴近行业发展和实际工作需求，以提高教师的实践水平。

政府还可以通过设立专项经费支持师资培训。这可以包括提供培训机构、研究机构的合作项目，为教师提供进修和深造的机会。经费投入不仅可以用于培训课程的开发和实施，还可以鼓励教师参与国内外学术交流，拓宽视野。

为了激励高水平从业人员从事职业教育，政府可以建立奖励机制。这包括提供额外的薪酬福利，设立职业教育杰出教师奖，以及给予在实际工作中取得显著成就的教师一定的荣誉和晋升机会。这种奖励机制有助于提高职业教育师资队伍的整体水平，并吸引更多优秀的从业人员加入职业教育领域。

另外，政府还可以建立定期评估和考核机制，将教师的培训水平和实际教学效果纳入考核范围，以确保培训取得实际成效。这有助于保持师资队伍的活力和竞争力。在整体上，通过体制改革、经费投入和奖励机制等手段，政府可以提高职业教育师资的培训水平，吸引和留住高水平的从业人员，从而提升职业教育的整体质量。

（六）质量保障与评估机制

各国政府在建立质量保障体系方面通常采取一系列措施，以确保职业教育机构达到一定的标准。首先，政府可以通过设立专门的质量监管机构或部门，负责监督和评估职业教育机构的运作和教学质量。这些机构通常负责制定相关的标准和指南，以确保学校的设施、教学过程、师资力量等方面都符合一定的质量标准。评估机制通常是综合考虑多个方面的指标，以全面了解职业教育机构的综合素质。其中学生就业率是一个重要的指标之一。政府可以通过跟踪毕业生的就业情况，评估学校的教学效果和培养质量。高就业率通常被认为是一所职业教育机构成功的标志，因为它意味着学校的培训与市场需要相符合。除了就业率，教学质量也是评估的重要方面。这包括课程设置是否符合行业需求、师资队伍的水平、教学设备的现代化程度等。政府可以通过定期的教学质量评估、校外专家评审等手段，确保职业教育机构的教学水平得到有效监控和提升。另外，政府还可以采取学科竞赛、实际项目评估等方式，以更全面地评估学校的培养效果。这有助于确保学生在学业上取得实际成果，具备实际工作所需的技能和知识。总体而言，综合考虑学生就业率、教学质量等方面的指标，创建完善的评估机制，是确保职业教育机构质量的重要手段。这有助于保证职业教育系统与市场需求相适应，为学生提供更好的培训和就业机会。

四、技术创新与在线学习

（一）跨学科教学方法的多样性

跨学科教学方法的多样性为学生提供了丰富的学习体验。首先，项目式学习强调通过实际项目来整合各学科知识。学生在项目中需要运用不同学科的概念和技能，解决真实世界的问题。这种方法有助于培养学生的实际应用能力和团队协作精神，适用于强调实践和应用的学科领域。其次，问题驱动学习注重通过提出挑战性问题激发学生的学习兴趣。学生通过解决问题，涉及到多个学科的知识。这种方法能够激发学生的探究欲望，培养问题解决的能力，适用于培养学生的批判性思维和创新能力。另外，案例分析是一种通过深入分析实际案例来学习跨学科知识的方法。通过案例分析，学生可以理解和应用多个学科的理论和概念，培养综合分析和判断能力。这种方法适用于涉及伦理、管理、科技等多个方面的学科领域。结合多种方法可以创造更丰富的学习体验。例如，可以通过项目式学习提供实践机会，问题驱动学习激发学生主动思考，而案例分析则为学生提供具体案例以及相关理论的深入解析。通过交叉运用这些方法，学生不仅可以在实践中应用知识，还能够通过问题解决和案例分析深入理解学科内涵。总体而言，跨学科教学方法的多样性为学生提供了更为全面的学习体验。选择和结合不同方法，结合具体学科和教学目标，有助于培养学生的综合能力和全面素养。

（二）项目式学习的实施与效果

项目式学习在跨学科环境中的实施能够显著促使学生通过实际项目解决问题，并产生多方面的积极效果。首先，项目式学习激发了学生的兴趣和主动性。通过参与实际项目，学生更容易看到知识的实际运用和意义。这种实践性的学习方式能够调动学生的学习积极性，使他们更加关注问题的解决和项目的完成。其次，项目式学习提升了学生的问题解决能力。在实际项目中，学生面临的问题往往是复杂而真实的，需要综合运用不同学科的知识和技能进行解决。这锻炼了学生的批判性思维、创新性思考和解决问题的能力。团队协作也是项目式学习的一大亮点。因为项目通常需要多个学科领域的专业知识，学生需要协作完成任务。这提高了学生的团队协作能力、沟通技巧和组织协调能力，培养了团队合作的意识。在项目式学习中，学生的参与程度通常较高。因为项目通常涉及到实际问题和任务，学生更容易投入到解决问题的过程中，这有助于激发学生对学科的兴趣，并提高他们的学科学习动力。评估项目式学习的效果可以通过学生的项目成果、问题解决方案的创新性、团队合作表现等多个方面进行。此外，学生的自我评价和反思也是评估的重要参考。通过对这些方面的全面评估，可以更准确地了解项目式学习对学生的影响和效果。综合来看，项目式学习在跨学科环境中不仅能够激发学生的学习兴趣，提高问题解决能力，还有助于培养团队协作精神。这种学习方式为学生提供了更贴近实际需求的学科体验，对于培养综合素质和实际能力具有显著的推动作用。

（三）团队合作与协同学习

团队合作在跨学科教学中扮演着至关重要的角色，它不仅促进了学生的协同学习和交流，还培养了一系列重要的能力。首先，团队合作明确了学生的角色扮演和分工。在一个跨学科的项目中，学生可能来自不同专业背景，具备不同的技能和知识。通过团队合作，学生可以在团队中扮演不同的角色，充分发挥自己的优势，实现分工合作。这不仅有助于项目的顺利进行，还能够提高学生对多学科合作的理解。其次，团队合作强调了学生的沟通技能。在一个团队中，学生需要与团队成员进行密切的沟通，交流各自的想法和观点。这有助于培养学生的表达能力、倾听能力以及协商解决问题的能力。这些沟通技能对于跨学科合作至关重要，因为团队成员往往具有不同的专业术语和思维方式。此外，团队合作培养了学生解决问题的能力。在一个跨学科团队中，学生可能面临来自不同学科的问题，需要综合运用各种知识和技能来解决。通过共同思考、讨论和协同努力，学生能够更好地应对复杂的问题，培养解决问题的能力。团队合作的效果可以通过项目成果、团队合作的顺利程度、学生的反馈等方面进行评估。学生在团队合作中的积极参与、有效沟通以及问题解决的能力都是评估的重要指标。通过对这些方面的评估，可以更全面地了解团队合作对学生的影响和协同学习的效果。总体而言，团队合作在跨学科教学中发挥了关键作用，促进了学生的协同学习和交流。通过角色扮演、沟通技能和问题解决的培养，团队合作为学生提供了更丰富的学习体验，有助于培养学生面对复杂问题时的综合能力。

（四）问题驱动学习与批判性思维

问题驱动学习是一种强调通过提出挑战性问题来引导学生学习的方法，它在培养学生批判性思维方面发挥了重要作用。首先，问题驱动学习通过引导学生思考挑战性问题，激发了学生的主动性和好奇心。学生在面对真实、复杂的问题时，需要深入思考和主动寻求解决方案。这有助于培养学生主动学习和主动解决问题的能力，进而促进批判性思维的发展。其次，问题驱动学习鼓励学生运用不同学科的知识来解决问题。由于问题通常涉及多个方面，学生需要综合运用来自不同学科的知识和技能。这种跨学科的综合性学习有助于培养学生对多学科知识的理解和应用，促使他们形成更为全面的思考方式。在解决实际问题时，学生常常需要提出假设、分析证据、进行推理等一系列批判性思考的步骤。问题驱动学习强调问题解决过程中的思辨性和批判性，培养学生对信息的分析和评估能力。这种能力对于学生未来面对复杂问题、做出明智决策具有重要意义。学生在问题驱动学习中的表现可以通过他们对问题的深入思考、提出的解决方案的合理性以及对自身学习过程的反思来进行评估。学生在解决实际问题时，能够展示出的批判性思维水平和对多学科知识的整合运用，是评估问题驱动学习效果的关键指标。综合来看，问题驱动学习通过引导学生深入思考、培养批判性思维，为学生提供了更具挑战性和实际意义的学习体验。通过解决问题的过程，学生不仅学到了知识，更培养了解决实际问题的能力和综合思考的素养。

五、社会需求与终身学习

社会需求的变化是职业教育发展中的一项重要挑战。随着科技的不断进步和全球化的加深，职业领域的需要也在不断演变。因此，职业教育需要紧密关注社会的变化，及时调整课程内容和教学方法，以培养适应未来职场的人才。终身学习理念在这一背景下显得尤为重要。传统的职业教育模式可能不能满足一个人整个职业生涯的需求，所以，倡导并实施终身学习的理念对于培养适应性强、持续学习的职业人才至关重要。这可以通过建立灵活的学习体系，包括在线教育、远程培训等方式，为人们提供随时随地的学习机会。国内外对于终身学习的推动也需要更多的合作与交流。通过国际合作，可以分享各国在职业教育方面的经验和最佳实践，共同探讨应对未来社会需求变化的策略。这种跨文化的交流不仅有助于提升本国职业教育水平，也有助于培养具有国际视野的人才。总体而言，职业教育需要紧跟社会需求的变化，注重培养具备终身学习能力的人才。这不仅需要国内教育体系的改革和创新，还需要国际层面的合作与交流，以共同推动职业教育的可持续发展。

第三节　当前存在的问题与挑战

一、当前存在的问题

（一）社会认知和偏见

社会对职业教育的边缘化往往源于一些深层的社会认知和偏见。首先，一些人可能持有传统的观念，认为学术教育是唯一重要的教育形式，而职业教育则被视为次要选择。这种观念可能来自于历史上对于职业教育的误解，认为它只是为特定行业培养工人而非全面发展个体能力的途径。偏见的存在也可能源于职业教育学校在社会地位上的差异。有些社会可能更倾向于推崇学术型学校，将其视为培养精英的摇篮，而对职业教育学校持有较低的社会评价。这种差异在资源分配上表现得尤为突出，导致职业教育学校在师资力量、设施设备等方面相对不足。改变这种偏见需要采取多层次的策略。首先，需要加强对职业教育价值的宣传和教育。明确指出职业教育不仅仅是为特定行业培养人才，更是培养学生实际应用能力、职场技能以及解决实际问题的能力的重要途径。其次，对职业教育学校进行资源的平等分配是关键。保证这些学校有足够的资金、先进的设备和高质量的师资，以提高其教育质量和社会地位。通过这样的努力，可以打破职业教育在资源上的劣势，提升其吸引力和竞争力。最后，培养社会对于多元教育形式的认同感也是至关重要的。促进教育观念的更新，使社会更加理解和尊重不同形式的教育，有助于转变对职业教育的偏见，使其在社会中得到更为公正的对待。

（二）官僚化和刚性体制

官僚化和刚性体制对职业教育机构确实带来了一系列问题。首先，官僚化的行政程序可能导致决策过程变得缓慢而繁琐。由于需要经过层层审批，课程调整和更新可能需要花费大量的时间，这使得教育机构难以及时响应市场上对新技能的迅速变化需求。其次，过于刚性的体制使得教育机构难以灵活地调整教学内容和方法。教育体制如果过于僵化，可能导致课程过时，无法适应快速变化的市场环境。这种刚性体制还可能限制教师的创新和灵活性，阻碍了他们结合实际需要进行教学方法的调整和创新。这些问题直接影响到学生的就业竞争力。在现代社会，新兴行业和职业不断涌现，对于新技能的需求也在不断变化。如果职业教育机构无法迅速调整课程，培养学生具备市场需要的最新技能，那么学生很可能在就业市场上失去竞争力。所以，解决官僚化和刚性体制带来的问题对于提高职业教育质量至关重要。需要建立更灵活、高效的行政程序，同时鼓励教育机构采用更灵活的体制，以便更好地适应市场的变化，保证学生能够具备符合就业市场需求的实际技能。

二、当前面临的挑战

（一）滞后的课程

滞后的课程确实是一个影响职业教育质量的重要问题。由于科技和市场的快速发展，一些职业教育课程未必能够及时更新，使得学生在毕业后可能掌握的是过时的知识和技能。这种滞后主要有几个原因。首先，课程更新可能需要花费大量的时间和资源。官僚体制和繁琐的行政程序可能成为制约课程更新的重要因素，使得教育机构在适应新技术和市场趋势方面显得迟缓。其次，教育机构和教师可能面临更新自己专业知识和教学方法的挑战。有些老师可能需要通过培训来适应新的技术和趋势，而这也需要时间和资源。解决这一问题的关键在于建立更加灵活和高效的课程更新机制。这包括简化行政程序、鼓励教师参与持续专业发展以保持教学水平、建立与行业合作的机制，确保课程内容能够反映实际行业的最新需求。只有这样，职业教育才能更好地满足学生和社会对实用技能的需求。

（二）缺乏与企业的深度合作

缺乏与企业的深度合作确实是职业教育面临的一个重要问题。学生的职场经验对于他们顺利就业和成功发展职业生涯至关重要，而与实际行业的深度合作可以为学生提供更为真实和实用的培训。首先，与企业的深度合作可以帮助教育机构更好地了解当前行业的需求和趋势。通过与企业建立紧密联系，教育机构能够及时获取关于技能和知识需求的信息，从而更灵活地调整课程内容，保证学生毕业后具备符合市场需求的实际技能。其次，深度合作可以为学生提供实际职场经验和实习机会。通过与企业建立伙伴关系，学生有机会参与真实项目、解决实际问题，从而更好地理解职业环境，培养实际操作能力。解决这一问题的途径包括创建产业界与教育机构的桥梁，促进企业参与到课程设计和实施中，建立实习项目和实际项目合作机会。只有通过深化与企业的合作，职业教育机构才能更好地满足学生和行业的需求，帮助学生更好地融入职业生涯。

综合解决这些挑战需要从体制层面改革职业教育的认知和体制，同时在实际层面促进课程的及时更新和更深层次的产业合作。这样才能确保职业教育真正满足学生、社会和市场的需求。

第五章 教育体系与职业技能培养

第一节 职业教育的体系建设

一、法律法规和政策制定

（一）法律框架建设

制定明确的法规，确保职业教育体系有法可依。法律框架应涵盖职业教育的目标、机构设置、财政支持等方面，为体系的顺畅运作提供法律基础。在职业教育的法律框架建设中，保证法律具体、明确，以及与实际需求相契合是至关重要的。

1. 明确目标与定位

确立明确的目标与定位是制定和推动职业教育政策的关键步骤。首先，明确职业教育的宗旨是指明其服务的对象和宗旨，是为了培养具有实际职业技能的人才，还是为了提供更广泛的职业素养。这有助于制订相应的课程和培训计划。其次，确定培养目标是指明学生在职业教育过程中应该达到的技能水平和知识结构。这可以包括具体的技术技能、创新能力、团队协作等方面的培养目标，以确保学生毕业后具备行业所需的实际能力。最后，明确职业教育在整个教育体系中的地位是为了确保其得到应有的重视和支持。这涉及到与其他教育层次的衔接，以及职业教育在学术体系中的认可和地位。通过明确这些目标和定位，可以为职业教育的发展提供清晰的方向，促使政府、教育机构和企业能够更好地协同合作，共同推动职业教育的进步。

2. 机构设置与职责

详细规定职业教育机构的设置、种类和职责是确保职业教育体系有序运作的重要一环。首先，法规可以规定不同类型的职业教育机构，例如技工学校、职业培训中心等，以满足不同领域和层次的职业培训需求。这有助于确保职业教育的多样性和针对性，更好地满足不同行业的需求。其次，法规应该规定这些机构的合理分布，以确保覆盖各个地区和行业。这可以通过制定具体的规划和政策，鼓励在不同地区设立职业教育机构，避免资源集中在特定地区，造成不均衡的情况。最后，法规需要规定不同机构的组织结构和职责。明确机构的职责可以确保它们在培训过程中有明确的目标和任务。例如，技工学校可能更侧重于技术技能的培养，而职业培训中心可能更注重提升职业素养和管理能力。这有助于使不同类型的机构发挥各自的优势，形成协同合作的局面。通过法规的规定，可以建立起一个有序、高效、多样的职业教育机构体系，更好地服务社会和行业的发展需求。

3. 财政支持与保障

确保财政支持与保障是促进职业教育的可持续发展的关键一环。法律框架可以通过以下几个方面来明确职业教育的财政支持机制：首先，法规可以规定职业教育的经费分配原则。这包括明确中央和地方政府在职业教育领域的财政责任，确保经费分配公平、合理，不同地区和机构能够获得适当的财政支持。其次，法规可以规定经费的使用原则。这包括确保经费用于提高教育质量、更新教学设备、培训教师以及开展实践项目等方面。经费的合理使用有助于提高职业教育的实效性和质量。另外，法规还可以规定职业教育机构的自负盈亏原则，鼓励机构通过多元化的方式筹集资金，提高自身的经济运作能力。最后，法规可以确保对一些特殊领域或群体的职业教育提供额外的财政支持，以促进社会的全面发展。通过这些规定，法律框架可以为职业教育机构提供稳定、可持续的财政支持，确保其正常运作和持续发展，为学生提供更好的教育服务。

4. 质量标准与评估体系

明确质量标准与评估体系是保障职业教育质量的重要手段。法规可以通过以下方式明确这些标准和评估体系：首先，法规可以规定教学质量的具体标准，包括课程设置、教学方法、教材选择等方面。这有助于确保学生在职业教育过程中接收到全面、科学的培训，真正掌握所需的职业技能。其次，法规可以规定师资力量的评估标准。这包括教师的资质、经验、培训水平等方面的要求，以保证教育机构拥有高素质的师资队伍，能够为学生提供优质的教学服务。另外，法规可以规定学生评估和就业率等方面的标准。通过对学生的综合评价，包括学术成绩、实践能力等方面，可以更全面地了解职业教育的实际效果。就业率的评估则可以反映职业教育是否与市场需求相匹配。最后，法规还可以规定定期的评估和监测机制，确保质量标准和评估体系的实施与调整。这有助于职业教育体系不断提高自身的质量水平，适应社会和行业的发展变化。通过这些规定，法规能够为职业教育创建起科学、全面的质量标准与评估体系，保障职业教育的质量和效果。

5. 师资培训与发展

规定师资培训的制度是确保职业教育师资队伍与时俱进、具备高水平教学水平的重要手段。法规可以通过以下方式来确保师资培训与发展：首先，法规可以规定师资培训的必要性和频率。明确规定教师需要参与定期培训以更新自己的知识和教学方法，以适应快速变化的行业需求和教育理念。其次，法规可以规定培训内容和方式。确保培训内容能够涵盖最新的技术、行业趋势以及教育理论，培养教师具备全面的素养。培训方式可以包括课堂培训、实践经验分享、行业参与等多种形式，以确保培训的多样性和实效性。此外，法规可以设立师资激励机制。这包括提供奖励、荣誉称号、晋升机会等激励手段，以吸引和留住高素质的教育人才。激励机制的建立有助于增强教师的积极性和敬业精神，提高整个职业教育师资队伍的整体水平。通过这些规定，法规可以为职业教育师资队伍的培训与发展提供明确的指导，确保他们具备先进的技能和教学方法，从而更好地为学生提供高质量的教育服务。

6. 学生权益与保护

确保学生的权益与保护是法规框架中至关重要的一环。法规可以通过以下方式规定学生的权利和义务，以确保他们在职业教育体系中得到公平待遇和合理保护：首先，法规可以规定学生的基本权利。这包括接受平等的教育机会、享有公平的评价和考核、得到信息透明和及时的沟通等权利。确保学生在教育过程中不受歧视，有平等的学习机会是非常重要的。其次，法规可以规定学生的保护措施。这包括保证学生的个人隐私得到保护、制定应对校园欺凌和不当行为的规定，以及建立有效的投诉和申诉机制。这有助于建立一个安全、健康、有秩序的学习环境。另外，法规可以规定学生的教育服务权利。这包括明确学生享有的教育服务范围、质量要求，以及提供必要支持和帮助的义务。这有助于确保学生能够获得高质量的职业教育服务。最后，法规可以规定学生的参与权利。这包括学生参与决策的机会，建立学生代表机构，以及促进学生参与校园文化和活动。这有助于培养学生的责任心和团队协作精神。通过这些规定，法规能够建立起一个完善的学生权益与保护体系，确保学生在职业教育体系中能够受到公平对待，得到全面的保护和支持。通过制定明确的法规，职业教育体系可以在法律的保障下更加有序地运作，确保各个方面的利益得到平衡，为学生提供更加完善、更加有效的职业培训。

（二）财政政策支持

1. 经费投入

经费投入确实是支持职业教育的关键因素之一。为了确保足够的经费投入，可以采取以下一些措施：首先，政府层面可以增加对职业教育的财政拨款。通过提高财政支持，可以确保职业教育机构有足够的资源购置先进设备、更新教材、提升教师培训等，以保证教育质量。其次，建立公私合作机制。鼓励企业和社会资本参与职业教育的投资，可以通过设立专项基金、提供税收优惠等方式，吸引更多的社会资源投入职业教育领域。此外，建立经费使用的透明度和监督机制也是重要的，确保经费使用符合规定，不被挪用或浪费，可以通过建立财务审计和评估体系，使经费的使用更加明确和有效。最后，鼓励职业教育机构自主创收。通过培训项目、技术咨询、合作研究等方式，职业教育机构可以通过多元化的方式获取收入，提高自身经济运作的能力。通过这些措施，可以确保足够的经费投入，为职业教育提供必要的支持，使其更好地适应变化的职业需求。

2. 师资培训

确保师资的培训是关键，因为教育者的专业素养直接关系到学生的学习效果和就业竞争力。首先，建立专项经费用于师资培训。确保有足够的经费专门用于教师的培训活动，这可以包括参与行业研讨会、接受专业培训课程、参与实地考察等。这些活动有助于提高教师的专业水平，使其能够更好地应对职业教育中不断变化的技术和趋势。其次，鼓励学校与行业建立紧密联系。通过与行业的合作，教育机构可以更好地了解实际职业领域的需求，并为教师提供更有针对性的培训。这可以通过企业专业人员的讲座、实地实习、行业合作项目等形式来实现。另外，建立师资培训的评估机制。确保教师参与培训后，其培训效果能够被客观地评估。这可以通过考核教学质量、学生就业情况、参与科研项目等方式进行评估，从而确保培训活动的实效性。最后，建立长效的师资培训机制。师资培训不应该是一次性的，而是一个持续不断的过程。通过建立长效机制，可以确保教师随时能够获取最新的职业知识，提升他们的教学水平。通过以上措施，可以确保财政政策重点关注师资培训，提升教师的专业水平，为学生提供更好的职业教育服务。

3. 基础设施建设

确保现代化基础设施的建设和维护是关键，因为学生的学习环境直接关系到他们的学术成就和实践能力。首先，投资于校园设施和教学场所。确保学校有足够的教室、实验室、工作室等，以适应不同类型的职业教育。这有助于提供多样化的学习环境，满足学生实践和实验的需要。其次，关注先进的教学技术和设备。现代职业教育需要利用先进的技术，确保学生在学校获得的技能与实际职业需求相匹配。因此，投资于计算机实验室、先进工艺实训设备等方面，可以提升教学的实效性。另外，鼓励学校进行绿色、可持续的基础设施建设。考虑到环境保护和可持续发展的重要性，投资于绿色建筑、节能设备等，不仅有益于学生的健康，也符合社会的可持续发展目标。最后，建立基础设施维护和更新机制。确保学校能够及时维护和更新设施，以保持其现代性和功能性。这可以通过创建专门的基础设施管理团队、制定设备更新计划等方式来实现。通过以上措施，可以确保财政政策关注基础设施建设，为职业教育提供先进、实用的学习环境，促使学生更好地融入职业实践。

4. 激励机制

建立激励机制是鼓励学校和教育机构积极与行业合作的重要手段。首先，提供额外的财政奖励。政府可以设立专项基金，用于奖励那些积极与行业进行深度合作、为学生提供实际职业培训的学校和教育机构。这有助于激发学校与行业建立密切联系的积极性。其次，考虑减免税收等税收优惠政策。通过给予学校和教育机构一定比例的减免税收，作为其与行业合作的激励，可以降低学校的财务负担，促进合作关系的建立。另外，设立专项资金支持行业导师和实习计划。鼓励企业派遣专业人才担任学校导师，同时支持学生参与实习项目，政府可以提供额外的资金支持，以鼓励更多的行业专业人才参与职业教育。最后，建立绩效评估机制。将学校与行业合作的成效作为绩效评估的重要指标之一，通过评估结果，给予学校相应的奖励或资金支持，以激发学校更加积极地参与与行业的合作。通过这些激励机制，可以促使学校更主动地与行业建立紧密联系，更好地满足实际职业市场的需要，提高职业教育的实效性。

5. 研究与发展

将经费用于职业教育的研究与发展是非常重要的，可以推动创新，提升教育质量。首先，设立专项经费支持职业教育研究。政府可以设立专门的基金，用于支持职业教育领域的研究项目。这可以包括教学方法的研究、行业需求的调查、职业发展趋势的分析等，以确保职业教育始终紧跟时代发展。其次，鼓励学校和教育机构进行实践性的研究项目。通过支持学校和教育机构与行业、企业进行合作，进行实际项目的研究，可以更好地理解实际职业需求，为课程设计和教学方法的创新提供实践基础。另外，建立与科研机构的合作机制。政府可以促进职业教育机构与科研机构的合作，鼓励开展前沿科研项目，推动职业教育领域的创新。这可以通过设立联合实验室、开展共同研究项目等方式来实现。最后，设立奖励机制鼓励创新。政府可以设立奖项，奖励在职业教育领域取得重要研究成果的学者、教育机构和企业。这有助于激发研究者的积极性，推动职业教育的不断创新。通过这些措施，可以确保财政政策充分支持职业教育的研究与发展，促进教育领域的创新，提高职业教育的水平。总的来说，有力的财政政策需要全面考虑职业教育的方方面面，保证经费的合理分配，使其能够在设备、师资培训、基础设施等方面得到充分支持，推动职业教育体系的全面发展

二、机构体系建设

（一）多层次机构设置

建立多层次的职业教育机构，包括技工学校、职业培训中心等。结合行业和地域需求，合理设置机构，确保全面覆盖不同领域的职业培训。

1. 需求分析

进行充分的需求分析是确保职业教育机构有针对性和有效性的重要步骤。首先，开展行业需求调查。了解不同行业的用人需要、技能要求以及未来发展趋势。可以通过与行业协会、企业进行合作，开展问卷调查、座谈会等方式，获取详细的行业需求信息。其次，进行地域性调研。不同地区的经济状况、产业结构各异，因此需要针对性地了解不同地域的职业培训需求。这可以通过与地方政府、企业、社区等进行深入交流，获取地域性的就业和培训需求。另外，考虑不同层次的职业培训需求。不同层次的职业教育机构可以提供不同层次的培训，包括技工学校、职业培训中心等。需求分析应该明确各类机构的定位和任务，确保它们能够满足社会和行业的不同层次的培训需求。最后，考虑未来发展趋势。随着科技和行业的发展，职业培训需求也在不断变化。需求分析应该考虑未来的发展趋势，确保职业教育机构的设置具有一定的前瞻性和灵活性，能够适应未来的职业需求。通过全面的需求分析，政府和教育机构可以更好地理解社会和行业的实际需求，有针对性地设立职业教育机构，为学生提供更有效的培训和服务。

2. 技工学校

设立技工学校是为了满足社会对技术工人的需求，重视培养实际操作技能。首先，明确专业设置。技工学校应该根据不同行业的需求，明确专业方向，例如电工、焊工、机械维修等。专业设置应该与当地产业发展相结合，确保学生毕业后能够顺利就业。其次，强调实践操作。技工学校的课程设置应该注重实践操作，为学生提供充足的实际训练机会。实践操作可以通过实验室实训、实际项目实践等方式进行，以确保学生掌握实际工作所需的技能。另外，建立行业合作机制。技工学校应该与相关行业和企业建立紧密的合作关系，确保培训内容符合实际用人需求。合作可以包括实习机会、行业专家讲座、共建实训基地等形式。最后，注重师资队伍建设。拥有高水平的教师团队对于技工学校至关重要。政府可以通过提供培训机会、设立奖励机制等方式，吸引和留住具有丰富实践经验的专业人才。通过这些措施，技工学校能够更好地满足社会对技术工人的需要，为学生提供实用性强、操作性强的职业技能培训，促进技能型人才的培养。

3. 职业培训中心

设立职业培训中心是为了提供更灵活、针对性强的职业培训，满足不同从业人员的需求。首先，设计灵活的课程体系。职业培训中心应该设计多样性的培训课程，包括短期培训、专业技能提升、岗位培训等。课程设置应该能够灵活地根据市场需求和行业变化进行调整，确保培训内容紧贴实际需求。其次，与行业保持密切联系。职业培训中心需要与各行各业的企业和行业协会建立紧密的联系，及时了解市场需求和新兴技术的发展趋势。这种密切联系有助于调整培训课程，确保培训内容与实际用人需求相匹配。另外，采用灵活的培训方式。除了传统的面授课程外，职业培训中心还可以采用在线课程、实践项目、工作坊等多种形式，以满足不同学员的学习需求和时间安排。最后，创建就业服务体系。职业培训中心应该建立健全的就业服务体系，包括职业规划指导、求职技能培训、就业信息发布等。通过为学员提供全方位的就业服务，增加他们的就业竞争力。通过这些措施，职业培训中心可以更好地适应市场需求的变化，为从业人员提供灵活、多样化的职业培训机会，助力其在职业发展中取得更好的成就。

4. 综合性职业学院

设立综合性职业学院是为了提供更全面、多元化的职业教育，使学生既能获得理论知识，又能掌握实际技能。首先，设计综合的课程体系。综合性职业学院的课程设置应该涵盖广泛的职业领域，包括工程技术、商业管理、信息技术等多个方向。课程体系应该综合理论学习和实践技能培训，确保学生在多个领域都能够获得全面的知识和技能。其次，重视实践教学。综合性职业学院应该设立实验室、工作坊、实习基地等，提供充足的实践机会。实践教学有助于学生将理论知识应用到实际工作中，培养实际操作能力和解决问题的能力。另外，与企业合作开展实践项目。综合性职业学院可以与企业建立合作关系，共同开展实践项目。这有助于学生深入了解行业实际运作，增强他们的职业适应能力，提升就业竞争力。最后，关注学生综合素质培养。综合性职业学院不仅应该注重学生专业知识和技能的培养，还应关注学生的综合素质，包括沟通能力、团队协作、创新能力等。这有助于培养具有广泛职业适应性的人才。通过这些措施，综合性职业学院可以为学生提供更全面的职业教育，使他们在不同领域都能够具备综合素养，更好地适应复杂多变的职业环境。

5. 行业合作

建立与相关行业的合作关系对于职业教育机构的成功至关重要。首先，定期进行行业需求调研。职业教育机构可以与企业、产业园区等机构合作，定期进行行业需求调研，了解不同行业的用人需求、技能要求以及未来发展趋势。这有助于及时调整课程设置，确保培训内容紧贴实际需求。其次，建立行业咨询委员会。职业教育机构可以设立行业咨询委员会，邀请行业专家和企业代表作为委员，提供专业的意见和建议。这种机制有助于确保课程设置与实际工作需求保持密切联系。另外，开展实地实习和实训。与企业建立实地实习和实训的合作关系，为学生提供在真实工作环境中的学习机会。这有助于学生更好地理解行业要求，提升实际工作能力。最后，推动教师参与行业实践。鼓励教师积极参与行业实践，与企业专业人员进行深度合作。这可以通过教师赴企业交流、参与实际项目等方式实现，使教师保持与行业的密切联系，更新实践经验。通过这些合作机制，职业教育机构可以更好地满足行业的实际需求，提高培训的实效性，使学生更好地适应职业市场。

6. 地域布局

合理规划职业教育机构的地域布局是确保满足不同地区职业培训需求的关键。首先，进行地方需求调查。在规划职业教育机构的地域布局之前，进行详细的地方需求调查，了解不同地区的产业结构、用人需求以及职业培训的特殊需求。这有助于制订有针对性的地域布局计划。其次，灵活设置机构。考虑到不同地区的产业特点和经济状况，灵活设置不同类型的职业教育机构，包括技工学校、职业培训中心、综合性职业学院等。确保机构的设置与地方需求相匹配，能够提供符合实际用人需求的培训。另外，促进跨地区合作。在地域布局规划中，鼓励不同地区的职业教育机构之间进行合作，共享资源、经验和课程。这有助于提高整体的培训水平，使得学生能够更好地适应跨地区的职业市场。最后，制定差异化的政策。针对不同地区的职业教育需求，制定差异化的政策措施，包括财政支持、师资培训、就业服务等。确保政策的灵活性，能够结合地方的实际情况进行调整。通过以上措施，可以确保职业教育机构的地域布局更加灵活和适应性强，更好地满足各地区的职业培训需求。

7. 师资队伍建设

建设强大的职业教育师资队伍是提高教育质量的重要步骤。首先，提供定期的师资培训。持续的培训能够使教师了解最新的行业发展、教学方法和技术进展。培训内容可以包括新兴技术、行业趋势、教学创新等方面，以确保教师保持专业素养。其次，鼓励师资参与行业实践。为教师提供参与行业实践和实际项目的机会，使他们更深入地了解实际工作环境和行业需求。这有助于将实际经验融入教学过程中，提高教学的实用性。另外，设立奖励机制。为教师设立奖励机制，激励他们积极参与培训、行业实践和教学创新。奖励可以包括荣誉称号、奖金、晋升机会等，以提高师资队伍的积极性和投入度。最后，建立师资交流平台。创建教师间的交流平台，促进教师之间的合作与学习。这可以通过定期的教研活动、学术研讨会、行业交流等方式实现，提高整个师资队伍的水平。通过这些措施，可以确保职业教育师资队伍保持高水平的专业素养，能够更好地满足学生和行业的需求，提高职业教育的实效性。通过建立多层次的职业教育机构，可以更好地满足不同层次、不同领域的职业培训需求，提高人才培养的精准性和实效性。

（二）管理体制建设

设立健全的管理机制，包括建立职业教育主管部门、建立评估机构等。明确各级机构之间的协作与监管关系，确保体系的高效运转。

1. 职业教育主管部门

确立一个专门的职业教育主管部门是职业教育体系健康发展的关键。首先，明确定位和职责。职业教育主管部门应明确定位，明确其职责范围，包括政策制定、规划职业教育体系、监管执行、数据收集和分析等。这有助于确保该部门在职业教育领域发挥协调和管理的有效性。其次，制定长期规划和政策。该部门应与其他相关政府部门协同合作，制定长期的职业教育规划和政策。这可以包括培训目标、师资建设、课程设置、财政支持等方面的详细规划，以确保职业教育体系的有序发展。另外，建立监管机制。职业教育主管部门应建立有效的监管机制，包括对职业教育机构的评估和监督，确保其质量和合规性。同时，对师资队伍、课程设置等方面进行监管，以提高职业教育的水平。最后，促进跨部门合作。职业教育主管部门需要与其他相关的政府部门、行业协会、企业等建立良好的合作关系。跨部门合作可以促进信息共享、资源整合，提升职业教育体系的整体效益。通过以上举措，职业教育主管部门可以发挥协调和管理的作用，推动职业教育事务的发展，确保职业教育体系的健康和持续发展。

2. 地方职业教育机构

设立地方性的职业教育机构是为了更好地满足地方职业培训需求，确保职业教育在地方层面的有效实施。首先，明确地方职责和权限。地方职业教育机构应当明确其在地方范围内的职责和权限，包括课程设置、招生计划、师资队伍建设等。这有助于使机构更加灵活地根据地方实际情况调整策略和计划。其次，创建地方政府与机构的协作机制。地方职业教育机构需要与地方政府建立良好的协作关系，共同制定本地区的职业教育发展计划和政策。政府可以提供财政支持、资源整合等方面的支持，促进机构更好地履行职责。另外，定期报告和评估。地方职业教育机构应向中央主管部门定期报告本地区的教育情况和发展计划，接受中央政府的评估。这有助于确保地方机构的工作与中央政策保持一致，并能够及时调整策略。最后，推动地方特色发展。考虑到不同地区的产业结构和发展需求各异，地方职业教育机构应鼓励根据地方特色进行课程设置和培训计划。这有助于培养更符合地方用工需求的人才。通过以上措施，地方职业教育机构可以更好地与中央主管部门协作，灵活调整策略，保证职业教育在地方层面的有效实施。

3. 评估机构

建立独立的评估机构对于职业教育的质量和效果的监督至关重要。以下是一些建议，以确保评估机构的独立性和专业性，为政府和社会提供客观的评价依据：首先，确保评估机构的独立性。评估机构应当是独立于被评估机构和政府的第三方机构，确保其评估结果不受其他利益的干扰。独立性有助于提高评估的客观性和公正性。其次，建立全面的评估指标。评估机构应制定全面的评估指标，包括教学质量、师资水平、学生就业情况、设施设备等多个方面。这有助于全面了解职业教育机构的实际状况，提供更全面的评价。另外，采用多元化的评估方法。评估机构可以采用多元化的评估方法，包括定量数据分析、学生满意度调查、企业用人反馈等。综合不同方法的评估结果，能够更全面地反映职业教育机构的综合表现。最后，定期进行评估。评估机构应定期对职业教育机构进行评估，确保评估的及时性和连续性。定期评估有助于监测机构的发展状况，及时发现问题并提出改进建议。通过建立独立的评估机构并采用科学合理的评估方法，可以提高职业教育的质量，促进机构的不断进步，为学生和社会提供更为可靠的教育服务。

4.行业协会与企业参与

将行业协会和企业纳入职业教育管理的框架中，可以更好地确保教育体系与实际产业需求相匹配，促进学校与企业的深度合作。首先，建立咨询机制。设立咨询机构或专门的委员会，由行业协会和企业代表组成，为职业教育管理提供专业意见和建议。这有助于确保职业教育的设置和发展能够更好地满足实际产业需求。其次，推动产学合作。促使职业教育机构与行业协会、企业建立密切的合作关系，包括实习项目、实训基地设立、师资培训等方面。这样的合作有助于提高学生实际工作能力，使他们更好地适应职业市场。另外，制定激励措施。设立激励措施，鼓励行业协会和企业积极参与职业教育。这可以包括财政奖励、税收优惠等激励政策，以促进更多行业协会和企业参与职业教育的管理和发展。最后，开展产业需求调研。与行业协会和企业合作，开展产业需求调研，了解不同行业的用人需求、技能要求等。这有助于调整职业教育的课程设置，使之更符合实际用人需求。通过引入行业协会和企业参与职业教育管理，可以更好地促进教育体系与实际产业需求的对接，提升学生的就业竞争力，同时推动产业升级和人才培养的良性循环。

5.信息系统建设

信息系统的建设可以有效提升职业教育管理的科学性和效率。首先，建设学生信息管理系统。该系统应包括学生招生、选课、成绩管理等功能，以实现对学生信息的全面管理。通过学生信息管理系统，可以更好地掌握学生的学业情况，为个性化教学提供支持。其次，实施教学管理系统。建立教学管理系统，包括课程安排、教学资源管理、在线教学等功能，以提高教学管理的科学性和灵活性。这有助于优化教学过程，提升教学效果。另外，设立师资培训系统。建立师资培训系统，实现对教师培训需求的全面管理，包括培训计划、培训内容、培训效果评估等。这有助于确保教师具备最新的教育理念和技能。此外，推动校企合作信息系统。建设校企合作信息系统，包括实习安排、企业需求反馈、学生就业信息等功能，以促进校企深度合作。这有助于学校更好地了解企业需求，提升毕业生的就业率。最后，确保信息安全和隐私保护。在建设信息系统的过程中，要注重信息的安全性和隐私保护，采取有效的措施确保学生和教师信息的机密性和完整性。通过建设信息系统，可以实现职业教育各环节的信息化管理，提高管理效率，促进教育体系的科学发展。

6. 协作机制

建立跨部门的协作机制对于提高职业教育体系的协同性和综合效益至关重要。首先，设立联席会议和协调机构。建立跨部门的联席会议或协调机构，由不同管理机构的代表组成，定期开会讨论职业教育的发展方向、政策制定、资源分配等事务。这有助于促进不同机构之间的信息流通和政策协调。其次，建立信息平台。设立统一的信息平台，实现不同管理机构之间的信息共享。该平台可以包括职业教育数据、政策文件、发展规划等信息，确保各方能够及时获取和分享有关职业教育的信息。另外，推动资源整合。通过建立资源整合机制，促进不同管理机构共享资源，包括财政支持、师资力量、教学设施等。这有助于提高资源利用效率，推动职业教育的全面发展。此外，协调政策制定。确保各部门的政策制定与实施相互协调，避免政策之间的冲突和重复。建立政策协调机制，通过协商、沟通等方式解决不同政策之间的矛盾，保证政策的一致性和协同性。最后，建立应急响应机制。设立应急响应机制，对于职业教育体系中可能出现的问题能够及时做出协调和应对。这有助于提高体系的应变能力，确保职业教育的稳健发展。通过建立协作机制，可以有效促进不同管理机构之间的合作与协调，提高职业教育体系的整体效益和协同性。

7. 人才培养与选拔

确立健全的人才培养和选拔机制对于职业教育的中长期发展至关重要。首先，设立专门的人才培养计划。建立专门的人才培养计划，包括针对职业教育管理岗位的培训课程、实践机会等。这有助于培养一批专业背景丰富、了解职业教育特点的管理人才。其次，拓宽选拔渠道。采用多元化的选拔渠道，包括内部晋升、外部招聘、专业培训等方式。通过多元化的渠道，确保选拔到具有丰富经验和专业知识的管理人才，提高队伍的整体素质。另外，与职业教育机构合作。建立与职业教育机构的合作关系，推动校企合作，使教育机构的专业人才有机会参与管理人才的培养。这有助于培养更符合实际需求的管理人才。此外，提供持续的职业发展机会。为管理人才提供持续的职业发展机会，包括进修课程、学术研究、参与国际性的职业教育交流等。这有助于保持管理人才的专业素养和领导力。最后，建立绩效评估体系。创建科学合理的绩效评估体系，对管理人才进行全面评估，以激励表现优异的人才，并对不足之处提供及时的培训和改进机会。通过以上措施，可以建立健全的人才培养和选拔机制，确保职业教育管理队伍具备足够的专业性和执行力，有力支撑职业教育体系的可持续发展。

通过建立健全的管理体制，可以实现职业教育体系的规范化、科学化管理，提高教育质量和对社会的实际贡献。

三、课程体系与内容设置

（一）实际应用课程设计

1. 市场调研

市场调研在课程设计之前的确是一项关键步骤。首先，明确调研目标。在进行市场调研之前，明确调研的目标和问题，确定需要了解的具体信息。这有助于使调研更加有针对性，避免信息收集得泛泛而谈。其次，采用多种调研方法。根据定性和定量的方法，采用问卷调查、深度访谈、焦点小组讨论等多种手段，以获取全面而深入的市场信息。不同的调研方法可以从不同的角度了解市场需求。另外，关注行业动态和趋势。深入了解各个行业的发展动态和趋势，包括新技术的应用、市场的需求变化等。这有助于预测未来职业技能的需求，使课程更具前瞻性。此外，与企业和行业专业人士沟通。与相关行业的企业代表、从业人员进行沟通，了解他们对于新员工所需技能的期望和反馈。这样的交流可以直接获取实际用人需求的信息。最后，考虑地域和国际差异。根据课程的受众定位，考虑地域和国际差异，了解不同地区或国家的职业需求和行业特点。这有助于制定更有针对性的课程，满足不同地区或国家的实际需求。通过充分的市场调研，可以更好地了解不同行业的实际需求和就业趋势，为课程设计提供有实际意义的指导，确保培养出更符合市场需求的人才。

2. 行业合作

与各行业建立密切的合作关系确实是提高课程实用性和学生就业竞争力的有效途径。首先，建立行业咨询委员会。设立由行业专业人士组成的咨询委员会，定期开会讨论行业趋势、技能需求和就业前景。这有助于及时了解行业动态，指导课程的更新和调整。其次，邀请行业专业人士参与课程设计。邀请行业内有经验的专业人士参与课程设计过程，他们能够提供实际案例、行业要求以及实用技能的建议。这样设计出来的课程更贴近实际职场需求。另外，推动校企合作项目。建立校企合作项目，使学生有机会参与真实的行业项目和实习经验。这有助于学生在学习过程中获得实际工作经验，提升他们的就业竞争力。此外，组织行业研讨会和讲座。定期组织行业研讨会和讲座，邀请行业专业人士分享最新的技术、趋势和经验。这不仅能够拓宽学生的视野，也为他们提供与行业专家互动的机会。最后，建立行业实践基地。与企业建立实践基地，使学生能够在真实的职业环境中进行实训，这有助于学生更好地理解和适应实际职场，提升他们的职业素养。通过这些方式，学校可以积极促进与各行业的合作关系，确保课程内容与实际职场需求相契合，提高学生在就业市场中的竞争力。

3. 实践项目

实践项目的融入课程设计是教育的一大亮点。通过将理论知识与实际项目相结合，学生能够在真实的职业环境中运用所学，这样的教学方法不仅帮助学生建立实际操作能力，还提升了他们在职场中的信心和竞争力。首先，实践项目为学生提供了一个更贴近实际工作场景的学习机会。在纸上谈兵的知识教学中，学生可能难以真正理解如何将理论运用于实际工作中。而通过实际项目，学生能够亲身体验并解决真实世界中的问题，从而更深刻地理解所学内容。其次，实践项目培养了学生的团队协作和沟通能力。在项目中，学生通常需要与同学合作，共同完成任务。这种合作模式模拟了职场中团队协作的情境，使学生学会有效沟通、协商和分工合作，这些能力在未来的职业生涯中至关重要。另外，通过实践项目，学生还能够建立起自己的项目管理和问题解决能力。他们需要制订计划、设定目标、解决挑战，这些都是在职场中必不可少的技能。这种锻炼有助于培养学生的独立思考和创新能力，使他们在职业竞争中更具优势。最后，实践项目为学生提供了展示自己才华的平台。通过成功完成项目，学生不仅积累了丰富的实际经验，还能够在简历中展示自己在项目中的成就，提高求职竞争力。这种直接的实际成果也能够为学生在职场中找到更好的机会打下坚实基础。总体而言，将实际项目融入课程设计是一种极具价值的教育方式，能够全面提升学生的综合素养，使其更好地适应未来职业发展的挑战。

4. 导师指导

导师指导是学生成长道路上的得力助手。通过为每个学生分配导师，学校为他们提供了一个个性化的学习支持系统。这里的导师不仅仅是传授知识的教师，更是行业专业人士或经验丰富的教育者，他们的指导将为学生的职业发展奠定坚实的基础。首先，导师能够为学生提供实际职场经验的指导。通过与导师的交流，学生可以了解行业内的最新趋势、挑战和机遇。导师分享的实际经验可以帮助学生更深刻地理解课程内容与实际应用之间的联系，使学习更具有实际意义。其次，导师的存在弥补了课堂教学的局限性。在课堂上，老师通常难以对每个学生进行深度关注，而导师制度则提供了更加贴心和个性化的指导。导师可以根据学生的兴趣、优势和发展方向，量身定制学习计划，帮助他们更好地发掘潜力。此外，导师还在学生面临学业和职业选择时提供了重要的意见和建议。通过深入了解学生的兴趣和能力，导师可以为他们制订个性化的职业规划，并提供专业的建议，帮助他们做出更加明智的决策。最重要的是，导师扮演了学生在学术和职业生涯中的导航者的角色。他们不仅传授专业知识，还教导学生如何发展批判性思维、解决问题的能力以及与他人合作的技能。这些综合素养对于学生未来的职业成功至关重要。总体而言，导师指导是一种促使学生全面成长的关键机制。通过与经验丰富的导师建立联系，学生能够更好地理解学科知识与实际应用的关系，更有信心、更有方向地迎接未来的职业挑战。

5. 课程更新机制

课程更新机制是确保教育质量和学生就业竞争力的关键环节。通过设立定期的课程更新机制，学校可以及时响应市场需求的变化，使课程内容始终保持与行业发展同步。首先，密切关注行业发展动态是课程更新的基础。行业变化快速，新技术、新理念不断涌现，只有紧跟行业的脚步，才能确保学生毕业后具备最新的知识和技能。学校可以通过与行业专业人士、企业合作，建立信息共享机制，及时获取行业发展趋势，为课程更新提供有力支持。其次，定期的课程评估是更新机制的关键步骤。通过对课程的评估，学校可以了解学生的学习体验、课程的实际效果以及就业市场的反馈。基于这些反馈，学校可以调整课程结构、更新教材、引入新的教学方法，以不断提升教学质量。课程更新不仅仅是内容的更新，还包括教学方法和工具的更新。引入新的教学技术和工具，例如在线学习平台、虚拟实验室等，可以丰富学生的学习体验，提升他们的学习效率。这样的更新也有助于培养学生面对未来工作中可能遇到的新挑战的能力。最后，课程更新机制需要建立在广泛的参与基础上。学校可以设立专门的课程委员会，由学术界、产业界和学生代表组成，共同参与课程更新的决策过程。这样能够确保更新的方向更加全面、合理，满足多方面的需要。总体而言，定期的课程更新机制是教育机构适应快速变化的职场环境、提高教育质量的有效手段。通过与行业合作、定期评估和广泛参与，学校能够保持课程的活力，使学生在毕业后能够更好地适应职业市场的需求。

6. 实用性评估

实用性评估机制是确保学生在课程学习中真正掌握实际应用技能的关键步骤。通过采用项目评估、实际操作考核等方式，学校可以更准确地评估学生的实际能力，保证他们毕业后能够在职场中有所作为。首先，项目评估是实用性评估机制的重要组成部分。通过为学生提供实际项目，让他们在真实场景中应用所学知识，学校可以更全面地评估他们的综合能力。项目评估可以涵盖诸如团队协作、问题解决、创新能力等方面，从而更好地反映学生在实际工作中所需的技能。其次，实际操作考核是确保学生具备实际应用技能的有效手段。通过设置实际操作考核环节，学校可以考查学生的动手能力、技术熟练程度以及实际操作中的问题解决能力。这种形式的考核更加贴近职场实际，能够更准确地评估学生的职业素养。实用性评估机制还可以包括实习经验的评估。安排学生进行实习，让他们在真实的工作环境中应用所学知识，通过实习的表现来评估其实际操作能力。这样的实践经验对于学生职业发展起到了至关重要的作用。此外，学校还可以引入行业认证考试作为实用性评估的一部分。让学生参与相关的行业认证，不仅可以对其实际能力进行权威认证，同时也提高了其在职场中的竞争力。总体而言，实用性评估机制通过多样化的方式，确保学生在课程学习中真正掌握了实际应用的关键技能。项目评估、实际操作考核、实习经验和行业认证等多方位的评估手段相互结合，为学生提供了更全面的能力培养和职业准备。

7. 跨学科整合

跨学科整合是为了培养学生更全面的综合能力，使其能够更好地适应复杂多变的职业环境。通过将不同学科领域的知识整合到课程设计中，学生能够获得更广泛、更深入的学科体验，从而更好地理解和应对现实世界的复杂挑战。首先，跨学科整合有助于打破学科壁垒，促进知识的交叉融合。现实问题往往是跨学科的，解决这些问题需要不同学科的知识相互结合。通过在课程设计中引入多学科元素，学生可以更自然地学习如何整合不同领域的知识，培养解决问题的综合能力。其次，跨学科整合提供了更贴近实际职业需求的学习体验，在职业环境中，很少有问题是单一学科可以解决的，通常需要综合运用多个学科的知识。通过在课程中模拟这种综合性的学习体验，学生能够更好地为未来的职业挑战做好准备。另外，跨学科整合也有助于培养学生的创新思维和问题解决能力。面对复杂的问题，学生需要跳出单一学科的框架，灵活运用各种知识来寻找创新性的解决方案。跨学科整合的学习环境可以激发学生的创造力，培养他们跨界思考的能力。最后，跨学科整合使学生更好地理解知识的相互关联性。学科之间存在着内在的联系，通过整合不同学科的知识，学生可以更深入地理解知识的本质和内在逻辑。这有助于培养学生的批判性思维和对复杂问题的系统性理解。总体而言，跨学科整合为学生提供了更为全面、多元的学习体验，培养了他们更强大的综合能力，使其更好地适应未来的职业挑战。通过打破学科界限，学生将更有可能在职业生涯中发挥更大的创造力和影响力。

通过实际应用课程设计，职业教育能够更好地满足市场需求，培养具备实际操作能力的专业人才，提升学生的就业竞争力。

（二）灵活多样教学手段

在引入灵活多样的教学手段时，可以采取一系列措施来提升学生的学习体验，帮助他们更好地适应职业领域的发展。

1. 虚拟实验室

虚拟实验室的引入为学生提供了一种创新的学习方式，带来了多重好处。首先，虚拟实验室降低了实验成本。传统实验通常需要昂贵的实验设备、化学药品等资源，而虚拟实验室通过数字化技术，使得学生能够在模拟环境中进行实验，无需实际耗费大量资源。这样既能够减轻学校和学生的经济负担，也有利于可持续发展。其次，虚拟实验室提供了更安全、可控的学习环境。在真实实验中，有时会涉及到危险的化学物质或操作，存在一定的安全风险。虚拟实验室通过模拟技术，让学生在安全、无风险的环境中进行实验，有助于防范潜在的危险。虚拟实验室还具有时间和地域的灵活性。学生可以在任何时间、任何地点通过网络访问虚拟实验室，进行实验和实际操作。这种灵活性使得学习更为便捷，有助于适应学生个体差异和不同学习节奏的需求。另外，虚拟实验室为学生提供了体验真实工作场景的机会。通过模拟职场环境，学生可以更好地理解实际工作中所需的技能，并在模拟中培养解决问题的能力。这样的体验有助于缩小理论知识与实际应用之间的鸿沟，提高学生的职业准备能力。总体而言，引入虚拟实验室是一种高效而创新的教学手段。通过数字化技术，学生可以在更安全、经济、灵活的环境中进行实验和实际操作，从而提高他们的学习体验和实际技能水平。

2. 在线学习平台

引入在线学习平台是满足学生多样化学习需求的一种创新方式，带来了多方面的益处。首先，在线学习平台提供了随时随地的学习机会。学生不再受制于传统的课堂时间和地点，可以通过网络在家、在图书馆或者在咖啡店等各种地方学习。这种灵活性使得学生更容易安排学习时间，更好地适应个体差异和生活节奏的变化。其次，在线学习平台增加了学习的灵活性。学生可以根据自己的学习节奏，自主选择学习的速度和深度。这有助于满足不同学生的学习风格和需求，提高学习的效果。同时，学生可以在自己感觉最为舒适和高效的环境中学习，提升学习体验。在线学习平台也促进了学生间的互动和合作。通过在线讨论、项目合作等功能，学生可以跨越时空障碍，进行实时的学术交流。这种合作模式有助于培养学生的团队协作能力，同时也拓宽了他们的学术视野。此外，在线学习平台提供了更为多样化的学习资源。学生可以通过平台获取丰富的教学资料、视频课程、在线测验等，丰富了学习的形式和内容。这有助于满足不同学科、不同层次的学生需求，提升学科的全面性。总体而言，整合在线学习平台为学生提供了更加便捷、灵活和多元化的学习方式。这种创新性的教学手段不仅适应了现代学生的学习方式，还为他们提供了更广泛、更深入的学科体验。

3. 远程协作工具

引入远程协作工具是适应现代学习和职场需求的一项关键举措，对学生发展关键的合作和沟通能力起到积极作用。首先，远程协作工具通过在线团队项目，打破了地域限制，使学生能够和来自不同地区的同学共同参与项目。这种全球范围内的协作环境为学生提供了更广泛的合作机会，增强了他们的国际化视野。其次，实时讨论平台为学生提供了一个即时交流的渠道。不论学生身在何处，他们都可以通过在线平台进行实时讨论、分享想法和解决问题。这有助于促进学生间的积极交流，提高沟通效率，培养他们在远程团队中的沟通和协作技能。远程协作工具也有助于培养学生的远程工作技能，符合现代职场趋势。在远程工作中，团队成员通常分布在不同的地理位置，需要通过各种协作工具进行沟通和合作。通过学生在学习过程中的远程协作，他们能够更好地适应未来可能的远程工作环境。此外，远程协作工具还提供了对学生工作质量的实时监控和反馈机制。老师和同学可以通过工具查看项目进展、提供建议，从而更好地指导学生，确保项目的顺利进行。这种实时监控有助于学生及时调整学习和工作方向，提高项目的质量。总体而言，引入远程协作工具不仅促进了学生之间的合作和交流，也培养了他们适应现代职场的远程工作方式的能力。这种实时协作的学习模式有助于提升学生的团队合作精神，为他们未来的职业发展打下坚实的基础。

4. 沉浸式技术

沉浸式技术的引入为学生提供了一种更为身临其境的学习体验，尤其对于工程、医学等领域，具有明显的优势。首先，沉浸式技术如虚拟现实（VR）和增强现实（AR）能够模拟真实世界的场景，使学生能够在安全的环境中进行实际操作。在医学领域，学生可以通过VR体验实际的手术场景，加深对手术技能的理解。在工程领域，学生可以通过AR技术在虚拟环境中进行设计和模拟，提前体验实际项目的效果。其次，沉浸式技术可以提供更具交互性的学习体验。学生不再是接受信息，而是可以与虚拟环境互动，进行实际的操作和决策。这种互动性有助于培养学生的问题解决能力和创新思维，使他们更好地适应未来的职业挑战。沉浸式技术还能够弥补传统教学方法的不足，特别是在某些复杂概念的教学上。例如，在医学领域，学生可以通过VR体验人体内部结构，更直观地理解解剖学知识。这种沉浸式的学习方式有助于提高学生对抽象概念的理解深度。另外，沉浸式技术也为远程学习提供了新的可能性。学生可以通过虚拟现实设备参与远程实验、项目合作，共享虚拟空间，实现跨地域的协同学习。这对于全球化时代的学生，尤其有助于培养跨文化、跨地域的团队合作能力。总体而言，沉浸式技术的引入为学生提供了更为沉浸、互动和实际的学习体验。在特定领域，这种技术可以更好地帮助学生理解复杂的概念和技能，为他们的职业发展提供更为丰富的准备。

5. 智能化学习系统

智能化学习系统的应用为学生提供了一种更加个性化、高效的学习体验，对于满足不同学生需要和提升学习效果具有显著优势。首先，智能化学习系统能够根据学生的学习风格和兴趣定制个性化的学习路径。通过分析学生的学习历史、偏好和能力，系统可以智能地调整教学内容和难度，使学生在个人的学习舒适区内，并更好地理解和吸收知识。其次，智能化学习系统通过实时的学习数据分析，提供即时反馈。这种即时反馈机制可以告诉学生他们在哪些方面取得了进展，哪些方面需要进一步加强。这有助于学生更好地调整学习策略，及时纠正错误，提高学习的效果。智能化学习系统还能够提供个性化的学习资源推荐。根据学生的需求，系统可以推荐适合其水平和兴趣的教材、视频、练习题等学习资源，使学习更为丰富多彩。这种个性化的资源推荐有助于激发学生的学习兴趣，提高学习动力。另外，智能化学习系统还可以支持远程学习和自主学习。学生可以随时随地通过系统访问学习资源，灵活安排学习时间。这有助于满足学生的个体差异和生活节奏的需求，提升学习的灵活性。总的来说，智能化学习系统的应用为学生提供了更个性化、高效的学习体验。通过利用先进的技术，系统能够更好地满足学生的需要，提供更贴近实际学习情境的支持，从而促进学生的全面发展。

6. 实时互动课堂

实时互动课堂的引入为教学过程注入了新的活力，对于提高学生的参与度和专注度具有显著的优势。首先，实时互动课堂能够打破传统教学的单向性。在虚拟空间中，教师和学生可以实时互动、分享观点，形成更为开放的学习环境。学生不再是被动接收信息，而是通过实时互动更积极地参与到课堂中，提高了学习的主动性。其次，实时互动课堂促进了即时反馈。教师可以实时了解学生对知识的理解程度，根据学生的反馈及时调整教学策略。这种反馈机制有助于更好地满足学生的学习需求，提高学习的效果。实时互动课堂还可以提供多样化的教学工具，如在线投票、实时问答等，增加了教学的灵活性。通过这些工具，教师可以根据学生的反馈和需要，调整教学内容，使教学更贴近学生的实际需求，提高学习的实用性。另外，实时互动课堂为学生提供了更为生动有趣的学习体验。通过虚拟空间中的互动元素，教学过程更具趣味性，有助于吸引学生的注意力，提高他们的专注度。这种生动有趣的学习方式有助于激发学生对知识的兴趣，提高学习的动力。总体而言，实时互动课堂为教学带来了更多的互动性和灵活性，有助于提高学生的学习体验。结合先进的技术，创造出更为丰富多彩、富有创意的教学场景，有助于培养学生的批判性思维和解决问题的能力。

通过引入这些灵活多样的教学手段，学生可以更好地适应职业领域的发展，培养出适应未来工作环境所需的综合素养和技能。

第二节　职业技能培养的理念与实践

一、职业技能培养的核心理念

（一）强调实际操作能力

在职业技能培养中，强调实际操作能力意味着不仅仅是理论知识的灌输，更要求学生能够将所学知识应用于实际工作中。这可以通过实验、实习、模拟项目等方式来实现。学生通过亲身经历，才能真正理解并掌握所学技能。

1. 实验和实践课程设计

实验和实践课程设计是一种极具实效性的教学方法，有助于将理论知识与实际应用相结合，提升学生的综合素养和解决问题的能力。首先，实验和实践课程设计提供了学生在实际场景中应用知识的机会。通过搭建实际系统、进行科学实验、模拟工程项目等实践活动，学生能够将抽象的理论知识转化为具体的实际操作，更好地理解和应用所学内容。其次，动手操作能够加深学生对理论概念的理解。通过亲身实践，学生能够深入体验到知识的实际运用过程，加深对相关理论的印象，促使知识更牢固地嵌入他们的记忆中。实验和实践课程设计还有助于培养学生的实际问题解决能力。在实际操作中，学生可能面临各种挑战和问题，需要动态地运用所学知识来解决。这培养了他们的创造力、灵活性和解决问题的能力，这些都是在职场中非常重要的素养。此外实验和实践课程设计有助于提高学生的团队协作能力。很多实际项目需要团队协作来完成，学生在团队中学会沟通、合作、分工协作等团队技能，这对于未来进入职场具有重要意义。总体而言，实验和实践课程设计是一种将理论知识转化为实际能力的有效途径。通过在实际场景中操作，学生能够更全面地发展自己的技能，为未来的职业生涯打下坚实的基础。

2. 实习和实地经验

实习和实地经验是学生职业发展过程中至关重要的一环，它不仅让学生接触真实的职业环境，还为他们提供了将理论知识转化为实际操作技能的机会。首先，实习提供了学生在真实职业环境中的工作机会。通过实地经验，学生可以亲身体验和应用在学校学到的知识，了解职业领域的工作流程和实际操作，加深对专业领域的理解。其次，实习有助于学生建立与职业界的联系。在实习中，学生可以与业界专业人士互动，建立专业人脉。这对于将来找工作、了解行业趋势、获取职业建议等方面都具有重要意义。实习还培养了学生在职场中所需的实际操作技能。在实习过程中，学生不仅能够将学校学到的理论知识付诸实践，还能够锻炼解决实际问题的能力、适应职业环境的能力以及团队协作精神。另外，实习也是学生职业规划和发展的重要一步。通过实地经验，学生可以更好地了解自己的职业兴趣和发展方向，为未来的职业选择提供更明确的方向。总体而言，实习和实地经验是学生职业发展过程中的一种重要途径。它不仅帮助学生将学校所学知识应用于实践，还为他们提供了更广阔的职业发展视野和更强大的竞争力。

3. 模拟项目和案例分析

模拟项目和案例分析是一种有效的教学方法，通过在相对受控的环境中提供实际场景的模拟，帮助学生练习和应用所学技能，培养他们在真实世界中灵活应对挑战的能力。首先，模拟项目和案例分析提供了一个安全的练习环境。学生可以在这个虚拟的环境中模拟真实项目，进行实际案例分析，而不必担心可能带来的负面后果。这有助于学生在相对低风险的情境下积累经验，提升他们的实际操作能力。其次，通过模拟项目和案例分析，学生能够更全面地理解理论知识在实际应用中的运作方式。这种学习方式使学生能够将抽象的理论知识与具体的情境相结合，培养他们的实际问题解决能力。模拟项目和案例分析也有助于培养学生的团队合作和沟通技能。在模拟项目中，学生通常需要合作完成任务，共同解决问题。这锻炼了他们的团队协作、沟通和领导能力，提高了团队整体的绩效。此外，通过模拟实际案例，学生能够在不同情境下练习灵活应对的能力。这种练习使他们更具适应性，能够在面对未知情况时迅速做出反应，为日后面对真实职业挑战做好准备。总体而言，模拟项目和案例分析是一种促进学生实际操作能力和综合素养发展的重要教学手段。通过在模拟环境中进行练习和实践，学生能够更好地应对职业生涯中的各种挑战。

4. 利用虚拟实验室和技术

利用虚拟实验室和技术是一种创新的教学手段，为学生提供了在虚拟环境中进行实际操作的机会，具有安全、成本效益和多样性等优势。首先，虚拟实验室和技术提供了安全性。在某些实验和操作中，涉及到危险的化学物质或复杂的设备，存在一定的安全风险。通过虚拟实验室，学生可以在安全、受控的环境中进行实际操作，避免了潜在的危险，提升了实验的安全性。其次，虚拟实验室和技术具有成本效益。传统实验通常需要昂贵的实验设备和大量的实验材料，而虚拟实验室通过数字化技术，避免了这些成本。这降低了学校和学生的经济负担，使更多的学生能够获得实际操作的机会。虚拟实验室还能够模拟各种实际情境，增加学生的实际操作经验。无论是进行科学实验、工程设计还是其他领域的实际操作，虚拟实验室都可以模拟多种场景，让学生在不同情境中进行实践，培养他们的问题解决能力和实际操作技能。另外，虚拟实验室和技术还具有灵活性。学生可以在任何时间、任何地点通过网络访问虚拟实验室，进行实际操作。这种灵活性使得学习更为便捷，有助于适应学生个体差异和不同学习节奏的需求。总体而言，引入虚拟实验室和技术是一种高效而创新的教学手段。通过数字化技术，学生可以在更安全、经济、灵活的环境中进行实际操作，提高他们的学习体验和实际技能水平。

5. 项目驱动的学习

项目驱动的学习是一种重视实际项目应用的教学方法，通过参与项目让学生学习和应用知识。这种学习方式具有培养团队合作和问题解决能力的优势，有助于学生更好地适应职业环境。首先，项目驱动的学习注重实践应用。学生通过参与真实项目，不仅能够将理论知识进行实践，还能够直接体验项目开发、问题解决等职业领域的实际操作，从而更深刻地理解和掌握所学内容。其次，项目驱动的学习强调团队合作。在实际项目中，学生通常需要合作完成任务，共同解决问题。这锻炼了他们的团队协作、沟通和协调能力，提高了团队整体绩效。这样的经验对于学生未来进入职业环境，特别是在团队合作型工作中，具有重要的价值。项目驱动的学习还注重问题解决能力的培养。在项目过程中，学生可能会面临各种挑战和问题，需要动态地运用所学知识来解决。这培养了学生的创造力、灵活性和解决问题的能力，使他们更具应对实际职业挑战的自信心。另外，项目驱动的学习有助于学生建立实际工作经验。通过参与项目，学生可以在学业阶段就积累相关行业经验，使他们更具竞争力，更容易在毕业后找到理想的工作。总体而言，项目驱动的学习是一种贴近实际、强调实践和团队合作的教学方法。通过参与项目，学生不仅能够在学术上有所收获，还能够在实际项目中培养出更全面、更适应职业环境的能力。通过强调实际操作能力，学生能够更自信地应对职业挑战，因为他们已经在学习过程中获得了实际技能和经验。这也有助于构建更密切的学理实践结合，使学生的职业发展更有深度和广度。

（二）注重行业对技能的需求

理念的一部分是对行业需求的敏感性。了解当前和未来的行业趋势，以及行业对于特定技能的需求，有助于调整课程内容，使之更符合实际用途。这可以通过与行业专业人士的定期对话、参与行业研究等方式来实现。

1. 与行业专业人士的合作

与行业专业人士的合作是一种极具价值的方式，有助于保持课程的实用性和与行业同步。这种合作关系不仅有助于了解行业的最新动态，还能够提供实际的职业导向和用人需求。首先，与行业专业人士的定期对话和交流可以及时了解行业内的最新动态。行业发展迅速，新技术、新趋势不断涌现。通过与专业人士的沟通，教育机构能够及时获取这些信息，从而调整课程内容，确保学生学到的知识和技能是行业当前最需要的。其次，专业人士的意见和建议有助于提升课程的实际性。他们能够分享在实际工作中遇到的问题、需要掌握的技能和知识。这种实际的职业导向有助于调整教学内容，使之更加符合学生未来进入职场所需的实际能力。与行业专业人士的合作还能够搭建起学生与行业之间的桥梁。通过与专业人士的接触，学生能够建立起职业网络，获取实际的职业建议，增加就业机会。这种联系还有助于教育机构更好地了解行业的用人需要，进一步调整课程以提高学生的就业竞争力。最后，专业人士的经验分享可以为学生提供实际案例和实战经验。通过听取专业人士的实际工作经验，学生可以更好地理解理论知识如何在实际工作中应用，为他们未来的职业发展提供更实际的指导。总体而言，与行业专业人士的合作是一种有效的教学策略，有助于使课程更贴近实际职业需求，提高学生的实际操作能力，增强他们的职业竞争力。

2. 参与行业研究和趋势分析

参与行业研究和趋势分析是一种有益的做法，能够使教育机构更好地了解行业动态，调整教学计划，以确保学生毕业后具备适应行业发展的实际能力。首先，积极参与行业研究有助于了解当前和未来的行业趋势。通过与学校内的研究机构、专业协会等建立合作关系，可以获取行业内最新的研究成果和趋势分析报告。这有助于教育机构更全面地了解行业的发展方向，为调整教学计划提供有力的依据。其次，通过了解行业趋势，教育机构能够更及时地调整教学计划。行业的技术、需求和趋势可能随时发生变化，教育机构需要灵活地调整课程内容，保证学生所学的知识和技能是与行业当前和未来需求相匹配的。参与行业研究还可以为学生提供更贴近实际的学习体验。通过将最新的行业研究成果融入教学，学生能够直接了解和应用行业前沿的知识，为他们未来的职业发展提供更实际的支持。此外，教育机构还可以通过与行业专业人士和企业建立紧密的合作关系，促进校企合作。这种合作可以帮助学生更好地融入实际工作环境，获取实际的职业经验，提高他们的职业竞争力。总的来说，参与行业研究和趋势分析是一种有助于教育机构保持教学与行业同步的战略。通过及时了解行业的发展动向，调整教学计划，教育机构可以更好地培养学生适应未来职业挑战的能力。

3. 实时更新课程内容

实时更新课程内容是确保教育机构保持与行业同步的一项重要措施。这种教学策略可以使机构更具灵活性，能够快速适应行业变化，以确保学生获得最新的知识和技能。首先，实时更新课程内容使得教育机构能够快速应对行业的技术变革。随着科技和行业的快速发展，新的技术和方法不断涌现，教育机构需要能够及时调整课程内容，确保学生能够学到最新的知识。这有助于提高学生的实际操作能力，使他们更容易适应行业的需要。其次，实时更新课程内容有助于培养学生的创新思维。行业的不断发展意味着需要具备创新意识和能力的人才。通过引入最新的技术和趋势，教育机构可以激发学生的创新潜力，使他们更具竞争力。实时更新课程内容还可以提高毕业生的就业竞争力。雇主通常更愿意招聘那些具备最新技能和知识的候选人。通过持续更新课程内容，教育机构可以确保毕业生具备最新的职业技能，增加他们在职场中的竞争力。此外，实时更新课程内容也能够提高学生的学习体验。学生能够在学校就能够接触到最新的行业趋势和技术，这使得他们在毕业后更加顺利地融入职场。总体而言，实时更新课程内容是教育机构保持与行业同步、培养具有实际竞争力的毕业生的有效途径。通过灵活调整课程结构和引入新的内容，机构能够更好地满足行业的需要，为学生提供更为实用和符合市场需求的教育。

4. 行业嘉宾讲座和工作坊

行业嘉宾讲座和工作坊是一种极具价值的教学手段，能够为学生提供直接的行业洞察和实际经验。首先，通过邀请行业专业人士举办讲座，学生可以直接听取来自行业前沿的信息。专业人士通常能够分享最新的趋势、技术和实践，这为学生提供了与实际工作相关的见解，帮助他们更好地了解职业领域的现状和未来发展方向。其次，这种形式能够激发学生的兴趣和职业热情。亲身听取成功专业人士的经验故事和行业见解，有助于学生更深刻地认识自己所学专业的重要性和应用领域。这有助于提高学生的学科认同感，使他们更有动力去追求相关的职业发展。另外，行业嘉宾讲座和工作坊也提供了与专业人士直接互动的机会。学生可以提问、参与讨论，并获得实用的建议和指导。这种互动有助于建立学生与行业专业人士之间的联系，为未来的实习、就业机会打下基础。最后，通过实际的案例分析和工作坊，学生有机会应用所学知识解决实际问题。这种实践性的学习方式帮助学生将理论知识与实际工作密切结合，培养他们的问题解决和实际操作能力。总体而言，行业嘉宾讲座和工作坊是一种促进学生职业发展的有效途径。它连接了学术知识和实际行业需求，为学生提供了更深层次、更实用性的学习体验。

5. 实践性项目与实习机会

实践性项目和实习机会是培养学生实际职业能力的关键元素，具有多方面的益处：首先，实践性项目提供了学生在真实场景中应用知识的机会。通过参与项目，学生可以将课堂学到的理论知识转化为实际操作技能。这种实践性的学习方式有助于加深对专业领域的理解，培养学生解决实际问题的能力。其次，实践性项目可以使学生接触到最新的技术和方法。行业发展快速，新的技术和方法不断涌现。通过参与实际项目，学生能够及时了解并应用最新的行业趋势，保持自己的专业竞争力。提供实习机会则为学生提供了更直接的行业体验。在实习中，学生能够亲身感受职业工作的环境，了解行业文化和实际工作需求。这种经历有助于学生更好地规划自己的职业发展方向，并为将来的就业奠定基础。此外，实践性项目和实习机会也为学生建立起丰富的职业网络提供了机会。通过与项目组、实习单位的合作，学生可以结识行业内的专业人士，建立起有力的人脉关系。这对于未来的就业和职业发展具有重要意义。最后，实践性项目和实习机会促使学生将学到的理论知识与实际工作相结合，培养他们更全面的能力。这种实际操作的经验有助于学生更好地适应职业环境，增加他们的就业竞争力。总体而言，实践性项目和实习机会是一种有效的教学策略，能够帮助学生更好地准备进入职场。通过实际操作和职业体验，学生能够更全面地发展自己的技能，为未来的职业发展奠定坚实的基础。

通过注重行业对技能的需求，教育机构可以更好地满足学生未来职业生涯的需求，培养出符合行业标准的专业人才。这也有助于缩短毕业生与实际工作之间的鸿沟，使其更容易融入职业领域。

（三）培养解决问题的创新思维

培养解决问题的创新思维是一种跨学科的能力，能够帮助学生在面对复杂的职业挑战时更具适应性。这包括培养学生的批判性思维、创造性思维、团队合作等方面的能力。项目驱动和实际案例分析是培养这种思维方式的有效途径。

1. 项目驱动的学习

项目驱动的学习是一种强调实际项目应用的教学方法，有助于培养学生的解决问题能力和激发创新思维。首先，项目驱动的学习强调实际问题解决。通过参与项目，学生能够直接应用在课堂上学到的知识和技能解决实际挑战。这种实践性的学习方式有助于深化对理论知识的理解，并使学生更好地准备面对真实职业环境中的复杂问题。其次，项目驱动的学习有助于培养学生的团队协作能力。在项目中，学生通常需要与同学合作，共同完成任务。这种团队协作锻炼了学生的沟通、协调和领导能力，是他们未来职业中必不可少的素质。项目驱动的学习还能够激发学生的创新思维。在解决项目中的问题过程中，学生需要提出新的观点、寻找创新性的解决方案。这培养了他们的创造力和灵活性，使他们更具创新精神。此外，项目驱动的学习有助于将学科知识整合为一个整体。学生不仅仅在项目中应用特定课程的知识，还需要综合运用多个学科领域的知识。这种跨学科的整合有助于培养学生更全面、更综合的能力。总体而言，项目驱动的学习是一种促使学生将理论知识与实际问题相结合的高效方式。通过参与项目，学生能够在实践中发展出更全面、更适应职业需求的技能，为他们未来的职业生涯打下坚实的基础。

2. 实际案例分析

实际案例分析是一种有力的教学工具，它为学生提供了在真实情景中理解和解决问题的机会。首先，实际案例分析有助于培养批判性思维，学生通过分析实际案例，需要深入思考问题的本质、可能的解决方案以及它们的影响。这种批判性思维训练使学生能够更全面地理解复杂的问题，并从多个角度进行思考。其次，实际案例分析提供了学生学以致用的机会。通过将理论知识应用到实际情境中，学生能够更好地理解学科知识的实际应用价值。这种实践性的学习方式有助于加深对理论概念的理解，并提高学生解决实际问题的能力。实际案例分析还能够激发学生的创新思维。在解决实际案例时，学生需要思考创新的解决方案，找到独特的、有效的方法来解决问题。这有助于培养学生的创造力和灵活性，使他们更具有创新精神。另外，实际案例分析也能够提升学生的问题解决能力。通过深入挖掘案例中的问题和挑战，学生需要运用他们所学的知识和技能，寻找可行的解决方案。这种问题解决的实践训练使学生更具备应对未知情境的能力。总体而言，实际案例分析是一种促进学生深度思考和应用知识的有效教学方法。通过真实情境的案例分析，学生能够在学术知识和实际问题之间建立联系，为他们未来的职业发展提供更实际的支持。

3. 跨学科的教学方法

跨学科的教学方法是一种鼓励学科间交叉合作的教学策略，对于培养学生的创造性思维和综合能力具有重要作用。首先，跨学科教学有助于打破学科壁垒。传统的学科划分可能会导致知识的孤立和割裂，而采用跨学科的教学方法可以使学生跨足多个学科领域，获取更为全面和多元的知识。这有助于培养学生更广泛的视野和更强的综合素养。其次，跨学科的教学方法可以激发学生的创造性思维。通过接触不同领域的知识，学生有机会将各种思维模式和方法相结合，从而产生新的观点和解决问题的途径。这有助于培养学生的创新意识，使他们更具创造性。采用跨学科教学方法还能够促进学科间的交流和合作。学生在不同学科的课程中可能会涉及到相似的问题或主题，跨学科的教学使得学生能够更容易地跨学科合作，共同解决复杂的问题。这有助于培养学生的团队协作和沟通能力。此外，跨学科的教学方法有助于培养学生的批判性思维。他们需要从不同学科的角度审视问题，分析各种信息，形成独立的判断。这种思考方式有助于提高学生对问题的深度理解和分析能力。总体而言，采用跨学科的教学方法能够为学生提供更为综合、开放的学术环境，培养其跨学科思维和综合应用知识的能力。这有助于更好地满足现实世界中复杂问题的解决需求，为学生的职业发展提供更全面的支持。

4. 创新工作坊和讲座

创新工作坊和讲座是一种促进学生创新思维和实际应用的有效途径。首先，通过邀请创新领域的专业人士分享经验，学生可以直接从成功创新者那里获取实际经验。专业人士的分享能够为学生提供实际案例和行业见解，使他们更好地了解创新的实际运作方式，学习成功的创新策略和方法。其次，创新工作坊和讲座有助于激发学生的创新思维。与成功的创新者互动和分享经验，可以激发学生对创新的兴趣和热情。这种直接的接触和启发能够帮助学生更深入地理解创新的重要性，并鼓励他们在学术和职业中寻找创新的机会。另外，创新工作坊和讲座提供了学生与专业人士互动的机会。学生可以提问、参与讨论，甚至参与实际的创新活动。这种互动有助于建立学生与创新领域专业人士之间的联系，开拓他们的人际网络。创新工作坊和讲座还能够向学生展示实际应用中的创新案例。通过实际案例的讲解，学生能够更具体地了解创新是如何在不同领域中应用的，以及创新如何推动行业的发展。这种实际应用的示范有助于学生将创新理念与实际工作联系起来。总体而言，创新工作坊和讲座为学生提供了一个接触创新思维和实际应用的平台。通过这种形式的活动，学生能够获取实际经验、激发创新思维，并创建与创新领域专业人士的联系，为未来的职业发展做好准备。

5.提倡自主学习和实践

提倡自主学习和实践是培养学生独立思考和实际能力的重要手段。首先，自主学习能够激发学生的主动性和求知欲。提供自主学习的资源和机会，使学生有更多的自由去选择学习的内容和方式。这样的学习环境能够激发他们的兴趣，让他们更加主动地深入研究感兴趣的主题。其次，自主学习培养了学生的独立思考和解决问题的能力。在自主学习的过程中，学生需要自己制订学习计划、找到相关资源、解决遇到的问题。这培养了他们在独立思考和自我解决问题方面的能力，为他们未来的职业生涯奠定基础。提倡实践则是让学生将理论知识应用到实际情境中的关键步骤。通过实际操作，学生能够加深对理论概念的理解，并培养实际问题解决的能力。实践性的学习经验有助于学生更好地应对职业环境中的挑战。此外，自主学习和实践培养了学生的自我管理和组织能力。学生需要有效地管理自己的学习时间，组织学习过程，这有助于培养他们在职场中更好地规划和管理自己的工作。总体而言，提倡自主学习和实践是一种促进学生全面发展的教育理念。通过给予学生更多的自由和责任，他们能够更全面地发展自己的学术和实际能力，更好地适应未来的职业环境。

6.团队合作与沟通技能培养

团队合作和沟通技能的培养在学生的职业发展中具有至关重要的作用。首先，团队合作能够培养学生的协同工作能力。在团队中学习如何与他人合作、共同追求共同目标，有助于培养学生的团队协作意识和能力。这是职场中不可或缺的技能，因为大多数工作都需要与他人合作以达成共同目标。其次，有效的沟通是团队协作的关键。通过培养学生的沟通技能，可以确保团队成员能够清晰地表达观点、理解他人的意图，并有效地传递信息。在职场中，沟通是解决问题、协调工作和推动项目前进的基础。在团队中分享想法有助于激发创新思维。当学生学会在团队环境中分享和交流各自的想法时，能够从不同的角度审视问题，促进创新性的解决方案的出现。这种创新思维是适应变化和应对复杂问题的关键。团队合作也有助于培养学生的问题解决能力。通过共同努力解决团队面临的挑战，学生能够学到解决问题的策略和方法。这样的经验在职场中非常有价值，因为工作中经常需要解决各种问题和难题。最后，团队合作培养了学生的人际关系和团队合作精神。在一个团队中，学生能够建立起与同事的积极关系，形成良好的团队氛围，共同追求团队和个人的成功。综上所述，培养团队合作和沟通技能是为学生提供成功职业生涯所必需的关键要素。这不仅有助于个人的职业发展，也符合现代职场对全面发展和协作能力的需要。通过这些方法，学生能够在解决实际问题时展现出更灵活、创新的思维方式，使他们更适应未来职业领域的变化和挑战。

二、职业技能培养的实践

（一）基础技能的培养

在职业技能培养的实践中，首要任务是培养学生的基础技能。这可能涉及到特定行业或专业领域的技术技能、沟通能力、团队合作等。分阶段、循序渐进地培养这些基础技能对学生日后的职业发展至关重要。

1. 特定行业或专业领域的技术技能

学生在特定行业或专业领域掌握必要的技术技能是他们职业成功的关键。通过实际项目、实验课程以及与行业专业人士的合作，学生能够逐步建立并提升这些技能。首先，实际项目为学生提供了在真实场景中应用技术技能的机会。通过参与项目，学生能够将理论知识转化为实际操作，解决实际问题，从而深化对技术的理解和掌握。其次，实验课程为学生提供了一个安全的实践环境，让他们在模拟的场景中进行实际操作。这有助于巩固他们在实验技术方面的掌握程度，并培养实验和实际应用的能力。与行业专业人士的合作是学生获取实际技术经验的重要途径。通过与行业专业人士合作，学生可以了解行业内的最新技术趋势、标准和实际应用，从而更好地满足行业的需求。总的来说，通过这些途径，学生不仅能够建立对特定技术的深刻理解，还能够在实际操作中不断提高他们的技术技能水平。这种实践性的学习方式不仅有助于学生更好地应对职业挑战，也使他们更具竞争力，能够在特定领域中脱颖而出。

2. 沟通能力

沟通能力是学生职业发展中至关重要的基础技能之一。通过在课程中采用多种方式培养学生的沟通技能，可以使他们在未来职场中更加成功。首先，演讲是培养学生口头沟通能力的有效方式。通过在课堂上进行演讲，学生能够锻炼清晰表达观点、逻辑思维和自信的能力。提供反馈和指导可以帮助他们不断改进演讲技巧。其次，写作是培养书面沟通能力的关键途径。通过撰写报告、论文或其他文档，学生可以提高组织思想、文字表达和传达信息的能力。指导学生在写作中重视结构和清晰度，使他们能够有效地沟通想法。团队项目也是培养沟通技能的有力工具。在团队中，学生需要学会协调、合作和有效地与团队成员进行沟通。通过团队合作，他们能够理解不同观点、学会倾听并提出建设性的意见。课程中还可以引入模拟沟通场景，让学生在相对受控的环境中练习应对真实世界中可能遇到的沟通挑战。这有助于提高他们应对各种情境的应变能力。在培养沟通能力的过程中，重要的是为学生提供反馈和机会，让他们在实践中不断改进。同时，教育机构可以鼓励学生参与社交活动、演讲比赛或实习，以进一步锻炼他们的沟通技能并将其应用到实际情境中。综合而言，沟通能力的培养应该贯穿整个学习过程，通过多样化的教学方法和实践机会，使学生在口头和书面沟通方面都能够表现出卓越的能力。这将为他们在职业生涯中取得成功奠定坚实的基础。

3. 团队合作

团队合作是学生在职业发展中必备的关键技能。通过采用多种方式培养学生在团队中协作、分享想法和解决问题的能力，可以为他们提供全面的团队合作经验。项目驱动的学习是一种激发团队合作的有效方法。通过将课程设计为项目驱动，学生在团队中合作完成实际项目，不仅可以应用所学知识，还能够培养团队协作和问题解决能力。小组作业是另一种促进团队合作的方式。在小组作业中，学生需要共同努力完成任务，分工合作，学会协商和共同制订工作计划。这种经验有助于培养学生在协作中的沟通和组织能力。模拟企业项目也是锻炼团队合作技能的重要手段。通过参与模拟企业项目，学生可以在模拟的真实环境中体验团队协作的挑战，学到在职场中如何更好地与同事协作。

4. 问题解决能力

培养学生的问题解决能力是职业技能培养的核心目标之一。通过采用实际案例分析、项目驱动的学习和实践性任务等方法，可以帮助学生习得批判性思维和解决实际问题的能力。实际案例分析是一种培养学生解决问题技能的有效手段。通过深入研究实际案例，学生能够理解问题的复杂性，分析其中的挑战，并提出创新的解决方案。这种方法强调学生在真实情景中应用理论知识，培养了他们面对实际问题时的决策能力。项目驱动的学习是另一种激发问题解决能力的方法。将课程设计为项目驱动，使学生在实际项目中应用所学知识，需要他们不断思考和解决项目中遇到的问题。这培养了学生在团队协作中解决实际挑战的能力。实践性任务是直接锻炼学生解决问题技能的途径。通过参与实际操作、模拟情境等任务，学生能够在相对真实的环境中应对问题，培养了他们的实际操作能力和创新思维。

5. 时间管理与自组织能力

时间管理和自组织能力是职业生涯中非常关键的技能，能够直接影响到个体的工作效率和职业发展。在教育和培训中，针对这两个方面的培养是至关重要的。首先，对于时间管理的培养，学生需要学会将整个工作或学习任务分解成具体的阶段和步骤。这可以通过制订详细的计划和任务清单来实现。在这个过程中，学生需要学习如何评估任务的优先级，了解什么是紧急的、重要的，以及如何将时间分配给各个任务。其次，通过设定任务和项目的截止日期，学生可以更好地管理时间压力，并培养出对于截止日期的敏感性。这有助于他们在职业生涯中更好地应对工作中的时间限制和紧急任务。此外，实际工作场景的模拟是培养时间管理和自组织能力的有效途径之一。通过模拟真实的工作环境和项目，学生可以体验到在有限时间内完成任务的挑战，从而更好地适应职业生涯中的工作压力。总体而言，通过系统性的培训和实践，学生可以逐步建立起对时间的合理规划和任务的有效组织能力。这不仅有助于提升工作效率，还能够培养学生在职业生涯中更好地应对各种挑战的能力。

6. 学习方法与自主学习能力

学习方法和自主学习能力的培养是学生长远发展的关键因素。首先，学习方法的培养需要学生学会设定明确的学习目标。这包括短期和长期目标，帮助他们更好地规划学习进程。了解目标有助于学生明确方向，提高学习的动力和效果。其次，自主学习能力的培养涉及到学生有效利用各种学习资源。这包括教材、网络资源、导师建议等。学生需要学会从多个渠道获取信息，并学会筛选和评估资源的可靠性，培养信息素养和独立思考的能力。批判性思维的培养也是关键的一环。学生需要学会质疑和分析信息，提出问题，并从不同角度思考。这有助于他们培养出独立思考和解决问题的能力，而不仅仅是被动接受知识。鼓励学生参与学科领域的深度学习是培养自主学习能力的有效途径。这包括参与项目、实践经验、独立研究等。通过深度学习，学生能够更全面地理解知识，形成更牢固的学科基础。最后，培养学生在不断变化的职业环境中能够持续学习和适应至关重要。这需要学生具备灵活性和学习新知识的意愿。帮助学生培养自主学习的习惯，使其能够主动适应职业发展中的变化和挑战。

（二）行业导向的课程设计

1. 与企业的合作

与企业的合作是行业导向课程设计中至关重要的步骤。通过建立紧密的合作关系，学校能够深入了解当前行业的需求，实现教育和实际应用的更好结合。这种紧密的合作关系首先体现在信息共享上。学校可以通过与企业保持密切联系，获取关于行业趋势、技术创新和人才需求的实时信息。这有助于课程设计团队更准确地把握行业动态，保证教授的知识和技能是符合最新实际需求的。另一方面，与企业的合作使得学校能够及时调整课程内容。通过与企业沟通，了解到行业的具体技术和操作要求，学校可以灵活地调整课程，确保毕业生能够具备行业所需的实际能力。这种定期的反馈机制有助于课程的持续优化。更重要的是，与企业的合作提供了学生与实际工作环境接轨的机会。学生可以参与企业项目、实习或实践活动，将学到的理论知识应用到实际工作场景中。这种实践性的经验不仅提高了学生的实际操作技能，也使他们更容易融入职业生涯。最后，这样的合作关系实现了校企双赢。学校能够通过企业的支持获得实际案例、资源和导师的专业指导，而企业则受益于培养出更符合其需求的专业人才。这种紧密的合作是行业导向课程设计的关键步骤，为培养更具竞争力、实际应用能力强的学生打下了坚实基础。

2. 市场调研和行业分析

市场调研和行业分析是保证课程设计与实际需求相符的关键步骤。定期进行这些调查可以为学校提供有价值的信息，确保教育方案能够适应不断变化的行业环境。首先，市场调研和行业分析有助于了解行业的最新发展趋势。随着科技和市场的不断变化，行业的需求和趋势也在迅速演变。通过及时的市场调研，学校能够捕捉到这些变化，确保课程内容与行业趋势保持一致。其次，了解技术变化对于课程设计至关重要。许多行业都在不断引入新的技术和工具，为学生提供跟上潮流的培训是非常重要的。通过行业分析，学校可以明确行业中新兴技术和工具的使用情况，及时调整课程内容，确保学生毕业后具备最新的技术知识。另外，市场调研还有助于了解用人需求。通过分析招聘市场和企业的招聘要求，学校可以更好地了解行业对人才的具体需求。这有助于调整课程，培养学生具备实际就业所需的技能和素养，提高他们的就业竞争力。总体而言，市场调研和行业分析是确保课程设计保持前瞻性和实际导向的有效手段。它使学校能够更敏锐地捕捉到行业的动态变化，为学生提供更贴近实际需求的教育体验。

3. 行业专业人士的参与

行业专业人士的参与对于课程设计和教学的质量提升至关重要。他们能够为学生提供实际工作中的经验和见解，使课程更贴近实际工作场景，提高学生的实际操作经验。首先，行业专业人士能够分享实际工作中的案例和挑战。通过参与课程设计过程，他们可以为教育者提供真实的业务案例，帮助学生更好地理解理论知识如何应用于实际问题。这有助于提高学生对行业实践的理解和洞察。其次，专业人士的参与可以带来最新的行业动态和趋势。他们了解当前行业的发展方向、新兴技术、市场需求等，为课程设计提供前瞻性的信息。这确保了学生在学习过程中能够获得最新、最实用的知识。此外，专业人士的参与还能够促进实践技能的培养。他们可以在教学过程中分享实际工作中所需的技能和技术，指导学生如何更好地应用理论知识于实际工作中。这种实际操作的指导有助于提高学生的实际应用能力。最后，与行业专业人士的互动可以搭建起学生与行业之间的桥梁。专业人士的参与提供了学生与业界交流的机会，为他们建立职业网络和了解职业发展方向提供了支持。总体而言，行业专业人士的参与不仅使课程更贴近实际，还为学生提供了更为全面的职业培养体验。这种实践性的教学方式有助于培养学生适应职场的能力，提高他们的就业竞争力。

4. 实际案例分析

实际案例分析是一种非常有效的教学方法，对于帮助学生将理论知识转化为实际解决问题的能力具有重要意义。首先，实际案例分析能够提供学生与真实工作场景相关的实际经验。通过分析真实的行业案例，学生可以了解到实际工作中可能遇到的各种问题和挑战。这种实际经验有助于学生更深入地理解课程内容，将理论知识与实际情况相结合。其次，实际案例分析培养了学生的问题解决能力和批判性思维。面对真实案例中的问题，学生需要运用所学的理论知识，分析问题的根本原因，并提出有效的解决方案。这有助于锻炼学生的思考能力和判断力。此外，实际案例分析能够激发学生的学习兴趣。通过深入挖掘实际案例，教学可以更贴近学生的实际兴趣和职业目标。这有助于提高学生的学习主动性和投入感，使他们更积极地参与到课程学习中。最后，实际案例分析也促进了学生的团队协作能力。在分析案例的过程中，学生通常需要进行小组讨论和合作，共同思考问题并提出解决方案。这有助于培养学生的团队协作和沟通技能，提高他们在团队中的合作能力。总的来说，实际案例分析是一种全面的教学方法，有助于培养学生的实际应用能力、问题解决能力和团队协作精神。通过将课堂与实际情境结合起来，学生能够更好地适应未来职业的挑战。

5. 职业认证课程的整合

将行业认证课程整合到课程设计中是一种有效的教学策略，具有以下几个显著的优势：首先，行业认证课程的整合使得学生在学习过程中能够获得实际认可的资质。这些认证通常由相关行业组织或权威机构颁发，对学生未来的职业发展具有直接的指导作用。学生通过完成这些课程，不仅能够获得学校颁发的学位，还能够获得行业认可的证书，为他们的职业发展提供了实质性的支持。其次，整合行业认证课程有助于提高学生的竞争力。在求职市场上，拥有行业认证的学生往往更具吸引力。雇主通常更愿意选择那些已经通过权威认证的候选人，因为这代表着他们具备了行业所需的实际技能和知识。此外，整合行业认证课程还有助于课程的实际导向。这些课程通常更加注重实际应用和行业标准，使学生能够更好地理解并适应实际工作场景。这有助于减少学生从毕业到职场的适应期，提高他们的职业入门水平。最后，整合行业认证课程有助于与行业保持紧密联系。学校可以与行业合作伙伴共同设计和提供认证课程，确保课程内容与行业需求保持一致。这种紧密联系有助于及时调整课程，保持教育的实用性和前瞻性。综合而言，将行业认证课程整合到课程设计中是一种使学生更好地适应职业领域需求的有效手段。它不仅提高了学生的学术水平，还为他们的职业发展打下了坚实的基础。

6. 不断更新课程内容

行业发展迅速，因此课程内容需要不断更新以保持与行业同步。建立灵活的课程更新机制，使课程内容能够及时反映出行业的最新要求和趋势。不断更新课程内容是确保教育质量和实用性的关键步骤。首先，行业的迅速发展意味着新的知识、技术和趋势不断涌现。通过不断更新课程内容，学校可以确保学生获得最新的信息和技能。这有助于提高学生在就业市场上的竞争力，使他们更容易适应不断变化的职业环境。其次，灵活的课程更新机制有助于及时响应行业的变化。行业可能因技术进步、法规变更或市场需求的变化而发生变革。通过建立灵活的更新机制，学校能够更迅速地调整课程内容，保证学生所学的知识和技能具有实际应用性。此外，不断更新课程内容有助于提升学校的声誉和吸引力。雇主更愿意招聘那些具备最新知识和技能的毕业生。学校通过提供与行业同步的课程，能够更好地满足雇主的需求，使学校在职业培训领域更具影响力。最后，灵活的课程更新机制有助于促进教师和学生之间的互动。教师可以更频繁地引入最新的案例、项目和实践经验，使教学更具生动性和实用性。学生则能够更好地参与到实际问题的解决中，提高实际操作经验。综合来说，不断更新课程内容是保持教育质量和实用性的关键。它使学校保持与行业同步，为学生提供更好的教育体验，同时增加学校在职业培训领域的竞争力。通过这样的行业导向课程设计，学生可以更好地应对职业领域的挑战，毕业后更容易融入实际工作环境。这也有助于提高毕业生的就业竞争力。

（三）实践性教学和项目驱动

实践性教学和项目驱动是将理念付诸实践的关键手段，为学生提供更深刻的学习体验和实际应用技能的机会。首先，实际案例分析是培养学生解决实际问题能力的有效途径。通过分析真实的案例，学生能够将抽象的理论知识运用到实际情境中，了解知识在实践中的应用方式。这种实践性的学习方式有助于建立学生的问题解决思维和实际应用能力。其次，实验室实践为学生提供了直接参与和实践的机会。在实验室环境中，学生可以亲自动手操作，观察实验结果，从而深化对理论知识的理解。这种实践性的学习方式有助于培养学生的实验设计和实际操作技能。参与真实项目是另一种推动学生实践能力发展的重要手段。通过参与项目，学生能够将所学知识直接应用于实际项目中，体验真实的工作场景。这有助于提升学生的团队协作能力、沟通技巧和项目管理能力。这种实践性教学和项目驱动的方法还有助于激发学生的学习兴趣。通过参与实际案例分析和项目，学生能够看到知识的实际应用，更容易理解学科的实际意义，从而更积极地投入到学习中。总体而言，实践性教学和项目驱动是将学生从纸上理论中解放出来的有效手段。它培养了学生实际运用知识和技能的能力，为他们未来的职业发展奠定了坚实的基础。

（四）个性化发展路径

个性化的发展路径是确保每个学生能够充分发挥潜力、适应个体差异的重要手段。首先，灵活的选修课程是个性化发展路径的一部分。通过提供丰富多样的选修课程，学生可以根据自己的兴趣和职业目标进行选择，打破传统课程的刚性结构。这使得学生能够更灵活地规划自己的学习路径，更好地适应个体差异。其次，导师制度是个性化发展路径中的重要组成部分。每位学生可以有一个导师，与之建立密切紧密的联系，共同制订个性化的发展计划。导师可以根据学生的兴趣、能力和职业目标提供个性化的建议和指导，帮助学生更好地规划自己的职业道路。此外，个性化的项目和实践经验也是重要的发展路径。学生可以选择参与与其兴趣相关的实际项目、实习机会或独立研究，以丰富个人经验，培养个性化的技能和专长。这有助于每个学生在特定领域中找到自己的定位。个性化发展路径还可以通过定期的个人发展谈话实现。在这些谈话中，学生可以与导师或职业指导人员交流自己的职业目标、兴趣和困惑，共同制订下一步的发展计划和目标。这种定期的交流有助于及时调整个性化发展路径，使其更符合学生的实际需求。总体而言，个性化的发展路径不仅能够更好地满足学生的个体差异，还有助于激发学生的学习兴趣和主动性。通过为每个学生提供独特的发展机会和支持，学校能够培养出更具个性化、有创造力的毕业生。

（五）持续学习与更新

持续学习和不断更新是确保职业竞争力的关键因素。首先，强调持续学习培养了学生的自主学习能力。随着职业环境的不断变化，自主学习成为一项关键技能。通过强调持续学习，学生能够培养主动获取新知识、新技能的意识和能力，更好地适应职业发展的需要。其次，关注新技术和新趋势是保持职业竞争力的必要条件。技术和行业趋势不断演变，了解并掌握新兴技术和行业动态对于保持竞争力至关重要。通过持续学习，学生能够及时了解并适应这些变化，保证自己的技能始终保持在行业前沿。此外，建立学生对于学习的积极态度是持续学习的基础。强调学习是一种持续的、终身的过程，有助于培养学生对于知识的渴望和探索精神。这种积极的学习态度将使学生更愿意主动追求新的学习机会和挑战。持续学习也可以通过建立专业发展计划来实现。学生可以制定个人发展目标，明确未来想要达到的技能水平和职业高度。这样的计划有助于规划学生的学习路径，使其更有目标地进行持续学习。最后，学校可以通过提供在线学习资源、行业研讨会和培训课程等方式，为学生提供便捷的学习机会。这有助于创造一个学习型的环境，激发学生的学习兴趣，使其能够随时随地进行持续学习。总的来说，持续学习和不断更新是现代职业教育的核心理念。它不仅为学生提供了更广阔的职业发展空间，也使他们更具备适应未来职业挑战的能力。

（六）职业发展支持与跟踪

关注学生的职业发展支持是确保他们在毕业后成功融入职场的重要一环。首先，建立职业发展中心是提供全面支持的重要举措。这个中心可以提供职业规划咨询、简历建设、面试技巧培训等服务，帮助学生更好地准备职业生涯。同时，该中心也可以与企业建立密切联系，推动校企合作，促进毕业生就业。其次，提供就业指导是关键的支持措施。学校可以组织就业指导课程，帮助学生了解就业市场、制订职业发展计划，并提供实用的求职技巧。这有助于学生更清晰地认识自己的优势和职业目标，增加成功就业的机会。此外，组织职业洞察活动是让学生更深入了解行业和职业生活的途径。通过参观企业、与行业专业人士交流、实习等方式，学生能够获得实际的职业体验，从而更好地准备进入职场。跟踪学生的职业发展是评估教育效果的一种方式。创建跟踪系统，追踪毕业生的就业状况、职业发展轨迹和反馈，有助于学校不断改进教育方案，确保其与职业市场的需求保持一致。最后，提供校友网络是另一个促进职业发展的手段。学校可以组织校友交流活动，让毕业生与校友建立联系，分享职业经验和资源。这种校友网络可以为学生提供职业导向的指导和支持，帮助他们更好地发展职业生涯。通过这些职业发展支持和跟踪的举措，学校能够更好地实现其培养目标，确保学生在职业生涯中取得成功。这也是一个学校对学生责任的延续，为他们的未来职业发展提供有力的支持。

第三节　课程设计与实习结合的探索

一、课程设计的实际应用性

（一）引入实际案例

引入实际案例是提升学生实际问题解决能力的有效途径。首先，实际案例的引入有助于桥接理论知识与实际应用之间的鸿沟。学生在课堂上学到的理论知识通常是抽象的，通过实际案例，他们能够看到这些理论如何在实际情境中应用。这种连接有助于加深对理论的理解，并激发学生对学科的实际兴趣。其次，通过分析实际案例，学生能够培养批判性思维和问题解决能力。实际案例往往涉及到复杂的情境和多变的因素，学生需要运用所学的理论知识，分析问题，并提出切实可行的解决方案。这有助于锻炼他们的分析思维和实际操作能力。此外，实际案例的引入还能够增强学生的团队合作能力。在解决实际案例的过程中，学生通常需要共同合作、讨论和决策。这有助于培养团队协作、沟通和领导技能，这些都是在职场中至关重要的素质。实际案例的引入还可以激发学生的学习兴趣。相比于传统的纯理论教学，实际案例更贴近生活，更具有启发性。学生能够在实际问题中找到学科的实用性，从而更主动地参与学习。

（二）项目驱动的学习

项目驱动的学习是一种强调实践和应用的教学方法，对学生综合能力的培养具有明显的优势。首先，项目驱动的学习能够培养学生的实际工作技能。通过参与实际项目，学生不仅学到了理论知识，还能够将这些知识应用于实际工作场景中。这有助于学生更好地理解学科的实际应用，提高他们的实际操作能力。其次，项目驱动的学习强调团队协作。在项目中，学生通常需要与团队成员密切合作，共同解决项目中的问题。这有助于培养学生的团队合作精神、沟通技巧和领导力，这些是职场中必不可少的素质。另外，项目驱动的学习注重问题解决能力的培养。项目往往涉及到各种挑战和问题，学生需要运用所学的知识和技能，找到解决方案。这有助于培养学生的批判性思维、创新能力和解决实际问题的能力。项目驱动的学习还有助于培养学生的项目管理技能。学生在项目中需要规划、执行和监控项目的整个过程，这锻炼了他们的项目管理能力。这对于将来进入职场后参与项目管理工作具有重要的实际意义。

（三）虚拟实验

虚拟实验是一种强大的教学工具，尤其在深度融合教育中具有重要作用。首先，虚拟实验提供了一种安全、可控的学习环境。学生可以在虚拟场景中进行实际操作，而不必担心实验中可能出现的危险或错误。这种安全性有助于学生更自信地探索和实验。其次，虚拟实验可以模拟实际工作场景，使学生更好地理解职业流程和工作环境。通过模拟实际操作，学生可以在虚拟环境中体验工作中可能遇到的情况，增强他们对实际职业要求的认识。再次，虚拟实验可以提供更广泛的学科覆盖。不同领域的虚拟实验室可以模拟各种职业技能的应用，从而满足多样化的学科需求。这种灵活性使虚拟实验成为适用于各种职业培训课程的工具。最后，虚拟实验还可以在不同时间和地点进行，为学生提供更灵活的学习体验。学生可以通过互联网访问虚拟实验室，自主进行实验操作，有助于适应异地或在线学习的需求。总体而言，虚拟实验是一种强有力的教学手段，可以丰富深度融合教育中的学习体验，提升学生对实际工作场景的理解和适应能力。

（四）行业模拟项目

行业模拟项目是一种强有力的教学工具，能够为学生提供真实世界的体验和应用机会。首先，行业模拟项目可以提供真实性的学习体验。通过模拟真实行业环境和项目，学生可以在相对安全的环境中应用所学的理论知识，面对实际项目的挑战，培养实际问题解决的能力。其次，模拟项目可以加强学生的团队协作和沟通能力。在模拟项目中，学生通常需要与团队成员协作，模拟项目的复杂性和多样性也要求学生之间进行有效的沟通和合作。再次，行业模拟项目有助于提高学生的适应能力。通过参与模拟项目，学生可以提前了解和适应真实职业环境中的工作压力和要求，增加他们在实际工作中的自信心。最后，设计模拟项目还可以根据行业的特点和实际需求，为学生提供更具挑战性和实用性的任务，从而更好地培养他们的职业技能。总体而言，行业模拟项目是一种促使学生将理论知识应用于实际情境的有效方式，为他们的职业发展提供了有价值的经验。

（五）实践性任务和作业

实践性任务和作业是一种有效的学习方法，特别是在培养学生实际技能和应用知识方面。首先，实践性任务能够将理论知识应用到实际情境中。通过实际操作解决问题，学生能够更深入地理解课堂上学到的理论知识，并将其应用到实际工作中。其次，实践性任务可以培养学生的解决问题和创新能力。在解决实际问题的过程中，学生需要动脑筋思考，找到创新性的解决方案，这有助于培养他们的创造性思维和解决问题的能力。再次，实践性任务有助于提高学生的实际操作技能。无论是编码任务还是实地调研，都能够锻炼学生的实际操作技能，使他们更好地适应将来的职业环境。最后，通过实践性任务，学生还能够建立实际项目经验，这对于他们的职业发展和就业竞争力都是有益的。总体而言，将实践性任务和作业融入课程设计中，能够使学生在实际操作中得到更全面的培养，更好地为未来的职业生涯做好准备。

（六）客座讲师和实际案例分享

邀请业界专业人士作为客座讲师是一种丰富学生学习经验的有效方式。首先，业界专业人士能够带来实际的行业经验。通过分享他们在实际工作中遇到的问题、面对的挑战以及解决方案，学生可以从实际案例中学到更多的实用知识和技能。其次，客座讲师能够提供行业动态和趋势的最新信息。行业发展迅速，了解最新的趋势对学生在职业生涯规划中至关重要。业界专业人士能够分享行业内部的见解，帮助学生更好地把握行业动态。再次，实际案例分享能够激发学生的学习兴趣。通过生动的案例和真实的故事，学生能够更好地理解理论知识在实际工作中的应用，从而更有动力深入学习。最后，与业界专业人士的互动也为学生提供了建立职业网络的机会。学生有机会与行业内的专业人士交流，创建联系，可能为将来的实习和就业提供有益的信息和机会。总体而言，客座讲师和实际案例分享丰富了学生的学习体验，使他们更好地理解和应用所学的知识。通过这些方法，课程设计可以更好地强调实际应用性，使学生在课堂内获得的知识更具实践意义，为他们在实际职业场景中的表现奠定更好的基础。

二、实习经验的融入课程

（一）课程前实习准备

实习前的准备课程是整个实习经历的基石。首先，我们要明确实习的期望和目标。这不仅包括公司对你的期望，也包括你个人在实习中希望达到的目标。这种清晰的定义有助于你更有针对性地学习和应用知识。其次，背景知识的提供是不可或缺的一环。无论你实习的领域是什么，了解相关的基本背景知识可以让你更快地适应工作环境，更好地理解实际问题并提出解决方案。这可能包括行业动态、技术趋势或者公司的历史和文化。实习往往是一个学习和成长的过程，但同时也伴随着各种各样的挑战。可能会面临的问题包括新的工作流程、团队合作的挑战，甚至是在实践中发现自己缺乏某些技能。但这些挑战也是机会，是提高自己的良机。在课程中，我们可以共同探讨如何有效地应对这些挑战，如何从中学到更多。总的来说，实习前的准备课程是一个全面的引导过程，通过明确期望和目标、提供必要背景知识、讨论挑战和机会，帮助学生更好地融入实习，充分发挥他们在课堂学到的知识和技能。

（二）实习任务与课程内容的对接

实习任务与课程内容的有机结合是实现理论与实践紧密衔接的关键一环。首先，我们需要明确实习任务的具体要求和目标。然后，针对这些任务，将课堂学到的理论知识有目的地引入。这可以通过案例分析、小组讨论或实际操作来实现。

举例来说，如果实习任务涉及市场调研，我们可以回顾相关的市场营销理论，包括目标市场的确定、竞争分析等方面的知识。通过这样的对接，学生能够更深入地理解为什么需要进行特定的调研步骤，以及如何运用学到的概念来优化实际工作。

此外，实习中的具体情境也可以成为课程内容的生动案例，学生在实际工作中遇到的问题或挑战可以成为课堂讨论的素材，通过集体智慧找到解决方案。这种情境化的学习有助于将理论知识转化为实际操作的技能。

通过实习任务与课程内容的对接，学生不仅能够更好地应对实际挑战，还能够在实践中不断巩固和拓展在课堂上学到的知识，实现理论与实践的有机结合。这种融通的学习方式既激发了学生的学习兴趣，也提升了他们在职场中的实际应用能力。

（三）实习日志和反思

要求学生在实习期间保持实习日志，并进行反思。通过书写日志，学生能够记录实际工作中的经验、遇到的问题以及解决方案。反思则有助于加深对实习经历的理解，提高学生的自我认知和职业发展能力。

（四）实习导师与教师的合作

促进实习导师与课程教师之间的密切合作。导师可以提供实际工作中的反馈和指导，而教师则可以调整课程内容，以更好地满足实习经验中暴露的学生需求。这种合作有助于确保实习与课程的密切衔接。

（五）实习后总结与分享

实习结束后，组织学生进行总结与分享。这可以是小组分享、报告或论坛形式，让学生有机会分享他们在实习中学到的经验、成果和教训。这有助于创建学生之间的学习社区，促进知识交流。

通过将实习经验融入课程设计，学生能够更全面地理解课堂学到的知识，并将其运用于实际工作中，为未来的职业发展打下坚实的基础。

三、课程与实习的相互支持

课程设计和实习的相互支持关系是一个关键的教育理念，能够在理论与实践之间建立紧密的连接，提供学生更全面的学习体验。首先，课程设计如何为实习提供理论支持是一个重要的考虑因素。在课堂上，学生学到的理论知识应该直接关联到实际工作中可能遇到的情境。例如，如果课程涉及项目管理理论，实习任务可以设计成一个小型项目，让学生将理论知识应用到实际项目中去。另外，课程设计可以通过模拟实际工作场景、案例分析和项目任务，帮助学生培养在实习中需要的技能和思维方式。这种有目的性的课程设计能够使学生更好地准备迎接实际职场的挑战。另一方面，实习也为课程设计提供了实际验证。通过实习，学生能够在真实的工作环境中验证在课堂上学到的理论知识。这为教师提供了有关课程有效性和实际应用的反馈，有助于调整和改进课程内容。同时，教师可以借助学生在实习中遇到的问题和解决方案，不断更新课程，保持其与行业发展的同步性。在这种相互支持的模式下，学生能够更加深入地理解所学知识，实现理论与实践的有机结合。课程设计和实习相辅相成，为学生提供了更为全面和实用的教育体验。这种教育理念不仅有助于学生更好地应对职业挑战，也使课程更具吸引力和实用性。

四、技能的渐进式培养

渐进式培养技能是一种有效的教育策略，可以保证学生在课程学习和实习过程中逐步发展职业技能。首先，通过分阶段的任务和项目，学生可以在不同难度和复杂度的情境中逐步应对实际问题。这种渐进式的设计有助于培养学生的适应能力和解决问题的能力。在课程学习阶段，可以设置不同难度的项目或任务，以引导学生逐步掌握关键技能。例如，如果学习的是编程课程，最初的任务可以是简单的语法练习，然后逐步升级到更复杂的项目，如应用开发或系统设计。这样的渐进式设计使学生能够逐步建立起对技能的信心和熟练度。在实习阶段，同样可以采用渐进式的方式。实习任务可以分为不同层次，让学生在实践中逐步应用在课堂上学到的知识和技能。例如，初级实习阶段可以涉及基本的任务和操作，而在进阶实习阶段，则可以面对更复杂和真实的业务问题。此外，定期的反馈和评估也是渐进式培养技能的关键。通过及时的反馈，学生可以了解自己在不同阶段的表现，发现并改进不足之处。这有助于持续优化学习和实践的过程，确保技能的逐步提升。通过技能的渐进式培养，学生能够在学习和实践中形成更为全面和深入的技能体系，更好地应对未来职业挑战。这种方法不仅培养了学生的专业技能，也加强了他们的学习动力和自主学习能力。

五、反馈与改进机制

创建有效的反馈与改进机制是确保课程和实习经验持续提高的关键。首先，在课程设计中，应设立系统化的反馈机制等方式。通过这些反馈，学生能够清晰地了解自己在课堂学习中的表现，知道自己的优势和需要改进的方面。教师还可以通过课程评估和学生反馈来了解整体的教学效果。有针对性的教学改进可以根据学生的反馈，调整课程内容、教学方法，以及评估方式，以更好地满足学生的学习需求。在实习经验中，建立实习导师与学生之间的定期反馈机制同样至关重要。实习导师可以提供有关学生工作表现的具体反馈，指导学生如何改进和发展。学生也可以分享自己在实习中的感受和对导师的期望，形成互动的反馈机制。除了定期的反馈，建立改进机制也是重要的一环。学校和企业可以共同参与，定期审视课程和实习计划的效果，进行必要的调整。这种循环的改进过程有助于保持课程和实习的高质量，并确保它们与行业需求和学生期望保持一致。通过建立有效的反馈与改进机制，能够不断提升课程和实习的质量，促使学生在学术和实践层面都能够取得更好的发展。这也为持续改善教育体系提供了可行的途径。

第六章　师资队伍建设与专业发展

第一节　产业专家参与教育的模式

一、产业专家的嵌入式教学

将产业专家嵌入课堂教学是一种极为有效的教育模式，有助于学生更深入地理解和应用课堂知识。

（一）产业专家担任客座讲师

将产业专家担任客座讲师是一种富有成效的教学方式。这样的安排不仅能够为学生提供直接来自实际行业的经验和见解，也有助于将理论知识与实际应用相结合。首先，产业专家的亲身经历和在行业中的实践经验为学生提供了独特的学习机会。通过分享最新的行业趋势和案例分析，专家能够带领学生深入了解当前职业领域的动态，使课堂内容更加贴近实际应用。这种直观的联系有助于激发学生对学科的浓厚兴趣，使学习变得更加生动和具体。其次，产业专家的介入为学生提供了与真实职业环境相关的经验。通过专家的讲解，学生能够更好地理解课程内容在实际应用场景中的运用。这种实际案例的分享有助于开阔学生的视野，使他们能够更好地应对未来职业中可能面临的挑战。最重要的是，产业专家作为客座讲师的方式有助于创建学科知识和职业实践的桥梁。学生通过与专家的互动，可以直接获得行业内的专业建议和实用技能。这种交流不仅丰富了学生的学术背景，还使他们更好地了解自己未来职业领域的要求和期望。综合而言，产业专家担任客座讲师是一种有力的教学手段，通过这样的模式，学生能够在课堂中获得更为深入、实际的学习体验，为他们未来的职业发展奠定坚实基础。

（二）参与实际案例教学

将产业专家融入实际案例教学是一项极富价值的教育策略。通过专家与学生共同分析和解决真实的行业问题，这种亲身经历为学生提供了独特的学习机会，有助于培养他们的问题解决能力和实际运用知识的技能。首先，专家参与实际案例教学能够为学生提供真实世界的挑战和应对方式。行业问题的复杂性和多样性使学生在解决案例时不仅需要运用课堂学到的理论知识，还需要灵活运用创新思维和团队合作。这种综合性的学习体验使学生能够更好地理解和应用所学知识，为将来的职业发展做好充分准备。其次，通过与专家的互动，学生能够获取行业内最新的实际经验和见解。专家的实际案例分享可以帮助学生更好地理解案例的背后逻辑和行业内的最佳实践。这种深度的行业了解有助于学生在解决问题时更加全面、系统地思考，提升解决方案的质量。最重要的是，参与实际案例教学培养了学生的应变能力。在真实案例的解决过程中，学生需要面对各种挑战和不确定性，这种经历有助于锻炼他们在未来职业生涯中灵活适应变化的能力。这也与职业领域中的实际工作情境更为契合，使学生更好地适应职场的复杂性。总体而言，产业专家参与实际案例教学为学生提供了一种深度而实际的学习体验，通过解决真实问题，学生不仅能够更深入地理解课程内容，还能够培养实际应用知识的能力，为未来职业发展奠定坚实的基础。

（三）分享实际项目经验

分享实际项目经验是将产业专家融入课堂的一种重要方式，这种方式不仅拓宽了学生的视野，还为他们提供了实用的职业指导，有助于更好地应对未来的职业挑战。首先，通过专家分享实际项目经验，学生能够了解项目管理的整体流程。专家可以深入讲解项目的策划、执行、监控和收尾等阶段，使学生对项目管理的各个方面有更为全面的认识。这有助于培养学生的项目管理技能，提高他们在未来实际项目中的执行力。其次，专家分享项目经验可以让学生更好地理解团队协作的重要性。通过讲解实际项目中的团队协作案例，专家可以传授团队合作的有效方法和技巧。这种实际经验的分享不仅提高了学生的团队协作意识，也帮助他们学会在团队中发挥个人优势，实现协同创新。此外，专家分享的实际项目经验通常伴随着面临的挑战和解决问题的方法，这为学生提供了宝贵的实践经验。学生可以从专家的经验中汲取解决问题的思路和策略，为将来面对类似挑战时提供参考。这种经验分享不仅加速学生在职场上的适应过程，还培养了他们独立解决问题的能力。综合而言，分享实际项目经验是一种富有启发性和实用性的教学手段。通过与专家的互动，学生能够从实际项目中获取宝贵经验，更好地理解和运用职业技能，为未来职业生涯的成功奠定基础。

（四）互动式工作坊和实践课程

互动式工作坊和实践课程是一种极具实践性的教学方法，尤其在产业专家的参与下，能够为学生提供更为身临其境的学习体验。首先，由产业专家主持的互动式工作坊为学生提供了参与模拟项目和实际操作的机会。通过模拟真实职业环境中的项目，学生可以在相对安全的情境下练习并应用所学的知识和技能。专家的引导和实践活动的设置有助于学生更深入地理解理论知识，并将其转化为实际操作的能力。其次，专家参与实践课程能够为学生提供实时反馈和指导。在实际操作中，专家可以观察学生的表现，并提供针对性的建议和改进意见。这种实时反馈不仅有助于学生及时调整和改善自己的表现，也使他们更容易吸收并应用专业知识。另外，亲身参与实际操作有助于学生更加身临其境地感受职业环境。通过与专家一同参与项目，学生能够更好地理解职场的氛围、工作要求以及团队协作的重要性。这种实际体验有助于培养学生的职业素养和适应能力，使他们更好地迎接未来的职业挑战。总的来说，互动式工作坊和实践课程结合产业专家的参与，为学生提供了更为全面和实际的学习体验。这种教学方式不仅丰富了课堂内容，还提高了学生在真实职业环境中所需的实际操作技能，为他们的职业发展奠定了坚实的基础。

二、行业合作与项目指导

行业合作与项目指导是产业专家参与教育的重要组成部分。这种模式能够有效地将学术理论与实际行业需要结合起来，为学生提供更丰富的学习体验。

（一）行业合作项目的开展

产业专家可以与学校创建合作关系，开展与行业相关的项目。这些项目可以是实际的业务问题、研究项目或者创新实践。学生通过参与这些项目，能够直接接触行业实践，了解行业内部运作。

1. 实际业务问题的解决

当学生与产业专家合作，直面实际业务问题时，这不仅是一次学术性的尝试，更是一次深刻的实践体验。首先，这种合作为学生提供了一个难得的机会，让他们能够将在课堂上学到的理论知识付诸实践。这不同于简单的记忆和重复，而是真正地将知识应用于解决现实生活中的难题。这种项目的核心是解决实际业务问题。这可能涉及到行业内当前面临的挑战，如市场竞争、技术创新、成本管理等方面的问题。学生们需要深入研究和分析这些问题，了解其根本原因，提出切实可行的解决方案。这个过程中，他们不仅仅是理论的运用者，更是问题解决者和创新者。通过与产业专家的密切合作，学生能够从业内领军人物那里获取宝贵的反馈和指导。专业知识的传承不再是单向的，而是一种双向的知识交流。产业专家的经验和实践洞察为学生提供了深刻的启示，使他们能够更全面地理解问题，并找到更加精准的解决方案。这样的项目还能够培养学生的团队协作能力。在解决实际业务问题的过程中，很少有问题是一个人可以独立完成的。学生们需要共同努力，发挥各自的专业优势，形成一个高效的团队。这种团队合作的经验对于他们未来的职业生涯至关重要，因为在现实工作中，团队协作往往是取得成功的关键。最后，通过解决实际业务问题，学生不仅提升了自己的实际操作能力，还为行业提供了创新的解决方案。这种创新不仅仅停留在纸面上，更可能成为实际业务中的改革和进步。因此，这样的项目不仅对于学生个人的成长有着深远的影响，也为整个行业的发展注入了新的活力和智慧。

2. 研究项目与学术应用

在行业合作项目中，涉及学术研究的合作不仅是对学生知识应用的一次深刻体验，同时也是促进学术理论和实际应用之间互动的重要桥梁。这种项目为学生提供了一个独特的平台，能够将他们在学术课程中学到的理论知识与实际问题相结合，产生有深度和实质性的成果。首先，这种合作使学生能够将学术理论应用到实际情境中。学术理论往往是在抽象和理想化的情境下产生的，而实际业务往往更加复杂和具体。通过参与研究项目，学生们可以深入了解实际业务的细节和复杂性，从而更好地理解学术理论在实践中的应用。这种实际应用不仅加深了学生对理论的理解，而且也提升了他们解决实际问题的能力。其次，这种合作为学术研究成果的实际应用提供了平台。学术研究往往被认为是离实际应用较远的一种活动，但通过与行业合作，研究项目的成果有机会直接应用于实际业务中。这种连接学术研究和实际应用的桥梁有助于缩小理论与实践之间的鸿沟，使学术研究更具实际意义。与此同时，这种项目也为学生提供了深入研究的机会。在学术研究项目中，学生们通常需要深入发掘某一领域的问题，进行系统性的调研和分析。这种深入研究的过程不仅锻炼了学生的研究能力，也培养了他们对问题深度思考的能力。这些能力将在他们未来的学术生涯或职业生涯中发挥重要作用。总体而言，研究项目与学术应用的结合不仅促进了学术理论在实际中的应用，也为学生提供了全面发展的机会，培养了他们的实际操作能力、解决问题的能力以及深入研究的能力。这样的综合性培养对于学生的职业发展和学术成就都具有深远的意义。

3. 创新实践与创业机会

在行业合作项目中，创新实践和创业机会的发现是一个极富挑战性和激动人心的过程。这种合作提供了一个独特的平台，使学生能够深入产业，与专业人士合作，从而更好地理解市场需求和行业挑战。首先，通过与产业专家的合作，学生们能够更全面地了解市场需求。与实际业务问题相关的合作项目通常需要学生深入研究市场和行业动态。这种深度了解有助于学生识别出潜在的市场机会和未满足的需求。了解市场需求是创新和创业的第一步，而合作项目为学生提供了直接接触市场的机会，促使他们产生创新的想法。其次，合作项目还能够激发学生的创新思维。通过与产业专家的互动，学生们有机会接触到行业内最新的技术、趋势和发展。这种接触不仅拓宽了他们的视野，也激发了他们对创新的兴趣。学生们可能开始思考如何利用新技术解决行业问题，或者如何创造新的产品或服务来满足市场需求。最重要的是，合作项目为学生发现创业机会提供了平台。在解决实际业务问题的过程中，学生可能发现一些行业内尚未被满足的需求，或者存在可以改进的业务模式。这些发现可能成为创业的契机。通过将创新实践与创业机会相结合，学生有机会将他们的想法转化为实际的业务，并在创业的道路上迈出第一步。总体而言，行业合作项目为学生提供了一片创新和创业的沃土。通过与产业专家合作，学生能够更深入地了解市场需求，激发创新思维，并抓住创业机会。这种全面的实践体验不仅培养了学生的创业精神，也为他们未来的职业发展打开了新的可能性。

4. 行业内部运作的深入了解

行业合作项目为学生提供了独特的机会，使他们能够深入了解行业内部的运作机制，这种了解是通过亲身参与项目实践而非单一的理论教学获得的。首先，学生能够直接感受行业的运转方式。理论知识虽然为学生提供了一定的基础，但实际参与项目使他们能够亲身体验行业的实际运作。这包括了解行业内的各种流程、操作规范，以及人际关系网。通过实际参与，学生能够更全面地了解行业内部的动态，而不仅仅停留在书本知识的层面。其次，学生能够深入了解业务流程。在合作项目中，学生通常需要参与到特定的业务活动中，从而了解业务流程的每一个环节。这种深入了解有助于他们更好地理解行业的运作逻辑，从而为未来的工作做好充分准备。了解业务流程还能够帮助学生发现其中的潜在问题和改进点，为行业提供更有效的解决方案。最后，学生还有机会与行业内的专业人士直接交流。与专业人士的合作不仅仅是理论的传授，更是实践经验和行业洞察的分享。通过与行业内的专业人士交流，学生能够获得更多实用的信息和建议，加深对行业内部运作的理解。最终，这种深入了解行业内部运作机制的经验对学生未来的职业发展非常有益。他们将更加了解行业的内部规律，更具备实际操作能力，能够更好地适应未来的职业环境。这样的实际体验不仅为学生提供了知识和技能，而且更为他们的职业生涯奠定了坚实的基础。

5. 职业发展与实际经验

行业合作项目在学生的职业发展中扮演着重要的角色。通过与专业人士直接合作，学生不仅能够获得实际经验，还能够建立有价值的职业网络，并更加清晰地认识自己在特定领域的职业兴趣。首先，与专业人士的直接合作使学生能够积累实际经验。理论知识虽然是重要的基础，但实际经验是在职场中更为宝贵的财富。通过与产业专家合作，学生可以参与真实的项目，面对实际的业务问题，锻炼解决问题的能力，并将课堂学到的知识应用于实践。这种实际经验不仅丰富了个人履历，而且也为未来的职业发展提供了有力的支持。其次，与专业人士的合作为学生建立了有价值的职业网络。在合作项目中，学生有机会与产业专家、企业领导等专业人士直接交流和合作。这种职业关系的建立不仅为学生提供了导师式的指导，还为他们将来的职业发展提供了更广阔的机会。建立良好的职业网络是职场成功的关键之一，而合作项目为学生提供了一个难得的机会来扩展自己的人际关系。同时，通过与专业人士互动，学生更好地了解自己在特定领域的职业兴趣。与产业专家的合作过程中，学生有机会接触不同领域的实际工作，了解行业内部的各种职业角色。这种亲身经历有助于学生更清晰地认识自己的兴趣和擅长领域，帮助他们更有针对性地规划自己的职业发展路径。综合而言，行业合作项目为学生提供了丰富的职业发展机会。通过与专业人士的合作，他们积累实际经验、建立职业网络，并更清晰地认识自己的职业兴趣。这样的实际经验和职业关系将成为学生职业生涯中的宝贵资产。通过与产业专家的合作，行业合作项目为学生提供了丰富的学习体验，使他们能够更好地准备迎接未来职业挑战。这种实际的合作模式有助于构建学校与行业之间的桥梁，实现知识与实践的有机结合。

（二）项目指导与实际操作技能传授

当产业专家不仅参与项目设计和开展，还担任学生的项目指导时，这种合作有助于传授实际操作技能，分享行业内最佳实践和经验，对学生的职业发展具有深远的影响。首先，专家的项目指导为学生提供了实际操作技能的宝贵指导。在课堂上学到的理论知识虽然重要，但真正的实践往往需要特定的技能和技巧。产业专家作为行业内的专业人士，能够向学生传授在实际操作中所需的技能。这种指导不仅包括基本的操作技能，还可能涉及到行业内的专业工具和软件的使用，使学生更好地适应未来的工作环境。其次，专家能够分享行业内的最佳实践和经验。在实际项目中，产业专家可能已经积累了丰富的实践经验，并发现了一些行之有效的最佳实践。通过与专家的互动，学生可以了解到行业内的成功经验和失败教训，从而更好地指导自己的项目实践。这样的分享不仅丰富了学生的知识体系，而且也为他们提供了在实践中取得成功的关键因素。此外，专家的实际操作经验对学生的职业发展具有重要启示作用。通过与专家的互动，学生能够更全面地了解行业的职业路径、发展趋势以及未来的机遇与挑战。这种实际操作经验的传承不仅有助于学生更明晰自己的职业方向，也帮助他们更好地规划自己的职业发展路径。总体而言，产业专家作为项目指导者，在实践中传授实际操作技能、分享最佳实践和经验，对学生的职业发展产生深远的影响。这种实际经验的传承不仅丰富了学生的知识和技能，也为他们的未来职业生涯提供了有力的支持。

（三）实际问题解决与创新实践

在行业合作项目中，实际问题解决和创新实践是学生能够真实应用所学知识的重要环节。产业专家在这个过程中扮演了引导者的角色，通过指导学生深入挖掘问题、提供实际可行的解决方案，促进了学生解决问题的能力和创新思维的培养。首先，产业专家引导学生深入挖掘问题的本质。实际业务问题往往复杂多样，表面上的现象可能掩盖了问题的实质。产业专家通过与学生互动，引导他们深入分析和理解问题的本质，帮助学生建立系统性的问题解决思维。这种深入挖掘问题的过程培养了学生对于问题复杂性的敏感性，使他们能够更全面地看待和理解实际挑战。其次，专家提供实际可行的解决方案。产业专家凭借在行业中的经验和实践，能够为学生提供实际可行的解决方案。这种解决方案不仅基于理论知识，更融合了实际操作的可行性和可持续性。专家的指导使学生能够将理论知识转化为实际的解决方案，培育了他们解决实际问题的能力。同时，这种实际问题解决过程中的创新实践是学生创新思维培养的重要环节。在解决实际问题的过程中，学生可能需要提出新颖的观点、采用创新的方法，以应对复杂的业务挑战。产业专家的引导有助于激发学生的创新潜力，培养他们在实际场景中灵活运用知识的能力。总体而言，产业专家在行业合作项目中的作用不仅在于指导学生解决实际问题，还在于培养学生的创新实践能力。

通过与专家的合作，学生得以真实应用所学知识，深入解决实际问题，培养解决问题的能力和创新思维，为未来职业生涯奠定坚实基础。

（四）行业见解的传递

在专家参与项目指导的过程中，他们不仅仅是问题解决和技能传授的引导者，更是行业见解和趋势的传递者。这种实时的信息传递对于学生更好地理解行业动态、规划职业生涯具有重要的意义。首先，专家通过分享行业内见解，帮助学生更全面地了解行业发展动态。行业发展常常受到各种因素的影响，包括技术进步、市场趋势、法规变化等。产业专家凭借其在行业内的经验和洞察，能够向学生传递最新的行业动态和发展趋势。这种信息传递有助于学生及时了解行业的最新状况，使他们能够更好地应对变化和挑战。其次，专家的见解有助于学生规划职业生涯。了解行业的未来发展趋势对于学生的职业规划至关重要。专家可以分享关于哪些技能将来会更受欢迎、哪些职业领域将有更多机会的见解。这种前瞻性的信息使学生能够更有针对性地选择培养自己的能力，为将来的职业发展做好准备。同时，专家的见解还能够帮助学生更好地了解行业内部的文化和潜在的职业挑战。行业内部的文化和工作环境对于个人的职业发展有着重要的影响。专家可以分享关于行业内部文化的观察和对潜在挑战的看法，使学生能够更加全面地考虑自己的职业选择。总体而言，专家在项目指导中的角色不仅在于解决问题和传授技能，还在于传递行业内的见解和趋势。这种信息传递使学生能够更好地了解行业动态，具备前瞻性的职业规划能力，为未来的职业生涯做出更明智的选择。

（五）职业网络与就业机会

行业合作和项目指导为学生提供了一个宝贵的机会，即建立职业网络，并与专业人士直接互动。这对于学生的职业发展来说，不仅意味着更多的就业机会，还能够增强他们在职业领域中的竞争力。首先，通过与专业人士的互动，学生有机会建立广泛的职业网络。与产业专家、企业领导等直接合作，使学生能够在职业圈内建立起有影响力的人脉。这种建立的职业网络不仅包括同行业内的专业人士，还可能涉及到潜在雇主、导师、同事等。这样的职业网络为学生提供了更多的机会了解行业内部的动态，获取行业内部的信息，为就业和职业发展打下了坚实基础。其次，建立职业网络为学生提供了更多的就业机会。在实际项目中，学生有机会展示他们的能力和专业知识，产业专家能够直接了解到学生的工作表现。这种直接的互动使学生成为潜在雇主和企业注意的对象，为他们争取到更多的就业机会。职业网络中的人际关系也可能为学生提供内推、推荐等就业的机会，增加了找到理想工作的可能性。此外，建立职业网络还有助于增强学生在职业领域中的竞争力。在职业圈内，与专业人士的互动不仅是获取就业机会的途径，还是获取导师指导、行业内最新趋势的了解等方面的重要途径。这种竞争力的提升使学生更具备吸引力，更容易在职场中脱颖而出。综合来看，通过行业合作和项目指导，学生建立职业网络，与专业人士互动，不仅为他们提供了更多的就业机会，还增强了他们在职业领域中的竞争力。这样的职业网络不仅是在求职过程中的助推器，而且也是学生职业发展中的重要资源。

通过将产业专家融入行业合作与项目指导中，学生能够在实际项目中应用所学知识，同时从专业人士的经验中受益，为未来的职业发展做好充分准备。

三、职业导向的课程设计

（一）行业需求驱动的课程设计

行业需求驱动的课程设计是保障教育与职业需求保持紧密联系的关键一环。产业专家的参与在课程设计初期就提供了宝贵的意见，有助于明确当前行业的关键技能和知识点，确保学生毕业后能够迅速适应行业要求。首先，专家参与能够提供实时的行业见解。行业变化迅速，技术和需求都在不断演进。产业专家了解行业内的最新动态，可以为课程设计团队提供宝贵的信息，确保课程内容与实际行业趋势保持一致。这种实时性的信息对于培养学生的职业竞争力至关重要。其次，专家的参与有助于确定关键技能和知识点。专业人士对于在行业中成功所需的具体技能和知识有深刻的了解。通过他们的参与，课程设计者能够更准确地识别出学生在职场上必须具备的核心技能，从而更有针对性地设计课程。这确保了学生在毕业后能够满足行业的实际需求。此外，专家还能提供实际案例和项目经验。将实际案例融入课程设计中，使学生能够更贴近实际情境，理解理论知识在实际工作中的应用。专家的项目经验可以丰富课程，为学生提供更具实践性的学习体验，使他们更好地准备迎接真实的职业挑战。总体而言，产业专家的参与确保了课程设计是由行业需求驱动的。他们的实时见解、对关键技能的了解以及实际经验的分享，都为学生提供了更加实用和贴近实际的教育体验。这种紧密联系行业的课程设计有助于培养更具竞争力的毕业生，为他们的职业生涯奠定坚实的基础。

（二）专家参与课程内容的更新

确保产业专家能够参与到课程内容的更新中是一个极具前瞻性的机制。这种机制有助于保持课程的实际应用性，使学生能够获取最新的行业信息和技术进展，确保所学知识具有实际应用价值。首先，建立专门的反馈和更新机制。设立一个专门的渠道，保证产业专家能够及时向课程设计者提供反馈和最新信息。这可以包括定期的专家意见征集会议、在线平台或定期的产业沙龙等。通过这样的机制，专家能够分享他们在行业内获得的最新见解，提供对当前技术趋势和实际应用的深入了解。其次，鼓励专家提供实际应用案例。产业专家在实际工作中积累了丰富的经验，可以通过分享实际应用案例来更新课程内容。这不仅可以使学生更好地理解理论知识如何在实际情境中应用，而且也能够让他们了解行业内的最佳实践。这种实际案例的更新使课程内容更具有灵活性和实用性。另外，建立与产业专家的持续合作关系。不仅在课程设计的初期，而且在整个课程周期中，与产业专家保持密切的联系是至关重要的。这可以通过定期的产业导师制度、实地参观、行业研讨会等方式实现。这样的合作关系能够让专家在课程运行过程中不断提供反馈，确保课程内容的及时更新。总体而言，专业人士参与课程内容的更新机制对于保持课程的实际应用性至关重要。通过建立反馈和更新机制、鼓励分享实际案例、保持与专家的持续合作关系，可以确保学生学到的知识始终保持与行业实际情况的同步。这种机制有助于培养更具实际应用价值的毕业生，使他们更好地适应职业生涯中的挑战。

（三）实际案例和项目整合

确保职业导向的课程设计整合实际案例和项目是培养学生实际应用能力的有效途径。产业专家的参与为整合实际案例和项目提供了宝贵的资源和经验。首先，产业专家能够分享实际问题和挑战。通过分享他们在行业中面临的具体问题，专家为学生提供了深入了解行业实际情况的机会。这些实际案例可以帮助学生更好地理解理论知识在实际工作中的应用，培养他们解决实际问题的能力。其次，项目设计可以模拟真实行业情境。通过将项目设计融入课堂，学生可以在模拟的行业情境中应用他们所学的知识和技能。这样的实践性学习有助于学生更好地适应职业环境，培养他们在实际工作中所需的技能和素养。同时，整合实际案例和项目也能够激发学生的创新思维。真实的案例和项目往往充满挑战和未知，学生需要灵活运用所学知识去解决问题。这种创新实践能够培养学生的创造力和解决问题的能力，使他们更具竞争力。产业专家的参与在整合实际案例和项目方面发挥着关键的作用。他们能够为课程设计团队提供真实的行业情境和问题，指导项目的设计和实施，确保课程更贴近实际工作需求。这种整合不仅提高了学生的实际应用能力，而且也使他们更好地准备好步入职业生涯。综合来看，整合实际案例和项目是职业导向课程设计的重要组成部分。通过专家的参与，学生能够在真实的行业情境中学习和实践，培养解决问题的能力和实际应用技能，为未来的职业生涯做好更充分的准备。

（四）行业专业人士的课堂讲授

邀请产业专家参与课堂讲授是一种非常有效的教学方式，能够将实际经验融入教学过程中，为学生提供生动且实用的职业导向教育。这种讲授方式有助于打破理论与实践之间的鸿沟，使学生更好地理解课程内容的实际应用。首先，专家的讲授能够为学生提供真实的行业案例。产业专家通过分享他们在实际工作中面临的案例，能够使学生更深入地了解行业内部的实际问题和挑战。这样的案例分析使学生能够将理论知识应用到实际情境中，加深他们对课程内容的理解。其次，专家的经验分享丰富了课堂的内容。专业人士通过多年的实践积累了丰富的经验和见解。他们的讲授可以将这些经验直接传递给学生，使学生能够更全面地了解行业内部的运作方式、成功经验以及可能的挑战。这有助于学生更好地准备进入职业生涯。此外，专家讲授也能够激发学生的兴趣和职业热情。通过产业专家的生动讲解，学生能够看到行业内部的精彩和挑战，激发他们对职业的热情。专业人士的实际经验和成功故事可以为学生提供启示，帮助他们更清晰地定义自己的职业目标。最后，专家的参与有助于建立学生与行业的联系。通过亲身接触专业人士，学生能够建立起与行业的联系和人脉。这对于将来的职业发展非常有益，因为学生能够通过这些联系了解行业内部的机会、拓展职业圈子，并有可能获得实习或工作的机会。综合而言，邀请产业专家参与课堂讲授是一种强有力的教学方式。这不仅使学生更好地理解课程内容的实际应用，而且还激发了学生对职业的兴趣，建立了与行业的联系。这种讲授方式有助于培养更具实际应用能力的毕业生，使他们更好地适应职业环境。

（五）与企业的合作项目

与企业建立合作项目是将产业专家的实际经验融入学生学习过程的重要途径。这种合作形式可以包括企业委托的项目、实习机会等，通过产业专家的实际参与，使学生的学习更具实际应用性，为他们未来的职业发展提供有力支持。首先，企业委托的项目能够提供真实的业务场景。与企业合作的项目通常涉及到解决实际业务问题或完成特定任务。产业专家将自己的实际经验融入项目设计和实施中，帮助学生更好地理解行业内部的工作流程、挑战和机会。这种实际业务场景的参与使学生能够在学习过程中直接应用所学知识，培育实际解决问题的能力。其次，提供实习机会使学生深入了解行业内部运作。通过实习，学生有机会亲身体验企业的工作环境，与专业人士直接合作，深入了解行业的文化和实际工作需求。产业专家的实际指导和反馈，使学生能够在实际工作中不断提升自己的能力，并建立起与企业的紧密联系。同时，合作项目也为学生建立职业网络提供了机会。通过与企业合作，学生能够与企业内部的专业人士、领导者直接互动，建立起在行业内的人脉。这种人脉关系对于将来的职业发展和就业机会非常有帮助，学生能够通过这些联系了解行业的最新动态、获取职业建议，并可能获得实际就业的机会。最后，与企业的合作项目使产业专家在学生的职业发展中扮演了实际指导者的角色。专家能够为学生提供实际经验的指导，分享行业内的最佳实践和经验。这种实际指导有助于学生更好地了解自己在特定领域的职业兴趣，为未来的职业规划提供有力支持。总体而言，与企业的合作项目是将产业专家的实际经验融入学生学习过程的一种重要方式。通过这样的合作，学生不仅能够获取实际应用的机会，而且还能够建立职业网络、深入了解行业内部运作，并得到专家的实际指导，为未来的职业发展打下坚实的基础。

通过职业导向的课程设计，学生将更加深入地了解实际行业的运作，获得与产业专家紧密合作的机会，从而更好地准备好应对职业生涯的挑战。

四、专业讲座和工作坊

（一）产业专家的知识传递

专业讲座和工作坊是产业专家向学生传递知识的理想平台。这种形式为专家提供了一个直接与学生互动的场所，通过分享经验、行业趋势和前沿技术，使学生能够直接从实际从业者那里获取最新的信息，使他们的学习更加实际和有深度。首先，专业讲座能够传递实际经验。产业专家通过分享自己在行业中积累的经验，能够让学生更好地理解理论知识在实际工作中的应用。实际经验的传递不仅有助于学生更深入地理解行业内部的工作流程和挑战，而且能够激发他们对行业的兴趣。其次，专业讲座可以介绍行业趋势和前沿技术。由于产业专家身处行业前沿，他们能够分享最新的行业动态、发展趋势和新兴技术。学生通过专业讲座能够及时了解行业的最新状况，为将来的职业发展做好更为充分的准备。同时，专业讲座提供了直接的互动机会。学生可以通过提问和与专家的互动，深入了解专家的观点和看法。这种直接的互动不仅使学生能够获得更具深度的信息，而且还能够培养他们的批判性思维和问题解决能力。最后，工作坊形式的知识传递使学生能够进行更实际的学习。在工作坊中，专家可以通过实际案例、模拟项目等形式，帮助学生将理论知识应用到实际问题中。这种实际操作的学习方式有助于培养学生的实际解决问题的能力和团队协作精神。总体而言，产业专家通过专业讲座和工作坊形式向学生传递知识，为他们提供了更为实际和深度的学习体验。学生通过这样的活动不仅能够获取行业内最新的信息，还能够直接与实际从业者互动，加深对专业领域的理解。

（二）学生参与和互动

专业讲座和工作坊的设计重视学生的积极参与和互动，为他们提供了一个深入了解产业专家见解的机会。这种互动方式不仅激发了学生的兴趣，还使他们更主动地参与和学习。首先，学生通过提问获取更深入的理解。专业讲座和工作坊中，学生有机会向产业专家提出问题，以更深入地了解专家的观点和经验。这种主动提问的过程不仅促进了学生对知识的深层次理解，还培养了他们主动探索的习惯。其次，讨论促使学生思考和交流。通过小组讨论或全班互动，学生能够分享彼此的看法和理解。这样的交流促使他们思考问题的多样性，从不同角度进行思考，并能够通过与同学的讨论更好地理解产业专家的观点。同时，实际操作使学生更深入地学习。在工作坊中，学生有机会通过实际操作解决问题、完成任务。这种实际操作的学习方式不仅培养了他们的实际解决问题的能力，而且还增强了他们对所学知识的记忆和理解。此外，学生的互动也加强了团队协作和沟通能力。在小组讨论和实际操作中，学生需要共同合作，分享意见，达成共识。这种团队协作的经验对于他们未来的职业生涯具有重要意义。综合而言，专业讲座和工作坊的设计鼓励学生的积极参与和互动。通过提问、讨论和实际操作等方式，学生能够更深入地了解产业专家的见解，培养了他们的主动学习和团队协作能力。这种互动方式使学习更具深度和实际应用性。

（三）实际案例的分享

实际案例的分享在专业讲座和工作坊中扮演着重要的角色。这些案例不仅将理论知识与实际问题结合起来，帮助学生更好地理解抽象的概念，而且还为他们提供了解决实际问题的方法和策略。首先，实际案例提供了真实的行业情境。通过分享实际案例，产业专家能够将学生置身于真实的业务场景中。这些案例通常反映了行业内部的挑战、成功经验和解决方案。学生通过案例的分享，能够更直观地理解理论知识在实际工作中的应用，加深对行业内部运作的认识。其次，案例分享促使学生思考问题的多样性。

实际案例往往涉及到复杂的问题和不确定的因素。通过分析这些案例，学生被鼓励从不同角度思考问题，了解问题的多层次性。这培养了他们的批判性思维和解决问题的能力。同时，案例分享还为学生提供了解决问题的方法和策略。专家在分享案例的过程中，通常会解释他们在解决问题时采取的具体步骤和决策过程。这为学生提供了解决实际问题的思路框架，使他们在面对类似情境时能够更有条理地进行分析和决策。最后，实际案例的分享增加了学生对行业内部实践的信心。通过了解专家在实际工作中的成功案例，学生能够看到理论知识的实际应用和行业内部的发展机会。这种实例的分享鼓舞了学生的信心，使他们更愿意面对未知的挑战和探索行业的新领域。总体而言，实际案例的分享在专业讲座和工作坊中是一种非常有效的教学方式。通过真实的行业案例，学生能够更深入地理解专业知识的实际应用，培养批判性思维，获得解决问题的经验，增强对行业实践的信心。

（四）职业导向的内容

确保专业讲座和工作坊强调职业导向的内容是非常重要的。这样的内容不仅使学生能够从专家的职业经验中受益，还能够了解行业内的职业发展路径和机会，为他们未来的职业规划提供有力的参考。首先，专业讲座和工作坊中的职业导向内容能够为学生提供现实的职业观。通过专家分享自己的职业经验，学生能够更深入地了解行业内的职业生涯。这种直接的职业观察有助于学生更清晰地了解行业的工作环境、要求和挑战。其次，介绍职业发展路径和机会有助于学生规划未来。专家可以分享行业内的职业发展路径，从初入行业到逐步升迁的经验，为学生描绘一个职业发展的蓝图。了解不同的职业机会也有助于学生更好地选择自己感兴趣和适合的职业发展方向。同时，职业导向的内容能够启发学生的职业兴趣。通过专家的分享，学生可能发现一些他们之前未曾考虑过的职业领域或岗位。这种启发有助于拓宽学生的职业视野，让他们更全面地考虑自己的职业发展方向。最后，职业导向的内容还可以包括关于职业技能和素质的建议。专家可以分享在行业内取得成功所需要的关键技能和素质，帮助学生更好地准备进入职业生涯。这种实际的建议有助于学生提前培养所需的职业能力。

总体而言，职业导向的内容在专业讲座和工作坊中是极其重要的。通过专业人士的分享，学生能够更全面地了解职业生涯，规划自己的职业发展，同时获取实际的职业建议和技能培养方向。

（五）跨学科和跨行业的涵盖

跨学科和跨行业的专业讲座和工作坊对于学生的综合素养和适应性能力的培养具有重要意义。通过邀请不同领域和行业的产业专家，可以为学生提供更广泛的视野和更全面的职业发展参考。首先，跨学科的涵盖有助于打破学科的界限。学科之间常常存在交叉点，而邀请不同学科领域的专家能够帮助学生更好地理解学科之间的关联。这种跨学科的涵盖有助于培养学生的综合思维和解决问题的能力，使他们能够更全面地应对复杂的现实挑战。其次，跨行业的涵盖有助于学生更好地适应多样化的职业需求。不同行业存在各自的特点和要求，邀请跨行业的产业专家可以使学生对不同行业的工作环境、职业路径有更深刻的了解。这有助于学生更灵活地应对职业生涯中的变化和挑战。同时，跨学科和跨行业的涵盖可以激发创新和跨界合作。当不同领域的专家聚集在一起时，可能会产生新的思维和创新的火花。学生有机会参与跨界的合作项目，从而培养团队协作和跨学科的创新思维。最后，跨学科和跨行业的专业讲座和工作坊有助于培养学生的终身学习意识。面对不同领域和行业的专家，学生会更强烈地意识到学习是一个持续的过程，需要不断更新和适应新知识。这种终身学习的观念对于应对快速变化的职业环境至关重要。总体而言，跨学科和跨行业的专业讲座和工作坊为学生提供了更广泛的学习体验和职业视野。通过与不同领域和行业的专家互动，学生能够培养综合素养，更好地适应多样化的职业需求，激发创新思维，并培养终身学习的意识。通过专业讲座和工作坊的模式，学生能够在直接的互动中获取产业专家的实际经验，深入了解行业的发展动态，为未来的职业生涯做好准备。这种模式也为学校和企业之间的紧密合作提供了机会，促进产教融合的深度发展。

五、实践性实习和导师制度

实践性实习和导师制度是学生发展的关键环节。首先，实践性实习是将理论知识付诸实践的桥梁。通过与产业专家合作，学生能够在真实的工作环境中应用所学，从而更好地理解和掌握专业技能。这种亲身经历不仅丰富了他们的简历，还培养了解决实际问题的能力。其次，导师制度在学生个体发展中发挥着不可替代的作用。通过与导师的深入交流和指导，学生可以得到个性化的学术和职业建议。导师不仅是知识的传授者，而且更是职业生涯的引路人。分层的导师制度可以确保每位学生都得到足够的关注，有针对性地发展其优势并改进其不足之处。在实践性实习和导师制度的双重推动下，学生不仅能够在实际工作中不断磨炼自己，还能够通过与导师的深入互动，更好地规划自己的未来职业道路。这种全方位的发展模式不仅培养了专业技能，还锻炼了学生的沟通、团队协作和解决问题的综合能力。通过这样的系统培养，我们相信每一位学生都将以更加全面和成熟的姿态走向社会。

第二节　教育者的专业发展与培训

一、初始培训

初始培训确实是教育者职业生涯中至关重要的一环。这一阶段的培训旨在帮助教育者在职业生涯的起点建立坚实的基础，确保他们对学校的文化、教学理念和关键教学技能有清晰的认知。首先，系统的入职培训有助于教育者了解学校的愿景和使命。这包括学校的核心价值观、目标和长远发展规划。通过深入了解学校的愿景，教育者能够更好地融入学校的文化，对自己的教育目标有清晰的认识，从而更好地服务学生。其次，培训将关注基本的课堂管理和教学设计能力。课堂管理是确保教学顺利进行的关键因素，而教学设计能力则是提供高质量教育的核心。教育者需要学会如何有效地组织课堂、管理学生，以及设计吸引人的教学内容，使学生更容易理解和掌握知识。此外，初始培训还可以包括教育技术的使用。现代教学离不开科技的支持，培训可以帮助教育者熟练运用教育技术工具，提高他们在数字化教学环境中的教学效果。最终，这一阶段的培训还应注重师德师风的培养。教育者需要具备良好的职业操守、教育情怀和团队合作精神。培训可以通过案例分析、角色扮演等方式，帮助教育者建立积极的职业态度和价值观。总体而言，初始培训是保证教育者在职业生涯初期取得成功的关键步骤。通过系统而全面的培训，教育者能够建立坚实的专业基础，更好地应对日后的教学挑战。

二、专业技能提升

在专业技能提升的层次中，我们致力于为教育者提供深度而个性化的培训，以确保他们在特定领域内具备卓越的专业技能。

（一）学科最新研究培训

提供专门的学科最新研究培训是非常有益的做法，尤其是在教育领域，持续学习和紧跟学科最新发展对于提供高质量的教育至关重要。这一培训层次旨在确保教育者对各学科领域的最新趋势和研究成果有敏锐的感知力，并能够将这些新知识融入到他们的教学实践中。首先，学科最新研究培训将关注当前学科领域的前沿知识。教育者将有机会了解到最新的研究发现、理论进展和方法创新。这有助于确保他们在教学中能够传递最新的学科知识，使学生始终处于学科的前沿位置。其次，培训将涵盖最新的学科趋势。学科领域不断发展，涌现出新的趋势和方向。培训将使教育者了解到当前学科领域的发展方向，帮助他们调整教学内容，以适应学科领域的变化。同时，研究培训还可以包括创新的教学方法。随着科技的发展和教育研究的深入，新的教学方法不断涌现。培训将帮助教育者掌握这些创新方法，以提高他们的教学效果，并使学生更好地理解和应用学科知识。最终，这一层次的培训还可以促进教育者之间的交流和合作。通过参与培训，教育者可以与同行分享最新的研究成果和教学经验，建立专业网络，共同推动学科领域的发展。总的来说，学科最新研究培训对于保持教育者在各学科领域的领先地位至关重要。通过不断更新自己的知识和教学方法，教育者能够为学生提供更丰富、深入的学科教育。

（二）先进的教学方法培训

先进的教学方法培训是教育者提高教学效果和满足学生多样化学习需求的关键步骤。这一层次的培训将重视介绍和深入探讨各种创新的教学方法，以确保教育者能够在教学实践中灵活运用这些方法，激发学生的学习兴趣和动力。首先，培训将涵盖问题解决式学习。这一方法强调学生通过解决实际问题来建立知识和技能。教育者将学会如何设计问题情境、引导学生分析和解决问题，从而培养学生的批判性思维和解决问题的能力。其次，合作学习将成为培训的重要内容。合作学习通过小组合作的方式促进学生之间的互动和共同学习。培训将介绍合作学习的设计原则、有效的团队建设方法，使教育者能够成功地组织和引导合作学习活动。同时，项目驱动型教学也将成为培训的关键要素。这一方法通过让学生参与真实项目来提高他们的学习参与度和实践能力。教育者将学到如何设计和实施项目，以确保项目既符合学科知识的教学目标，又能够激发学生的创造力和实际操作能力。此外，培训还可以涵盖其他先进的教学方法，如翻转课堂、个性化学习等。通过了解和学习这些方法，教育者能够更好地应对不同学生的学习风格和需求，提高教学的灵活性和适应性。总体而言，先进的教学方法培训将使教育者在教学实践中更具创新性。通过灵活应用问题解决式学习、合作学习、项目驱动型教学等方法，教育者能够更好地满足学生的学习需求，提高教学效果，培养学生的综合素养。

（三）课程设计与个性化学习培训

课程设计与个性化学习培训对于提高教育者的教学质量和适应性至关重要。这一培训领域将侧重于教育者如何设计具有启发性和针对性的课程，以及如何实施个性化学习计划，满足学生的个体差异。首先，适应性教学方法将成为培训的核心内容。适应性教学旨在根据学生的学习表现和需求调整教学内容和方法。教育者将学到如何通过实时反馈、差异化教学等方法，更好地适应学生的学习进度和风格，提高课堂的个性化程度。其次，培训将包括个性化学习计划的制订。个性化学习强调根据每个学生的兴趣、能力和学习风格定制学习体验。教育者将学到如何分析学生的个体差异，制订个性化学习计划，以促进每个学生的个人发展。同时，培训还将介绍使用技术工具提升学习体验的方法。现代技术提供了许多个性化学习的工具和平台，教育者将学到如何有效地利用这些工具，使学生能够以更灵活、自主的方式进行学习。此外，课程设计的培训也将强调启发性的教学设计。教育者将学到如何设计激发学生兴趣和好奇心的课程，以及如何通过创新的教学方法激发学生的主动学习。总体而言，课程设计与个性化学习培训将使教育者更好地满足学生的个体需求，提高教学的灵活性和适应性。通过灵活运用适应性教学、个性化学习计划以及技术工具，教育者能够创造更具启发性和针对性的学习环境。

（四）自主选择与发展方向

自主选择与发展方向是一种很有前瞻性的培训模式。这种方法充分尊重教育者个体的需求和兴趣，使其能够更有针对性地进行培训选择，促进个体的职业发展。首先，鼓励自主选择有助于激发教育者的学习兴趣。通过允许教育者自主选择培训方向，培训将更符合他们的兴趣和需求。这有助于提高培训的参与度和积极性，使教育者更主动地投入学习过程。其次，个性化培训计划将确保教育者能够深入研究他们感兴趣的领域。每个教育者的职业兴趣和发展方向都是独特的，个性化培训计划将使他们能够更深入地学习和发展自己感兴趣的领域。这种个性化的学习路径有助于提高培训的实效性和实用性。同时，鼓励教育者根据个体需求制订培训计划，有助于更好地满足他们的专业发展需求。每位教育者在职业生涯中可能面临不同的挑战和发展机会，个性化培训计划将帮助他们有针对性地培养所需的技能和知识，更好地应对职业发展中的变化。最终，这种自主选择与发展方向的培训模式还可以激发教育者的创新思维。通过自主选择培训方向，教育者有机会接触到新的领域和新的教学方法，进而激发创新和实践能力，为教学工作注入新的活力。总体而言，强调自主选择与发展方向的培训模式有助于提高教育者的学习动力和学习效果。通过个性化培训计划，教育者能够更深入地研究自己感兴趣的领域，更好地适应职业发展需求，实现更全面的职业发展。

通过专业技能提升的培训，我们追求的目标是培养具有深度知识和灵活教学技能的教育者，使他们能够更好地满足学生的学习需求，并在教育领域中取得卓越成就。

三、领导力与创新培养

在领导力与创新培养的层次中，我们致力于发展教育者的领导力和创新能力，以应对不断变化的教育环境。项目管理是一项关键的领导力技能，尤其在教育领域中，教育者通常需要领导和参与各种项目。通过项目管理培训，我们将被教育者培养成能够有效规划、组织和执行教育项目的领导者。这包括项目计划、资源管理、风险评估等方面的培训，以确保项目的成功实施。在教育团队中，良好的团队合作和协调能力至关重要。通过培训，我们将强调团队协作的重要性，教育者将学会有效沟通、协同工作，并在团队中发挥领导作用。这有助于创造积极的学习环境，提高教学效果。培养教育领导力是本层次的核心目标。教育领导者需要具备对教育系统的深刻理解和对学校发展的远见。培训内容将涵盖教育政策、组织管理、决策制定等方面，以保障教育者能够在学校中担任领导职务并有效推动学校的发展。创新是教育领域不可或缺的元素。通过培训，我们将鼓励教育者培养创新思维，学习如何将创新理念融入到教学和学校管理中。这可能包括创新工具的使用、解决问题的创新方法，以及如何鼓励学生培养创新意识。通过领导力与创新培养的层次，我们期望教育者能够不仅在教育领域中展现出卓越的领导力，而且还能够积极推动学校的创新与发展，为学生提供更具有前瞻性和实践性的教育体验。

四、学术研究和跨学科培训

学术研究和跨学科培训是教育者在专业发展中的最高层次。这一层次的培训旨在提供支持，鼓励教育者参与学术研究项目，并为其提供跨学科培训，以促使他们更深入地理解多元学科的交叉点，为跨学科教学做好准备。首先，支持教育者参与研究项目是培训的核心内容。这有助于将理论知识与实际问题相结合，培养教育者的研究能力和实践经验。通过参与研究项目，教育者能够更深入地理解学科的前沿和研究动态，为自己的教学工作注入更丰富的内容。其次，跨学科培训将使教育者更好地理解多元学科的交叉点。现代教育越来越强调跨学科的教学方法，培训将帮助教育者了解不同学科之间的联系和相互影响，促使他们更全面地看待知识体系，为学科整合提供支持。同时，跨学科培训还将为教育者提供实际应用的技能和方法，使他们能够更好地在跨学科环境中进行教学。这包括设计跨学科课程、引导跨学科项目以及促进学科之间的合作等方面的能力培养。最终，学术研究和跨学科培训将提高教育者的综合素养。通过深入参与研究和跨学科培训，教育者将更好地理解学科的复杂性和多样性，培养批判性思维和解决问题的能力，为更高层次的教学和学术工作做好准备。总体而言，学术研究和跨学科培训为教育者提供了更广阔的视野和更深入的专业知识，使他们能够更好地应对复杂多变的教育环境，为学生成长和发展提供更全面的支持。

第三节　师资队伍建设中的挑战与对策

一、师资队伍建设中的挑战

职业教育师资队伍建设面临多种挑战，需要制定相应的对策来提升师资队伍的素质和适应力。

（一）行业知识更新不及时

行业知识更新不及时可能在工作表现中表现出几个方面。首先，个体可能在使用过时的工具和技术，导致出现工作效率低下和质量问题。其次，他们可能对行业最新的发展和趋势缺乏了解，从而难以做出符合当前标准的决策。此外，不及时更新的知识可能使个体在与同行的竞争中失去优势，难以应对行业快速变化带来的挑战。最终，这可能导致个体在职业发展上失去机会，因为雇主更倾向于招聘那些持续学习并跟上行业潮流的员工。

（二）教育理念与实际需求脱节

教育理念与实际需求脱节可能在多个方面表现出来。首先，可能出现教育课程内容与实际行业要求不符的情况，学生在毕业后可能面临应用能力不足的问题。其次，教育机构可能强调理论知识而忽视实际操作和解决实际问题的能力培养，使学生难以适应真实的职业环境。此外，如果教育体系不注重学生的综合素养和实际应用能力，可能导致毕业生在职场上缺乏创造力和创新性思维。最终，脱节可能还表现为学生在毕业后难以找到与其专业相关的工作，因为他们缺乏符合实际需求的实际技能。这种情况不仅影响个体的职业发展，而且也影响整个社会对教育体系的信任和评价。解决这一问题的途径包括调整课程设置以更好地符合实际需求、加强实践性教学和行业合作，以确保学生毕业后能够胜任现代职业的要求。

（三）缺乏跨学科和跨行业的综合素养

缺乏跨学科和跨行业的综合素养可能在工作和学术表现中显现出几个方面。首先，个体可能难以在复杂的问题中进行综合性思考和解决，因为他们的知识局限于单一领域。其次，他们可能在跨团队合作中遇到困难，因为他们不具备与不同专业和行业人员有效沟通和协作的能力。此外，缺乏综合素养的人可能在面对新兴领域或交叉学科问题时感到无助，难以应对未知挑战。最终，他们可能在职业发展中受到限制，因为现代职场往往需要员工能够跨越传统学科和行业的界限，迅速适应不同领域的需求。解决这个问题的途径包括推动跨学科课程、鼓励学生参与跨领域项目、促进不同专业和行业之间的合作，以培养更具综合素质的人才。

（四）缺乏创新意识和教学方法更新不足

缺乏创新意识和教学方法更新不足可能在教育领域中表现出几个方面。首先，教师可能使用老旧的教学方法，未能利用新技术和教育理念，导致学生对学科的兴趣减退。其次，教育机构可能缺乏激发学生创造力和创新思维的教育环境，使学生难以培养创新能力。此外，教育者未及时关注行业和社会的发展趋势，未能调整课程以符合实际需要，使学生毕业后可能面临与职场要求不符的情况。最终，缺乏创新和教学方法更新可能导致教育机构失去吸引力，难以留住优秀的学生和教职人员。解决这个问题的方法包括鼓励教师参与持续的专业发展，引入新的教学技术和方法，推动跨学科的教育模式，以及加强与行业的紧密联系，确保教育内容与实际需求保持一致。通过促进创新和不断更新教学方法，可以更好地培养学生的创新意识和适应能力，使他们更好地适应未来不断变化的职业环境。

（五）培训资源匮乏

培训资源匮乏可能在培训和教育过程中表现出几个方面。首先，学生可能无法获得足够的实践机会和现代化的设备，导致他们在毕业后缺乏实际操作的经验。其次，培训过程中可能缺乏与行业实际情况贴近的案例分析和项目实践，使学生难以将理论知识运用到实际工作中。此外，教育机构可能因为缺乏资金而无法提供最新的教材、软件和硬件设备，导致培训内容滞后于行业发展。最终，教育者和学生可能因为缺乏专业培训机构的支持而难以获取最新的行业信息和发展趋势。解决培训资源匮乏的问题需要投入更多的资金，提升教育机构的设施和技术水平。建立行业与教育机构的合作关系，确保培训内容与实际需求相符，同时推动教育资源的共享。通过引入先进的教学方法、培训工具和技术设备，可以提升培训的质量和实效性。确保学生在培训过程中能够充分接触到行业标准和最新的发展趋势，有助于提高他们在职场中的竞争力。

（六）缺乏教育研究的文化

缺乏教育研究文化可能在学术界和教育实践中表现出几个方面。首先，教育者可能缺乏对教育问题进行深入研究的动力，导致教育实践未能及时借鉴最新的研究成果。其次，学校可能缺乏鼓励和支持教育研究的机制，导致教师在研究方面投入不足。另外，缺乏学术交流平台可能使得教育者之间的合作和经验分享有限，难以形成学科共同进步的氛围。最终，学术研究论文的发表率可能较低，影响了学校在学术界的声誉。

二、职业教育师资队伍建设中的对策

（一）持续职业培训与更新

设立定期的职业培训计划，包括行业知识更新、教育理念和教学方法的培训。鼓励教育者参加专业研讨会、工作坊和行业实践，以保持对最新发展的了解。

（二）行业导师制度建立

建立行业导师制度，将教育者与行业专业人士进行对接。这有助于教育者深入了解行业的实际需求，获取实践经验，并促进教学与实际职业环境的有效结合。

（三）跨学科培训与项目合作

推动跨学科培训，使教育者能够跨足不同领域。促进学科之间的合作项目，培养教育者具备跨学科素养，更好地满足不同学科和行业的需求。

（四）创新教学与教育技术培训

提供创新教学方法和教育技术的培训。鼓励教育者运用现代技术、在线资源和创新教学工具，以提高他们的教学效果和适应力。

（五）学术研究与实践结合

支持教育者参与学术研究项目，并将研究成果与实践相结合。建立学术研究的文化，促使教育者不仅能够传授知识，还能够推动教育领域的创新。

第七章 学生实践与职业规划

第一节 实践项目的设计与管理

一、项目定位和目标

（一）主题明确

主题明确是保证实践项目成功实施的重要因素。这要求项目的主题不仅与学科相关，还需要与学校的教育愿景相符，以确保项目与学校整体目标一致。主题的明确性使得项目更有针对性和教育意义。一个明确的主题能够引导学生深入学习，使其更有目标地获取知识和实践经验。这有助于提高学生的学科专业性，培养他们在特定领域的深度知识和技能。同时，主题的选择应该能够满足实际职业需求，使学生在项目中能够获得与职场相关的经验。这种实际性有助于提升学生的职业竞争力，使他们更好地适应未来的职业环境。在确保主题明确的同时，与相关行业专业人士进行沟通和合作，获取他们的意见和反馈，可以进一步确保实践项目的设计符合实际职业需要。这样的合作也有助于建立校企合作的桥梁，促进学校与职业领域的紧密联系。

（二）目的明确

确立实践项目的明确目的是项目成功实施的基石。明确的目的能够为项目提供清晰的方向，确保项目设计和实施的一致性，并使学校能够评估项目的成效。目的的明确性涉及到对项目为何选择特定主题的理解。这可以包括提升学生的实际操作能力、促进团队协作、培养解决问题的能力等。每一个目的都应与学校的教育愿景和学科要求保持一致，确保项目是整体教育体系的一部分，有助于学生全面发展。明确的目的也为项目的评估提供了标准。通过设定明确的目标，学校可以更容易地评估项目是否达到了预期效果，为今后的实践项目提供宝贵经验和改进方向。此外，明确的目的还有助于吸引学生的兴趣和参与。学生能够更好地理解他们参与项目的原因，从而更加积极地投入到实践中，增强他们的学习体验感。总体而言，目的的明确性是实践项目设计和实施的关键，有助于确保项目对学校和学生都产生积极的影响。

（三）预期学生学习成果

明确项目的预期学生学习成果是确保项目实现教育目标的重要步骤。这涉及到定义学生在项目中应该达到的具体能力和技能，从而能够对学生的表现进行量化评估。预期学生学习成果应该与项目的主题和目的保持一致。例如，如果项目的目的是提升学生的实际操作能力，那么预期学生学习成果可能包括熟练使用特定工具或技术、解决实际问题的能力等。这些成果也应与学科要求相符。通过与学科的相关知识和技能相结合，项目能够更好地服务于学生的学科学习，提高他们在特定领域的专业水平。预期学生学习成果有助于评估项目的有效性。结合在项目开始时明确这些成果，学校可以在项目结束时对学生的表现进行全面的评估。这种定量评估有助于了解项目的实际影响，并为今后的实践项目提供改进的方向。总体而言，明确预期学生学习成果是确保实践项目与学校教育目标一致、学科相关并能够为学生提供实际能力的关键。

（四）教育愿景和学科要求的对齐

确保项目设计与学校的教育愿景完全一致是保障项目成功的重要一环。项目的设计理念、目标和实施方式应该与学校的教育愿景保持一致，以确保项目是整体教育体系的一部分，有助于实现学校的长期目标。同时，项目应与相关学科的教学要求对齐。这包括确保项目涉及的主题和内容与学科的核心概念和要求相符。这样可以确保学生在项目中学到的知识和技能是有深度和广度的，能够为他们未来的学科学习提供坚实的基础。与学科要求的对齐还有助于确保项目的学术质量。通过遵循学科的教学标准，项目能够提供更有深度的学科知识，有助于培养学生对学科的全面理解。最终，确保教育愿景和学科要求的对齐有助于提高项目的整体质量和实效性。这使得学生在项目中能够得到更全面、有深度的教育，有助于他们更好地适应未来的学业和职业发展要求。

二、课程整合与项目设计

（一）课程与项目的整合

课程与项目的整合是教育设计中至关重要的一环。通过确保实践项目与相关课程有机整合，我们能够实现理论和实践的有机结合，为学生提供更全面、深入的学习体验。首先，教育者需要仔细审查课程目标。这包括理解课程所要达到的教育目的、培养何种能力以及传授哪些知识。项目的设计应紧密围绕这些目标展开，保证学生在实践中能够真实地应用、巩固课堂所学的理论知识。其次，明确项目在课程中的位置至关重要。这涉及到确定何时引入实践项目，以及项目的持续时间和深度。通过合理安排项目的时间节点，可以确保学生在已经掌握一定理论基础之后，更好地投入实际操作中，提高学习效果。关联性是课程与项目整合的另一个关键因素。项目与课程内容之间应该有密切的关联，使学生能够将课堂上学到的知识直接应用于实际项目中。这可以通过设计项目任务，要求学生解决实际问题或完成真实场景模拟来实现。这样的关联性能够加深学生对理论的理解，并培养他们在实践中灵活运用知识的能力。综合而言，课程与项目的有机整合不仅要考虑项目的设计，而且还需要深入思考课程结构、目标和内容，以确保二者相辅相成，共同促进学生的全面发展。

（二）确定项目的清晰结构

在项目设计中确保清晰的结构至关重要，这有助于学生在整个项目过程中有序、明确地进行学习和实践。首先，项目的时间安排需要明晰。教育者应该合理规划项目的时间框架，确保每个阶段有足够的时间供学生深入理解、实践和反思。这也包括确定关键的里程碑和截止日期，以帮助学生管理他们的时间并确保项目进展顺利。其次，任务分配是项目结构中的重要组成部分。明确定义每个学生或小组的任务，确保任务在复杂性和难度上有逐渐增加的趋势，以促进学生在整个项目中的成长和发展。明确的任务分配有助于学生明确自己的责任，并协同合作完成项目。此外，为项目设定明确的阶段性目标是保持结构清晰性的关键。通过在项目的不同阶段设立具体的目标，可以引导学生逐步完成任务，形成逻辑完整的学习过程。这也有助于教育者更有效地评估学生的学术表现和项目进展。最后，评估标准的明确制定是项目结构中不可或缺的一环。学生需要清楚知道如何被评估，教育者也需要有明确的标准来评价学生的表现。这有助于提高评估的公正性和透明度，使学生在项目中的努力和成就得到充分认可。综合而言，一个清晰结构的项目设计能够帮助学生更好地理解和完成任务，推动学习目标的达成。

（三）项目时间安排的合理性

项目时间安排的合理性是项目成功的关键之一。一个合理的时间框架应该充分考虑到学生的学习进度和项目的实施需求，避免时间紧张或拖延的情况。首先，需要充分了解学生的学习能力和学科理解水平。不同层次和年级的学生在相同的项目中可能需要不同的时间来完成任务。因此，在设计项目时间安排时，需要根据目标受众的特点调整时间框架，确保对学生来说既具有挑战性又可行。其次，考虑到项目的实施周期。不同类型的项目可能需要不同的时间来完成。一些复杂的项目可能需要更多的时间来深入研究和实践，而一些简单的项目可能可以在较短时间内完成。合理估计项目的难度和复杂性，调整时间安排以满足实际需求。此外，避免时间过长或过短也是关键。时间过长可能导致学生失去兴趣，而时间过短则可能影响项目的深度和广度。通过平衡项目的难度和时间框架，可以确保学生在足够的时间内完成任务，同时保持学习的积极性。最后，建立灵活性的时间安排是极其重要的。在项目进行过程中，可能会出现一些未预料到的情况，例如学生需要额外的时间来解决问题或深入研究某个方面。在时间安排上保留一些弹性，有助于更好地应对这些情况，确保项目的顺利进行。总体而言，一个合理的项目时间安排应该充分考虑学生的特点、项目的实施需求以及灵活性，以促使项目的有效进行和学生的全面发展。

（四）任务分配与团队协作

任务分配与团队协作是项目成功的双重支柱，通过合理的任务分配和有效的团队协作，可以最大限度地发挥每个学生的潜力，提高整个团队的绩效。首先，明确的任务分配是确保项目高效进行的关键。每个学生在项目中应该有明确的职责和任务，这有助于避免混乱和冲突，确保每个方面都得到充分的重视。任务分配应该基于学生的兴趣、技能和专业领域，以确保每个人都能为项目的成功贡献所长。其次，注重团队协作是培养学生综合能力的有效途径。通过共同合作解决问题，学生不仅能够分享彼此的知识和经验，而且还能够培养团队协作、沟通和决策能力。教育者可以通过设计合作性的任务和项目来促进团队协作，创造一个积极的学习环境。此外，鼓励学生互相支持和学习，以建立良好的团队氛围。团队成员之间的相互理解和信任对于项目的成功至关重要。教育者可以设立团队建设活动，加强学生之间的交流和互动，促进团队凝聚力的形成。最后，及时的沟通和反馈也是团队协作中的重要环节。学生需要能够有效地沟通团队进展、遇到的问题以及需要协作解决的挑战。教育者可以设立定期的会议或使用在线工具，确保团队成员之间保持畅通的沟通渠道，及时解决问题并进行反馈。综合而言，任务分配和团队协作相辅相成，共同为项目的成功贡献力量。通过这样的学习方式，学生不仅能够提升专业知识和技能，而且还能够培养团队协作与沟通的综合素养。

（五）明确的评估标准

明确的评估标准是项目设计中不可或缺的一环。这些标准应该清晰明了，以确保学生了解项目完成的标准和期望，同时为教育者提供一个客观、公正的评估依据。首先，评估标准应该与项目的学习目标和课程目标相一致。这意味着教育者在设计评估标准时应该反映课程所要达到的目标，确保评估的内容和要求与教学目标相契合。这样可以使评估更有针对性，更有效地反映学生在项目中的实际表现。其次，评估标准需要具体而详细。

标准应该包括项目的各个方面，涵盖理论知识的应用、问题解决能力、团队合作等多个维度。通过明确具体的评估指标，可以更全面地了解学生在不同方面的表现，进而更精准地评价他们的综合能力。此外，评估标准应该是可量化的。通过量化标准，可以使评估更客观、可比较。例如，使用具体的数字、百分比或等级来表示学生在不同方面的表现，有助于消除主观性，提高评估的公正性。最后，及时的反馈也是评估标准中的重要部分。学生需要清楚地了解他们在哪些方面做得好，哪些方面需要进行改进。教育者可以通过及时的反馈帮助学生更好地理解评估标准，促使他们在项目中不断进步。总体而言，明确的评估标准是项目设计的基础，有助于提高学生对项目目标的理解，同时为教育者提供准确的评估工具。这样的评估体系能够推动学生在实践中取得更好的成就，并促使教育者更有效地指导学生的学习。

通过在课程整合与项目设计中采用这些措施，可以确保实践项目更好地融入课程体系，使学生在实际操作中能够更好地应用和巩固所学的理论知识。这有助于提高教学的实用性和学生的综合能力。

三、资源准备与支持

（一）教学设备准备

确保充足的教学设备是项目实施中的基础性工作。这项任务需要高校和社会公益机构之间的协同合作，以保障项目所需的技术设备、教学材料和实验工具得到妥善的安排、供应和维护。首先，对于技术设备的准备，需要明确项目所需的具体设备类型和规格。这可能包括计算机、实验仪器、软件等。高校和公益机构可以共同进行需求调查，确保提供的设备能够满足项目的技术要求。其次，教学材料的准备也至关重要。这可能涉及到教科书、参考资料、教学大纲等。确保这些材料的及时提供，有助于学生更好地理解和应用课程内容。实验工具的准备是特定领域项目的关键。例如，在科学、工程或医学类项目中，可能需要各种实验仪器和材料。高校和社会机构需要协商确定这些实验工具的采购计划，并确保它们在项目开始时就位并得到良好的维护。在高校和社会公益机构之间的协商中，需要明确责任和义务。可能需要签订合作协议，明确设备供应的时间表、费用分担方式以及设备维护的责任方。这样的明确性有助于避免潜在的问题，确保项目实施的顺利进行。最后，及时的沟通和反馈是保障教学设备准备的关键。双方需要建立有效的沟通机制，随时分享项目进展、设备使用情况以及可能的问题。及时的反馈有助于调整和改进设备准备的计划，确保项目能够按照预期进行。综合而言，确保教学设备的准备需要高校和社会公益机构之间的密切合作，以满足项目的需求并提供学生良好的学习体验。

（二）实践场地提供

实践场地的提供对于项目的成功实施至关重要。确保有适当的场地，既能够满足项目的实际需求，又能够为学生提供良好的学习环境。首先，需要明确项目的实际需求。不同类型的项目可能需要不同的实践场地，例如实习基地、实验室、工作坊等。确保选择的场地能够满足项目的特定要求，提供学生所需的设施和资源。其次，社会公益机构可以成为提供实践场地的重要合作伙伴。例如，在医学或社会服务类项目中，与医院、社区服务机构等合作，设置实习基地，让学生在实际工作环境中进行实践。这样的合作既有助于学生应用理论知识，又能够为社会机构提供专业的支持。实验室和工作坊是一些科学和工程类项目所必需的场地。确保这些场地配备先进的设备和工具，以支持学生进行实验和创新性的实践。这可能需要与实验室管理员或相关负责人进行合作，确保学生能够安全、有效地使用实验设备。实地考察是一种丰富学生实践经验的方式。通过利用社会公益资源，如博物馆、企业、自然保护区等，学生能够亲身体验实际情况，加深对理论知识的理解。确保场地的选择与项目的学习目标相一致，使学生能够从实地考察中获取实际经验和见解。在选择场地时，还需要考虑场地的安全性、可用性和可持续性。确保学生在场地中的活动是安全的，并且场地能够持续为多个学期或项目提供支持。总体而言，提供适当的实践场地是项目成功实施的基础，需要高校与社会公益机构之间的紧密协作，确保学生在实践中能够获得最大的收益。

（三）行业合作伙伴的协调

与行业合作伙伴的协调是确保项目资源充足的关键因素。这需要在高校和社会公益机构之间建立紧密的合作关系，确保双方的合作是有序、有效的。首先，明确合作的范围是至关重要的。确定合作的具体项目、活动或资源共享的范围，确保合作的目标和方向明确清晰。这可以通过合作协议、谅解备忘录等形式进行明确，以建立合作的基础。资源共享方式也需要明确规划。这可能包括教学设备、实习基地、人才培养计划等。确定资源共享的方式，例如是否共同投入经费、提供实习机会、分享专业知识等，有助于确保资源的合理利用和最大化效益。长期规划是建立稳固合作基础的关键。不仅需要解决当前项目的合作问题，而且还需要考虑未来的合作方向和计划。通过共同制订长期规划，可以建立起可持续的合作关系，使双方能够在未来继续受益。有效的协调也包括建立良好的沟通机制。确保信息的畅通，及时沟通合作的进展、问题和需求，有助于双方及时调整合作方案，提高合作效率。最后，建立互信是合作伙伴关系的基石。通过共同的目标、透明的沟通和共享的资源，建立起互信关系，有助于双方更好地理解对方的需求和期望，进而更好地实现合作目标。总体而言，与行业合作伙伴的协调需要高校和社会公益机构之间的共同努力，确保合作是有序、紧密衔接的，为学生提供丰富的学习资源和实践机会。

（四）教育者培训与支持

确保教育者具备必要的管理和指导项目的能力是项目成功实施的重要保障。为此，教育者培训和支持计划是必不可少的。首先，培训内容可以包括项目管理技能。教育者需要具备有效的项目计划、组织和监控能力，以确保项目按计划进行。培训可以涵盖项目管理的基本原则、工具和技术，使教育者能够灵活应对项目中的挑战。其次，培训还可以涉及与社会公益机构合作的方法。这包括建立有效的沟通渠道、制订合作计划、解决潜在的合作问题等。通过培训，教育者可以更好地理解社会公益机构的运作方式，促进双方之间的协同合作。实践教学方法也是培训的重要内容。教育者需要了解如何将理论知识与实际项目相结合，引导学生进行实践性学习。培训可以包括案例分析、项目设计方法、实践评估等方面的内容，以提高教育者的实践教学水平。除了培训，建立定期的指导和反馈机制也是支持教育者的关键。定期的指导会议可以帮助教育者解决项目中的问题，提供实时的建议和支持。同时，及时的反馈可以帮助教育者了解自己的优势和不足，有针对性地改进教学方法和项目管理。综合而言，教育者培训与支持是项目成功实施的重要组成部分。通过提供全面的培训和持续的支持，可以确保教育者在项目中胜任其角色，为学生提供更优质的实践教育。

（五）学生支持体系的建立

学生支持体系的建立是项目成功实施的不可或缺的关键一环。通过提供全方位的支持，可以帮助学生更好地应对项目中的挑战，促使他们在实践中取得更好的学习效果。首先，提供辅导员支持是学生支持体系中的重要组成部分。辅导员可以为学生提供学业上的指导、心理上的支持，帮助他们解决在项目中遇到的问题。定期的辅导会议可以促进师生之间的沟通，及时发现和解决学生可能面临的困难。其次，职业规划指导对于学生未来的发展至关重要。在项目中，学生有机会接触实际工作环境，因此职业规划指导可以帮助他们更清晰地了解自己的兴趣和职业目标。提供职业规划的培训、讲座或个别咨询，有助于学生更好地规划自己的职业生涯。在实习期间，建立问题解决渠道也是学生支持体系的关键。学生可能面临各种问题，包括项目任务的理解、实践操作的困难等。建立一个及时回应学生问题的机制，例如设置专门的问题反馈渠道或提供实践导师，可以帮助学生更好地顺利完成实践任务。此外，建立学生社群和团队合作机制也是学生支持的有效方式。学生之间可以相互交流经验、分享问题解决方案，通过团队合作培养团队精神和合作能力。这有助于提高学生的整体学习体验，减轻个体学生的压力。总的来说，学生支持体系的建立需要综合运用辅导员支持、职业规划指导、问题解决渠道和团队合作等方式。通过全面的支持，可以确保学生在项目中得到充分的关怀和帮助，提高他们的学习体验和实践能力。

（六）财务和经费安排

财务和经费安排是项目成功实施的基础之一。在资源准备的过程中，需要确保项目所需的经费得到合理的分配和使用。首先，需要明确项目的预算。制订详细的预算计划，包括教学设备、实践场地、学生支持、培训与支持等各个方面的费用。预算计划应该充分考虑到项目的规模、时长和特殊需求，确保每个方面都能够得到适当的经费支持。其次，经费的来源需要清晰。确定项目的经费来源，可能包括学校预算、社会公益机构的支持、行业合作伙伴的赞助等。确保经费的来源是可靠的，并制订合理的筹资计划，以满足项目的各项需求。透明度是财务安排的关键。确保财务决策和资金使用的透明度，包括详细的账目记录、经费使用报告等。这不仅有助于监督项目的财务状况，而且也增加了合作伙伴、赞助方和参与者对项目的信任度。责任分配也是财务安排的一个重要方面。明确谁负责财务管理、经费使用和报告，建立财务审核机制，确保经费的使用符合预算计划和相关政策法规。这有助于防范潜在的经费管理风险，确保经费的合理利用。最后，考虑项目的可持续性。不仅要满足当前项目的经费需求，而且还需要考虑长期的可持续性。这可能包括制订长期规划、寻找可持续的合作伙伴和资金来源，以确保项目在未来能够稳定运行。在整个财务和经费安排过程中，透明、负责、可持续是关键的原则。通过明确预算计划、经费来源、透明度和责任分配，可以确保项目在财务方面的健康运作，从而更好地支持项目的实施和发展。

通过在资源准备与支持的层次中采取这些措施，可以确保合作项目有足够的物质支持和人力支持，从而顺利实施高校与社会公益事业的合作。

四、学生参与与团队协作

（一）鼓励积极学生参与

鼓励学生积极参与项目是激发他们学习兴趣和提高实践能力的有效途径。首先，营造积极的学习氛围。创造一个鼓励提问、分享观点和尝试新想法的环境。教育者可以通过鼓励积极互动、表扬有益的建议等方式来培养学生的积极性。其次，设立明确的奖励机制。为积极参与的学生设立奖励，可以是口头表扬、奖状、或是一些小礼物。奖励不仅能够激励学生，还可以树立榜样，促使更多学生参与到项目中来。再次，提供挑战性任务。

设定一些具有一定难度和挑战性的任务，激发学生克服困难的欲望。通过挑战，学生可以更深刻地理解知识，提高解决问题的能力。此外，建立团队文化也是重要的。让学生意识到他们是一个团队，团队的成功离不开每个成员的积极参与。强调团队的重要性，培养学生团队协作的意识和技能。最后，给予学生更多的自主权。让学生在项目中有更多的自主选择权，可以选择感兴趣的方向或任务。这样能够激发学生的主动性，让他们更愿意投入到项目中去。通过以上方法，可以在项目中创造一个积极向上的学习氛围，激发学生的参与热情，提高他们学习的主动性和实践能力。

（二）培养团队合作精神

培养团队合作精神是项目中的重要目标，能够促使学生更好地协同工作、分享经验、共同解决问题。首先，明确团队目标。确保团队成员都理解并认同项目的共同目标。清晰的目标有助于激发团队合作的动力，让每个成员明确自己在团队中的角色和责任。其次，促进团队内部的沟通。建立一个开放、透明的沟通渠道，鼓励团队成员分享观点、提出问题，确保信息在团队内部畅通流动。定期的团队会议和沟通工具的使用可以促进成员之间的交流。再次，制定明确的任务分工。明确每个团队成员的职责和任务，确保任务分工合理。通过合理的任务分配，可以最大限度地发挥每个成员的优势，提高团队的整体绩效。此外，鼓励知识共享。团队成员应该乐于分享自己的专业知识和经验，这有助于提升整个团队的综合水平。设立知识分享的机制，例如团队内部培训、经验交流会等。强调团队的成功是每个成员共同努力的结果。通过给予团队一起庆祝成功的机会，如小组活动奖励、团队建设活动等，增强团队凝聚力，让学生更加体会到团队合作的价值。最后，引导团队解决冲突。冲突在团队中难免发生，但如何处理冲突是培养团队合作精神的关键。教育者可以引导团队成员学会沟通、妥协，解决问题的能力。通过以上方法，可以在项目中培养出积极的团队合作精神，使学生不仅在专业知识上有所提升，而且在团队协作和沟通能力上也得到有效锻炼。

（三）设立有效的沟通机制

设立有效的沟通机制是确保项目管理团队协调一致、信息畅通的关键步骤。首先，定期组织团队会议。通过定期的面对面或线上会议，团队成员能够分享项目进展、讨论问题、提出建议。会议是促进团队协作和解决问题的重要平台，确保每个成员都了解项目的整体状况。其次，使用在线协作平台。利用现代科技工具，如团队聊天软件、项目管理工具等，方便团队成员随时随地进行信息共享和交流。这有助于提高工作效率，减少信息传递的时间滞后。再次，明确责任和报告机制。确保每个团队成员都知道自己的职责，并明白应该向谁报告工作进展。建立清晰的报告体系，使信息流向有序，避免信息遗漏和混乱。此外，鼓励开放式的反馈文化。团队成员应该感到自由表达意见、提出建议，而不必担心负面影响。通过建立积极的反馈机制，可以及时调整团队的方向，提高团队的整体绩效。同时，确保信息的透明度。团队成员需要了解项目的整体情况，而不仅仅是自己负责的部分。透明的信息流通有助于提高团队的凝聚力，让每个成员都感到自己是团队的一部分。最后，应该及时沟通解决问题。如果团队成员之间存在沟通问题或误解，及时采取措施解决。可能需要调整沟通方式、重新明确任务分工，确保信息传递的准确性和高效性。通过建立以上的沟通机制，可以使项目管理团队更好地协调一致，提高团队的工作效率和项目的整体管理水平。

（四）提供团队培训和指导

提供团队培训和指导是确保团队协作有效进行的重要步骤。首先，培训团队领导者的领导技能。领导者在团队中发挥着关键的作用，他们需要具备有效的领导和管理技能。培训可以包括领导沟通、团队激励、目标设定等方面的内容，以提高领导者的领导力水平。其次，培训团队成员的协作技能。协作是团队成功的基础，培训可以涵盖团队沟通、问题解决、决策制定等方面的技能。通过培训，团队成员可以更好地理解彼此的角色，提高团队整体的协作效率。再次，提供解决团队内部冲突的指导。在团队中，可能会出现一些内部冲突，这需要得到及时有效的解决。培训团队成员解决冲突的技能，帮助他们更好地理解冲突的根本原因，并采取合适的方式解决问题。从次，培训团队成员的任务分工和协调能力。通过培训，团队成员可以更好地理解自己在团队中的角色和责任，有效分配任务，并协调好各项工作。这有利于提高团队整体的工作效率。同时，提供团队绩效评估的指导。建立团队绩效评估机制，明确团队目标和绩效指标，帮助团队成员了解自己的工作表现，并在需要时进行调整和改进。最后，通过实际案例和团队建设活动进行实践性培训。通过实际的案例分析和团队合作的活动，帮助团队成员将培训中学到的知识和技能应用到实际工作中，加深对团队协作的理解和体验。通过以上的培训和指导，可以提高团队的整体素质，使团队更好地进行协作，应对挑战，并取得更好的绩效。

（五）设立任务协调机制

设立任务协调机制是确保团队任务有效执行的重要步骤。首先，明确任务分工。确保每个团队成员都知道自己的职责和任务范围。通过清晰的任务分工，可以避免任务重叠和遗漏，提高团队整体工作效率。其次，制订任务计划。为团队的任务设立明确的计划，包括任务的开始时间、结束时间、关键节点等。任务计划可以帮助团队成员更好地了解项目的时间框架，合理安排工作进度。再次，建立任务监督机制。设立有效的监督机制，确保任务按计划进行。这可能包括定期的任务进度汇报、任务完成情况的跟踪等。通过监督机制，可以及时发现并解决任务执行中的问题。此外，建立沟通渠道。团队成员之间需要及时分享任务的进展、遇到的问题以及需要协调的事项。通过设立开放的沟通渠道，可以促进信息流通，减少信息滞后。同时，设立问题解决机制。当任务执行中出现问题时，需要有明确的解决机制。这可能包括团队成员之间的协商、寻求领导者的帮助、调整任务分工等。建立问题解决机制有助于及时应对困难，确保任务进展顺利。最后，进行定期的任务评估。定期对任务执行情况进行评估，总结经验教训，发现问题并及时调整计划。任务评估有助于优化团队协作，提高任务执行的效率和质量。通过以上的任务协调机制，可以确保团队成员在项目中有明确的任务分工，协作顺畅，有效提高团队整体的工作效率。

通过在学生参与与团队协作的层次上采取这些措施，可以使学生在实践项目中更全面地发展，培养团队合作和问题解决的实际能力，为其未来的职业发展打下坚实基础。

五、导师指导与评估体系

设立任务协调机制是确保团队任务有效执行的重要步骤。首先，明确任务分工。确保每个团队成员都知道自己的职责和任务范围。通过清晰的任务分工，可以避免任务出现重叠和遗漏，提高团队整体工作效率。其次，制订任务计划。为团队的任务设立明确的计划，包括任务的开始时间、结束时间、关键节点等。任务计划可以帮助团队成员更好地了解项目的时间框架，合理安排工作进度。再次，建立任务监督机制。设立有效的监督机制，确保任务按计划进行。这可能包括定期的任务进度汇报、任务完成情况的跟踪等。通过监督机制，可以及时发现并解决任务执行中的问题。此外，建立沟通渠道。团队成员之间需要及时分享任务的进展、遇到的问题以及需要协调的事项。通过设立开放的沟通渠道，可以促进信息流通，减少信息滞后。同时，设立问题解决机制。当任务执行中出现问题时，需要有明确的解决机制。这可能包括团队成员之间的协商、寻求领导者的帮助、调整任务分工等。建立问题解决机制有助于及时应对困难，确保任务进展顺利。最后，进行定期的任务评估。定期对任务执行情况进行评估，总结经验教训，发现问题并及时调整计划。任务评估有助于优化团队协作，提高任务执行的效率和质量。通过以上的任务协调机制，可以保障团队成员在项目中有明确的任务分工，协作顺畅，有效提高团队整体的工作效率。

第二节　职业规划在职业教育中的重要性

一、职业规划的定义与目的

（一）职业规划的定义

职业规划是指在职业发展过程中，个体为实现长远、中期和短期职业目标而制订的计划。这一过程包括对个体自身的认知、对职业市场的了解，以及为实现职业目标而采取的具体行动。职业规划涉及到个体对自身兴趣、价值观、技能等方面的深入思考，以确定最适合的职业道路。

（二）职业规划的目的

1. 帮助个体更好地了解自己

确实，职业规划的初衷就是帮助个体更好地了解自己。了解自己的兴趣、价值观、技能和性格特点是建立一个成功职业生涯的基础。首先，兴趣：职业规划帮助个体发现自己对什么感兴趣。这包括对哪些活动、领域或主题有热情和愿意投入时间和精力。其次，价值观：职业规划让个体更清晰地了解自己的价值观，即什么是对自己重要的，对事业、工作环境和组织的期望是什么。再次，技能：通过职业规划，个体能够识别和评估自己所具备的技能。这有助于选择与自己技能匹配的职业，并明确需要进一步发展的技能。最后，性格特征：了解自己的性格类型和特点对于找到适合的工作环境和团队角色至关重要。职业规划可以提供一些工具和方法，帮助个体更好地认识自己的性格。通过深入了解这些因素，个体能够制定更符合自己特点和期望的职业目标。这有助于避免盲目跟从潮流或他人的选择，更加有针对性地发展个人职业生涯。

2. 理清职业方向

职业规划有助于帮助个体理清职业方向，为其未来的职业发展提供明确的路线图。首先，明确职业目标。通过职业规划，个体能够深入思考自己对未来职业的期望，确定具体的职业目标。这有助于个体在职业生涯中有明确的方向，更有针对性地进行学习和发展。其次，追求的行业领域。职业规划应该帮助个体明确他们感兴趣的行业领域。这包括个体对某个行业的了解程度、行业的发展前景以及个体对该行业的适应度。再次，未来的职业发展方向。通过职业规划，个体可以设想未来的职业发展方向。这可能涉及到晋升、专业技能的提升、创业等多个方面。明确未来的职业发展方向有助于规划今后的学习和成长路径。从次，应该适应个体的兴趣和优势。职业规划需要考虑个体的兴趣爱好和优势，使个体在自己擅长和喜欢的领域中发挥优势，提高职业生涯的幸福感和成就感。最后，不断调整和优化。职业规划不是一成不变的，随着个体的成长和外部环境的变化，职业规划可能需要不断调整和优化。保持灵活性，及时适应变化是职业规划的重要思维。通过理清职业方向，个体能够更有目标地规划自己的职业生涯，更好地应对职业市场的挑战，实现自己的职业目标。

3. 有针对性地发展和提升自己

有针对性地发展和提升自己对于职业规划来说至关重要。设定明确的职业目标是个体职业生涯中的指南针，帮助其更有目标地选择学习方向和培养必要的技能。通过明确的规划，个体能够更好地适应所选择的职业领域，增强在该领域中的专业素养。职业规划的第一步是对个体自身的优势、兴趣和价值观进行深入的了解。这有助于确定适合个体发展的职业方向，从而使其在职业生涯中更加热衷和投入。通过认识自己，个体能够更好地理解自己在职场上的独特之处，并能够更有针对性地选择适合自己的发展道路。一旦确立了明确的职业目标，个体就能够有目标地进行学习和技能培养。这意味着选择与目标职业相关的课程、项目和培训，以提高在相关领域的专业知识和技能水平。这种有针对性的学习方式不仅能够提高个体在职业市场上的竞争力，而且还能够使其在职业发展中更具有可持续性。职业规划还包括与他人建立关系和网络，这对于个体职业发展同样至关重要。通过参与行业活动、社交聚会和专业组织，个体能够拓展人脉，获取更多的职业机会和资源。建立良好的人际关系网络有助于个体在职业生涯中获得支持和指导，同时也为未来的职业发展奠定了坚实的基础。总体而言，有针对性地发展和提升自己是职业规划的核心。这种有计划的发展能够使个体更好地应对职业市场的变化，实现自己的职业目标，最终取得更加可持续和有意义的职业成功。

4. 提高职业生涯的成功概率

职业规划的终极目标是提高个体职业生涯的成功概率。这并非仅仅是一个理论上的概念，而是通过有序和有针对性的步骤实现的实际目标。首先，职业规划通过帮助个体了解自己的优势、兴趣和价值观，使其能够更加准确地选择适合自己的职业方向。这种精准的选择意味着个体在所选领域中更有可能获得成功，因为他们对该领域有着真正的热情和兴趣。其次，有计划的学习和技能培养使个体在职业市场上更具竞争力。通过选择与职业目标相关的培训和课程，个体能够不断提高自己的专业知识和技能水平。这种不断提升的过程使个体能够跟上行业的发展趋势，增加在职业市场上脱颖而出的机会。另外，职业规划还包括建立和拓展人脉关系。良好的人际网络为个体提供了支持、导向和职业机会。通过参与行业活动和社交聚会，个体能够与行业内的专业人士建立联系，获取宝贵的建议和资源，从而提高在职业生涯中的成功概率。最后，职业规划强调的是目标的持续调整和更新。随着职业市场和个体自身的变化，职业目标也需要不断调整。这种灵活性使个体能够更好地适应变化，并保持在职业生涯中的成功轨迹。总的来说，职业规划通过使个体更了解自己、提升技能、建立人际关系以及灵活调整职业目标，有力地提高了职业生涯的成功概率，为个体的个人和职业成长创造了更多机会。通过这些目的，职业规划为个体提供了一个系统的发展框架，使其能够更好地管理自己的职业发展，实现个人和职业的双赢。

二、提前引导学生职业方向

在职业教育中，提前引导学生职业方向是一项至关重要的任务。通过职业规划，学生能够在学业生涯的早期阶段就更全面地了解自己的兴趣、能力和价值观。首先，提前引导有助于学生更加清晰地认识自己的兴趣。通过了解不同职业领域的特点和工作内容，学生可以更早地发现自己对哪些领域有浓厚的兴趣。这种早期的兴趣发现可以帮助学生更有针对性地选择相关的学科和课程，使学习更加有趣和更有动力。其次，提前引导有助于学生认识自己的能力和潜力。通过评估自己在不同领域的技能和才华，学生可以更明智地选择适合自己的职业方向。这有助于避免学生在错误的领域投入过多时间和精力，提高他们在所选领域中的成功概率。此外，提前引导还能够帮助学生明确自己的价值观。了解个人价值观有助于学生更好地选择符合其核心价值的职业领域，从而在职业生涯中更加满足和有成就感。通过这种提前引导，学生在职业发展的起点就能够更有方向感和目标。这样的早期规划有助于学生更加有计划地选择学科、参与实习和建立职业人脉，为将来的职业生涯打下坚实的基础。总体而言，提前引导学生职业方向通过职业规划为他们的未来成功奠定了坚实的基础。

三、帮助学生规划学业和职业路径

帮助学生规划学业和职业路径是职业规划的一项重要任务，其重要性不可忽视。通过系统性的规划，学生能够更有针对性地追求自己的学业和职业目标，进而提高学业动力和成就感。首先，明确的职业目标是规划学业和职业路径的关键。学生通过职业规划能够更清晰地设定短期和长期的职业目标，这为他们的学业生涯提供了方向。这种明确的目标有助于学生更有目标地选择相关的课程和专业，确保自己的学习方向与未来职业需求相契合。其次，规划学业路径需要结合实际行动。学生可以根据自己的职业目标选择适当的学科和课程，并积极参与实践活动，如实习、项目实践等。这样的实际经验不仅丰富了学生的专业知识，还为将来的职业生涯奠定了实际基础。此外，规划学业和职业路径也需要考虑个人的发展需求和兴趣。不同的人有不同的学习风格和兴趣爱好，因此个性化的规划更有助于学生保持学业动力。这可以通过选择符合个人兴趣的专业和课程，以及参与与兴趣相关的实践活动来实现。最后，逐步迈进是规划学业和职业路径的关键。学生可以通过设定阶段性的小目标，逐步朝着长远的职业目标迈进。这样的阶段性规划有助于保持学生的动力，因为他们可以看到自己的进步和成就，提高对未来的信心。总体而言，帮助学生规划学业和职业路径通过明确目标、实际行动和个性化考虑，为学生提供了一个有序、系统的发展框架。这种规划不仅有助于提高学业动力和成就感，而且还为学生未来的职业发展奠定了坚实的基础。

四、实现个性化的职业发展

实现个性化的职业发展是职业规划的核心目标之一。每个学生都是独一无二的，拥有不同的兴趣、技能和价值观，因此个性化的职业规划能够更好地满足他们的独特需求。首先，深入了解学生的兴趣是实现个性化职业发展的重要步骤。了解学生对不同领域的热情和兴趣，有助于确定他们可能感兴趣的职业方向。通过兴趣匹配，学生更有可能在自己喜欢和热爱的领域中取得职业成功，因为这样的工作会让他们感到满足和充实。其次，了解学生的技能和才华也是个性化职业规划的重要组成部分。每个人在不同领域都有独特的优势和能力，因此职业规划应该根据学生的实际技能制定。通过强调和发展个体的技能，能够更好地培养他们在职场上的竞争力，使职业发展更加个性化和成功。此外，考虑学生的价值观也是关键的因素。个体的价值观影响着他们对工作和生活的看法，因此职业规划应该考虑到这方面的因素。选择与个体价值观相符的职业方向，有助于建立更有意义和持续的职业生涯。最后，制订个性化的职业规划需要进行不断调整和更新。个体的兴趣、技能和价值观可能随着时间和经验的积累而发生变化，因此职业规划也需要灵活适应这些变化。通过不断地评估和调整，能够确保个性化的职业规划与学生的成长和发展保持一致。总体而言，实现个性化的职业发展通过深入了解学生的兴趣、技能和价值观，制订灵活的职业规划，为每个学生打造一个独特而有意义的职业路径。这种个性化的职业规划不仅有助于提高职业生涯的成功概率，而且还能够使个体在职场中更好地发挥自己的优势。

五、帮助应对职业市场变化

职业市场的不断变化是职业规划中需要考虑的一个关键因素。通过灵活的职业规划，个体可以更好地适应这些市场变化，保持竞争力，并有效地降低职业风险。首先，职业规划可以帮助个体了解当前职业市场的趋势和需求。通过定期更新职业规划，学生能够更敏锐地感知市场的变化，了解哪些行业或领域正在兴起，哪些技能正在成为热门。这种敏感性使个体能够提前做出调整，迅速适应市场的新要求。其次，灵活的职业规划使个体能够不断提升自己的技能，以适应市场的不断变化。学生可以根据市场需求调整自己的学习方向，选择具有前瞻性和实用性的课程和培训。这样，即使市场发生变化，个体也能够具备新的技能和知识，提高在竞争激烈的职场中的竞争力。此外，职业规划还可以帮助个体建立强大的人际网络，这在职业市场的变化中尤为重要。通过参与行业活动、社交聚会和专业组织，个体可以与其他专业人士建立联系。这些人脉关系不仅提供了获取市场信息的渠道，还为个体创造了更多的职业机会。最后，职业规划鼓励个体保持职业发展的敏感性和适应性。通过制定灵活的短期和长期职业目标，个体可以更好地应对市场的不确定性，从而减少职业风险。这种敏感性和适应性使个体能够更好地保持职业的可持续性。总体而言，帮助个体应对职业市场的变化是职业规划的一项重要任务。通过灵活、敏感和有计划的规划，个体可以更好地适应市场的发展需求，提高就业竞争力，确保在职业生涯中保持成功。

六、发展职业技能和领导力

职业规划的另一个重要方面就是发展职业技能和领导力。这不仅是为了适应职场的需求，还为了在职场中取得更大的成功。首先，职业规划可以帮助学生明确需要发展的关键职业技能。不同职业领域需要的技能各异，通过规划，学生可以明确自己所选择职业的核心技能。这有助于有针对性地选择相关的培训和课程，使自己具备在所选职业中脱颖而出的实际技能。其次，规划还有助于学生了解并发展领导力潜能。通过识别个体的领导风格、沟通技巧和团队协作能力，职业规划可以帮助学生更好地发展领导力素质。这对于未来升职和承担更重要责任的机会至关重要。此外，发展职业技能和领导力需要不断学习和实践。职业规划可以包括制订学习计划，选择培训和实践机会，以不断提高个体在职场中的综合素质。这种积极主动的学习态度不仅有助于提高职业竞争力，而且还能够使个体在职场中持续成长。最后，规划还可以涉及寻找导师或参与领导力培训。有经验的导师可以为学生提供宝贵的指导和建议，帮助他们更快地发展职业技能和领导力。参与专业的领导力培训也能够系统地提升领导力水平。总的来说，通过规划学业和职业路径，个体可以更有意识地发展所需的职业技能和领导力，使自己更具竞争力，更好地应对职业挑战，取得更大的职业成就。

七、持续职业发展和学习

职业规划的最终目标之一就是实现持续的职业发展和学习。这种持续性的学习和发展是适应快速变化的职业环境的关键。首先，通过定期评估和更新职业规划，个体可以更好地认识到自己所处的职业阶段和当前的职业目标。这种自我认知的不断提高有助于个体更有针对性地调整职业规划，确保其与个体的发展轨迹和职场需求保持一致。其次，职业规划可以包括制订长期和短期的学习计划。个体可以根据自己的职业目标和行业趋势，选择参与培训、课程或项目，以保持在领域内的专业知识和技能的更新。这种持续学习的习惯使个体能够适应新技术、新方法和新趋势，保持在职场中的竞争力。此外，规划还可以包括寻找导师、参与行业活动和拓展人脉。与有经验的导师交流，参与行业研讨会和活动，以及建立良好的人际关系网络，都是持续学习和职业发展的重要组成部分。这种交流与合作有助于收获新的观点、经验和机会，推动个体在职业生涯中的不断进步。最后，职业规划还能够鼓励个体积极参与自我反思和自我评估。通过定期审视职业目标的实现情况，个体可以更好地了解自己的优势和改进的空间。这种反思性的学习过程有助于不断优化职业规划，使其更加符合个体的长期愿景和价值观。总体而言，持续的职业发展和学习是职业规划的关键要素。通过不断调整和完善职业规划，个体可以实现在职业生涯中的持续进步和成功。这种积极的学习态度不仅有助于适应职业市场的变化，而且也为个体打造更具有深度和广度的职业轨迹奠定了基础。

通过在职业教育中注重职业规划，可以帮助学生更好地规划自己的职业发展，提高就业和职业生涯的成功概率。

第三节 学生实践经验的分享与总结

在学生实践经验的分享与总结这一层次，我们更加关注如何通过学生的实际经历，促进知识与实践的结合，以及为其他学生提供有价值的学习经验。

一、学生实践经验的分享平台

建立学生实践经验的分享平台是一个极好的主意。这种平台不仅为学生提供了一个分享彼此经验和见解的机会，还有以下几个好处：首先，促进学生之间的交流与合作。学生可以借此机会分享在实践中遇到的挑战、解决方案和成功经验。这种交流不仅可以激发其他同学的思考，还有助于建立一个互助互学的学习氛围。其次，通过分享，学生可以获得更多的启发和建议。有些学生可能面临着相似的问题，通过听取他人的经验，能够更好地应对挑战。同时，也能够获取更多不同领域的知识，拓宽自己的视野。另外，这种平台也可以成为学生建立职业人脉的途径。通过分享实践经验，学生有机会认识志同道合的同学，甚至是在职业领域有经验的专业人士。这有助于建立起一个有利于职业发展的人际网络。最后，建立分享平台也是对实践经验的总结和沉淀。通过整理和分享，学生可以更深入地理解自己在实践中的所学所得，有助于形成更为完整的职业规划。总体而言，学生实践经验的分享平台是一个鼓励学生交流、合作、获得启发的良好机制。这样的平台不仅促进了学习，而且还为学生的职业发展提供了更多的资源和支持。

二、强调实践案例的多样性

在学生分享中，强调实践案例的多样性是关键。不同专业、不同领域的学生都应有机会分享他们的实践经验，使得分享更加全面，也能够让其他学生从不同角度获取实践启示。首先，多样性的案例能够覆盖不同专业和领域。这样一来，无论学生的专业是什么，都能够找到与自己相关的实践案例。这种全面性使得分享平台更具吸引力，各类学生都能够从中受益。其次，不同领域的案例能够提供更多元化的观点和经验。每个专业和领域都有其独特的挑战和机遇，通过分享不同领域的实践案例，学生能够从多个角度看待问题，得到更广泛的启示。另外，多样性的案例还能够促进跨学科的学习。有时候，一个领域的实践经验可能对另一个领域的学生也具有启发性。通过听取来自其他领域的案例，学生能够扩展自己的思维，发现新的解决问题的方法。最后，多样性的案例有助于创造一个包容性的学习环境。不同专业和领域的学生能够在分享中感受到彼此的共鸣，增强彼此之间的理解和尊重。这有助于建立一个团结的学习社群。总的来说，强调实践案例的多样性是为了确保学生分享平台更加富有启发性和包容性。这种多元化的分享经验有助于提高学生的综合素养，使得他们更好地应对复杂多变的职业挑战。

三、分享实践中的挑战与解决方案

分享实践中的挑战与解决方案是非常关键的，因为这种真实而实际的经验分享能够帮助其他学生更好地准备和应对类似的困难。首先，分享挑战能够帮助其他学生更全面地了解实践的真实性。在职场和实践中，遇到挑战是不可避免的，而了解他人是如何面对并战胜这些挑战的，对于学生形成正确的职业观念十分重要。其次，分享解决方案有助于提供实际操作性的建议。学生可能面临相似的问题，通过了解他人是如何解决的，他们可以得到切实可行的建议，可以在自己的实践中应用。此外，分享挑战还有助于建立共鸣。其他学生可能会发现他们在职业生涯中遇到的问题并非个例，通过分享挑战，能够建立起一种共鸣感，让学生感到他们并不孤单，大家都在面对类似的困难。最后，解决方案的分享促进了学生之间的互助和合作。当一个学生分享了自己在实践中的问题并提出解决方案时，其他学生可能会提供进一步的建议或分享他们自己的经验，形成一个有利于共同成长的社区。总体而言，分享实践中的挑战与解决方案为学生提供了更真实、更有深度的学习体验。这种经验交流不仅有助于学生更好地应对职业挑战，也加强了学生社群的凝聚力。

四、提供分享经验的培训与引导

提供分享经验的培训与引导是确保分享活动的成功和有意义的关键步骤。首先，培训可以帮助学生有效组织分享内容。这包括如何构建故事性的叙述，如何选择关键信息以及如何使内容更具体而引人入胜。一个好的分享应该有清晰的结构，能够引导听众理解和记住主要信息。其次，培训还可以教授学生如何高效地传递实践经验。这包括演讲技巧、沟通技能和表达能力的提升。通过培训，学生可以学到如何在表达中保持清晰、连贯，并引起听众的共鸣。另外，学生可能需要培训以回应观众的提问。这对于分享活动的互动性和教育性至关重要。培训可以涵盖如何处理各种问题，如何在回答中展现自信和专业性。此外，培训还可以强调分享的社交和人际方面。学生可以学到如何与观众建立联系，如何处理不同观点和反馈，以及如何在分享中展现出良好的职业素养。最后，引导也可以包括实际的演练和反馈。通过实际操作，学生能够更好地应用所学的技能，并从实践中得到及时的反馈，不断改进和提高分享的质量。总体来说，提供分享经验的培训与引导是确保学生分享活动成功和有益的关键一环。这种培训不仅有助于提高学生的演讲和沟通技能，还为他们未来在职场中的表达和交流提供了宝贵的经验。

五、制定实践经验分享的评估标准

为了鼓励学生分享高质量的实践经验，学术机构可以制定相应的评估标准。这可以包括内容的创新性、表达的清晰度、分享的深度等方面的评估标准，以确保分享的有效性和教育性。首先，创新性是一个关键的评估维度。学生的分享应该能够展现出一定程度的创新，不仅在问题解决方法上有独特性，也在表达方式上有新颖之处。这可以激发其他学生的思考，使分享更具启发性。其次，清晰度是评估的另一个重要方面。学生的分享应该能够清晰地传达实践经验，使观众容易理解。评估标准可以包括语言表达、逻辑结构、图表利用等方面，以确保分享内容能够被有效地传递。另外，分享的深度也是一个关键的评估指标。学生的分享不仅应该涉及到实践中遇到的表面问题和解决方法，而且还应该深入挖掘背后的原因、学到的教训等。这种深度的分享更有助于其他学生深刻理解实践经验的本质。此外，评估标准还可以包括学生与观众互动的能力。这可以通过学生是否能够回答观众提问、是否能够与观众建立积极互动等方面进行评估。一个好的分享不仅要能够引起思考，还要能够促进学生之间的讨论与交流。最后，可以考虑学生的反思和总结能力。分享结束后，学生是否能够对自己的实践经验进行深入的反思，提炼出有价值的总结，这也是一个评估的重要角度。通过制定明确的评估标准，不仅可以激发学生分享高质量的实践经验，而且还能够确保分享活动的目标得以实现。这种评估机制有助于提高分享的质量和有效性。

参考文献

[1] 樊丽娜，刘海燕，胡京博，等 . 产教融合背景下区域性印刷技术技能人才培养模式探析 [J]. 数字印刷，2021，(04)：28-34.

[2] 李巨银，赵婧婧，李鑫，等 . 产教融合视域下的江苏省重点产业学院：群像特征与发展启示 [J]. 职业技术教育，2021，42(30)：20-25.

[3] 袁姝，郑金辉 . 产教融合背景下浙江省民营企业参与高职建设的现状及对策 [J]. 职业技术教育，2022，43(8)：17-22.

[4] 苏荟，向茂冬 ."双循环"视角下职业教育深化产教融合的内涵、挑战与路径 [J]. 职业技术教育，2022，43(10)：41-46.

[5] 朱志辉，朱梅芳 . 基于"园中校"的现代学徒制电子商务专业人才培养模式研究 [J]. 当代教育实践与教学研究（电子刊），2017(4)：644-645，687.

[6] 吴占坤，刘航，赵淑雯 . 高校物流管理专业实践教学体系与途径研究 [J]. 物流工程与管理，2011，33(12)：118-119.

[7] 丁文利 . 深化产教融合是建设山东职教高地的关键 [J]. 现代教育，2020，(01)：51-53.

[8] 谢志平，应建明 . 近十年我国职业教育产教融合研究综述 [J]. 高等职业教育探索，2018，17(03)：6-10+28.

[9] 刘芹，袁科新 . 践行校企合作、深化产教融合——以山东商业职业技术学院为例 [J]. 中国成人教育，2015，(18)：110-111.

[10] 刘雪霞 . 校企合作人才培养模式浅谈——以高校会展专业为例 [J]. 人民论坛，2012，(35)：158-159.

[11] 毛洋洋，吕清 . 职业教育产教融合的演变与未来发展 [J]. 职业教育（中旬刊），2022，21(02)：52-55.

[12] 潘懋元 . 高等教育学讲座 [M]. 北京：人民教育出版社，1983.

[13] 肖纲领，李威，林荣日．地方本科院校产教融合制度建设困境的审视与纾解：组织社会学新制度主义的视角 [J]. 高教探索，2023(03)：12-18，70.

[14] 朱喜祥，程兰诗，王荣辉．系统共生和对接融合：多学科视角下的产教融合困境与路径 [J]. 中国职业技术教育，2021(22)：65-71.

[15] 朱德全，石献记．从层次到类型：中国职业教育发展百年 [J]．西南大学学报（社会科学版），2021(2)：103-117.

[16] 罗光雄，邢晖．习近平关于职业教育重要论述的重大贡献与价值意蕴 [J]．国家教育行政学院学报，2023(5)：28-37.

[17] 习近平．高举中国特色社会主义伟大旗帜为全面建设社会主义现代化国家而团结奋斗——在中国共产党第二十次全国代表大会上的报告 [N]．人民日报，2022-10-26(3).

[18] 武汉大学国家发展战略研究院课题组．职业教育产教融合与科教融汇——学习贯彻党的二十大精神 [J]．科技进步与对策，2023(6)：1-3.

[19] 胡德鑫，邢喆．中国式职业教育现代化的概念阐释、演进逻辑与行动路径 [J]．职业技术教育，2023(7)：6-11.

[20] 门超，周旺．职业教育产教融合的机理、表征、症结及策略 [J]．教育与职业，2023(3)：45-51.